未来很远，但我们的目光更远……

经典教材教参系列

政治学核心概念与理论

孙 林 黄日涵 主编 袁 超 副主编

天津出版传媒集团

天津人民出版社

图书在版编目（CIP）数据

政治学核心概念与理论／孙林，黄日涵主编. —— 天津：天津人民出版社，2017.9
（经典教材教参系列）
ISBN 978－7－201－12232－8

Ⅰ.①政… Ⅱ.①孙…②黄… Ⅲ.①政治学－教材
Ⅳ.①D0

中国版本图书馆 CIP 数据核字（2017）第 202979 号

政治学核心概念与理论
ZHENGZHIXUE HEXINGAINIAN YU LILUN

出　　版　天津人民出版社
出 版 人　黄　沛
地　　址　天津市和平区西康路 35 号康岳大厦
邮政编码　300051
邮购电话　（022）23332469
网　　址　http://www.tjrmcbs.com
电子信箱　tjrmcbs@126.com

策划编辑　王　康
责任编辑　郑　玥
特约编辑　王　玲
装帧设计　明轩文化

印　　刷　高教社(天津)印务有限公司
经　　销　新华书店
开　　本　710×1000 毫米　1/16
印　　张　19.25
插　　页　2
字　　数　270 千字
版次印次　2017 年 9 月第 1 版　2017 年 9 月第 1 次印刷
定　　价　59.00 元

编者的话

当概念不需要解释的时候，它才能真正为你所用，但前提是你必须熟稔概念本身。

人类从采猎文明、农业文明到工业文明再到信息文明，每一次文明质态的进步和跃升都伴随着概念的量增和形变。今天信息文明的载体——网络用0和1这样的元概念构造了一个庞大的信息交换场和虚拟空间，当我们惊叹于网络信息生产力和创造力的同时，千万不要忽视小小概念的功用。

概念作为人类思维和认知世界的基本工具，和语法之间令人眼花缭乱的创意组合，成为浩繁多姿语言体系的支撑性模块。而语言体系内部的地理、学科畛域及其跨界互译又反向塑造了概念和语法的自由组合量度，更让概念在专业化和泛释化之间摇摆不定，陷入描述力和解释力的困境之中。

因此，还原和回溯概念的本初意涵，不应被指称为妨害语言自由的"概念原教旨主义"，而应被视为提高认知精确度和规范水平的有价值努力。从这个意义上讲，既要知其然，也要知其所以然，更要用其然，对不同专业的初学者和研究者而言都同样重要。

政治学领域概念的存量和增量的确让很多学人惊悸和烦闷有加，这不仅因为其概念数量让学人们的理论生活从某种意义上被迫异化为概念生活，还因为概念质量即内涵和外延的恣意收缩让学人们时常觉得有无所适从之感，这些无疑都影响到了学术对话和交流的效率及品质。回到概念本身或先达成概念共识，一度成为话语研讨和文字商榷的必要前提。

然而构建概念共识对我们而言，是超越能力但符合意愿的远景目标。在能力和意愿之间应力的作用下，我们只能折中性地选择回归概念本身，即通过学术资源网罗整合共知性核心概念，并在介绍解析中试图以编写概念通识为基础向构建概念共识方向努力。诚如斯言，这就是本书编写的思路和目的了。

接下来的问题是,面对政治学领域的海量概念,我们既叹服于政治学的博大精深,又在这种博大精深面前产生顿挫和无力感。但我们相信办法总比问题多,经过数次集体思考和讨论,我们最终确定了以制度和思想为"纬",以中国和西方为"经"的框架结构,将全书内容分为四个版块,分别是:西方政治思想、西方政治制度、中国政治思想、中国政治制度。每个版块我们又分出若干个子版块,对主版块中的概念作出二次梳理和归类,相信会给读者带来更加便利和清晰的阅读体验。

需要特别说明的是,本书不是一部严肃的学术著作,而是定位为一本政治学概念的科普读物,并在编写过程中进行自我科普。我们相信,带着学习的态度以学习者的姿态进行编写会给阅读学习者带来亲近的感受。本书中的概念既上下关联,又独立成篇,既可在三角料的时间里散读,又可端坐在桌前一气呵成地连读。总之,自由读书,读书自由。

牛顿曾经说过:"如果说我能看得更远一些,那是因为我站在巨人的肩膀上。"的确,任何人都是站在别人的肩膀上才能起步,我们也不可能从零开始。在本书从策划到付梓的过程中,很多专家和学者给予了精心指导和大力帮助,在此向他们表示衷心的感谢。此外,在搜集、筛选、摘编概念的过程中,我们借鉴、引用了很多专家、学者以及专业媒体的成果,在此就不一一列出了,谨在此一并向他们表示诚挚的谢意。

本书立意颇为宏大,文脉时空跨度极长,且涉及多学科的交叉问题,在编写过程中,由于时间匆忙加之能力水平有限,在框架设计、资料搜集、概念选编、介绍分析等方面还存在着不足之处,特别在概念择选方面,难免挂一漏万,当您翻阅时,若有发现,敬请批评指正,不吝赐教。

编　者

2016 年 7 月 1 日于颐和园畔

目　录

第一章　西方政治思想

西方文明霸权是近代世界历史的一个突出特征,大英帝国的坚船利炮在世界各地开拓殖民地,建立了庞大的"日不落"帝国,随后的两次世界大战,霸权的接力棒从大英帝国传到了美国手中。随着西方文明的强势崛起,西方世界在各个领域也成了非西方世界效仿的典范。

在当今世界,天赋人权、民主自由这些概念已经深入人心,西方政治思想甚至获得了某种"普适性地位"。本章将逐一介绍西方政治思想史上重要的思想家、方法流派、价值观念和基本概念,指出它们的基本内涵并分析这些名词相应的历史背景和理论脉络。

西方政治思想肇始于古希腊城邦时代,柏拉图的《理想国》和亚里士多德的《政治学》奠定了西方政治思想的基础,随后古罗马人的政治实践建立了共和主义的政治荣光。漫长的中世纪,封建制度和基督教统治了整个欧洲,皇权和教权、世俗与宗教的二重奏构成了中世纪西方政治思想的基本旋律。宗教改革和文艺复兴标志着现代西方文明的兴起,随后的启蒙运动正式宣告了现代性的诞生。经过十九、二十世纪的政治运动和现代思想家的理论努力,民主宪政才在西方世界确立了自己的正统地位。

一、政治思想家

"天不生仲尼,万古长如夜",伟大思想家如同火炬照亮了一个个文明前进的路途。两千多年的西方政治思想史上奇才迭出,他们对于政治的理解各有不同,但同时他们又或多或少地分享着一些共同的价值观念或理论范式。

古今之争构成了西方思想史的基本理解框架,西方的古典政治思想主要包括了两个重要传统,即古希腊传统和基督教传统。古希腊传统发端自柏拉图和亚里士多德师徒,他们两个构建了古典西方政治思想的基础。随后的中世纪,奥古斯丁和阿奎那将古希腊哲学融入基督教神学,建立了独特的基督教神学政治理论。从古典时代向现代社会转折的关键性人物是意大利人马基雅维利,他对现代政治最重要的贡献在于将政治学与伦理学分离,他通过《君主论》向我们指出,一个好的政治家和一个好人完全是两回事。马基雅维利之后的思想家就是沿着他所指出的这条道路建立了现代西方政治理论。

1. 柏拉图

柏拉图(公元前 427—前 347 年),古希腊哲学家,开启了西方哲学传统的奠基性人物。他出生于贵族家庭并与伯罗奔尼撒战争后推翻雅典民主政治的三十僭主颇有渊源,但是并没有他本人热衷参与雅典政治的记录。在被归于柏拉图名下的"第七封信扎"中他表示自己对雅典民主政治感到失望,这种失望既来源于雅典同斯巴达的争霸战争失败,也与乃师苏格拉底被雅典公民大会处死有关。柏拉图大概在二十岁时遇到苏格拉底,后者成为柏拉图尊敬的导师和好友。在苏格拉底死后柏拉图周游各国,回到雅典后建立了阿卡德米学院,这期间,青年亚里士多德进入柏拉图学园学习。柏拉图曾经参与过叙拉古的宫廷政治,试图将叙拉古年轻的僭主狄奥尼修斯教育成"哲学王",但这一尝试最终以柏拉图仓皇逃离叙拉古而告终,而"叙拉古的诱惑"也成为学者参与政治的象征。

柏拉图的政治思想主要包含在《理想国》《政治家篇》和《法律篇》这三篇对话录中,这其中以《理想国》最为重要。《理想国》记述了苏格拉底与其他人的一次对话,对话开始于什么是正义的追问。随着对正义探讨的深入,柏拉图指出,正义最终是符合我们的利益的,但除非我们在更大的语境——国家中寻求正义的性质,否则这一点很难令人信服。正义只有在正义国家的理想条件下得以正确诠释,什么是正义的追问转化为对正义国家的探寻。柏拉图认为,国家建基于我们个人的无法自足,因而需要不同的劳动分工以使我们得以超越原有的条件,生活更加富足。根据每个人天赋的不同,柏拉图将国家内部成员分为监国者、护国者和工匠。只有这三个等级各司其职、各守其序,这样的国家才能称得上正义。柏拉图进一步提出了所谓的"哲学王"思想,即监国者必须由拥有高超的智慧、真实的知识和完美的德性的哲学家担任。在分工合作的基础上,柏拉图认为,一个理想的国家必须在监国者和护国者内部废除私有财产和家庭,以保证他们完全献身于国家。同时监国者和护国者必须接受包括音乐和体育在内的教育,以陶冶他们的性情,磨炼他们的体魄。

柏拉图将他的理想国设计成为贤人政体,因为这种国家以智慧为内在原则。同时,柏拉图在《理想国》中又提出了四种政体类型:荣誉政体、寡头政体、平民政体和僭主政体,分别以荣誉、财富、自由和专制为内在原则。在《政治家篇》中,柏拉图对于政体的划分进一步成熟,他结合统治人数和政府是否合法这两个标准,划分出王制、僭主制、贵族制、寡头制、共和制和平民制这六个不同的政体。

柏拉图作为西方政治思想史上的开山性人物,他提出了西方政治学的一些基本概念和原则,持续影响着其后西方政治理论两千多年的发展。他的《理想国》开启了西方的乌托邦传统,他对政体类型的划分在亚里士多德手中进一步得以完善并成为西方政治理论的经典。

2. 亚里士多德

亚里士多德(公元前384—前322年),古希腊哲学家,出生于希腊北部的斯塔吉拉城,其父是马其顿国王的御医。他于公元前367年移居雅典,进入柏拉图的阿卡德米学院学习直到柏拉图去世为止。他曾经担任年轻的亚历山大大帝的家庭教师。公元前355年,他重返雅典并创办了自己的学园。公元前322年,亚历山大病逝,雅典弥漫着反马其顿人的情绪,亚里士多德不得不离开雅典,不久后与世长辞。

后世整理的亚里士多德作品涉及形而上学、动物学、植物学、逻辑学、伦理学等多个领域,但亚里士多德在西方政治思想史上的地位主要来自于他的《政治学》,这是西方历史上第一部政治学专著。亚里士多德第一次使政治学与其他学科区分开来,形成独立的研究领域,确立了政治学的研究对象和范围。亚里士多德指出,每一种技艺都与一种特定的善为目的,而以最大多数人的善为目的的技艺即为政治。在《政治学》中,通过对158个城邦制度的比较,他试图发现决定城邦政治的基本因素。亚里士多德对于政体的分类在思想史上具有重要的意义,他提出了划分政体的两个标准,政府的宗旨是为了统治者自身的利益和还是照顾到全邦国的利益,政府的统治人数是一个人、少数人还是多数人。结合这两个标准可以划分出六个不同的政体:君主政体(王制)、贵族政体、共和政体、僭主政体、寡头政体、平民政体。亚里士多德根据希腊丰富的政治材料,进一步分析了各个政体的本性及导致政体变革的原因,他尤其强调城邦内部穷人与富人之间斗争与整体变革之间的内在关系。

亚里士多德的《政治学》在理论方法上强调实践,注重对现实政治的经验调查和分析,这一点与《理想国》中注重抽象理念的方法路径大不相同。亚里士多德对城邦时代的制度比较研究不仅仅对古典政治学理论影响巨大,同时也对当代比较政治学制度有着巨大的启发意义。

3. 西塞罗

西塞罗(公元前106—前43年),古罗马政治家、演说家、学者,出生于罗马东南约一百千米处的阿尔皮努姆一个富裕家庭。西塞罗受到良好的教育,并曾经跟随一位伊壁鸠鲁学派的长者学习。他擅长演说,做过法庭辩护人,甚至担任过执政官并致力于缓和贵族阶级与平民阶级之间的尖锐对抗。

西塞罗撰写了大量哲学著作,但大多数是将希腊人的哲学思想转译给了罗马人,同时他对希腊划时代的关于政治的怀疑主义和犬儒主义倾向进行了坚决抵制。他认为,正义固然可贵,在一个社会中只需具有无上的重要性,一个有缺点的政府远非最好的政府,但它也比根本无政府要好。西塞罗最重要的著作是《论共和国》和《论法律》,这两部著作都围绕着一个核心问题而展开,即什么是最好的政府。《论共和国》主要就是在回答这一问题,而《论法律》则旨在描述最好政府的法律框架。继承自柏拉图的传统,西塞罗认为,最好的政治制度是由拥有智慧之人掌握绝对权力的制度:智慧者的绝对统治和一个在智慧和美德方面无与伦比的杰出人物的绝对统治,是最适合的政体形式。但是这种最理想的政体只有在罗马早期王制时代是可能的,由于君主才能品德的不稳定,使得王制本身非常脆弱。而古罗马共和国的混合政体正是通过结合君主制、贵族制和民主制三者特点,通过权力的相互制衡来克服以上政体的弱点。混合整体必然是法治的,它力图将智慧者的训诫具体化为国家的法律,而且还要确保其后这些法律的实施和完善落于这样的人手中,他们最不可能背叛它们,而是最可能根据渗透于他们之中的精神来实施它们。西塞罗在《论法律》中详细描述了基本法典的这些本质要素和统治阶级的这些特征。

作为古罗马时代最重要的思想家,西塞罗的贡献在于他将希腊城邦时代的政治理论转化为"帝国"时代的政治思想,他恰到好处地将希腊思想推介给罗马人,特别是传承自然法的教诲,促成了罗马法的伟大与个人的尊严,为后世提供了法律思维的基础。

4. 奥古斯丁

奥古斯丁(354—430年),中世纪主教、神学家,出生于阿尔及利亚,先后在北非和罗马学过古典拉丁文修辞,并且在罗马成了修辞学教授。后遇到米兰主教安布罗斯,安布罗斯的教诲使得奥古斯丁放弃了他早期尊奉的摩尼教教义。通过拉丁文译著研习新柏拉图哲学,进而于386年皈依基督教。

奥古斯丁任希波主教期间参与了四场主要争辩，分别是对摩尼教的善恶二元论，随即展开护教；对多纳徒派的圣礼观，发展出"因功生效"的观念；对伯拉纠的罪与救赎观，发展出自由意志、原罪、救恩、预定、神的主权及不可抗拒的恩典等论说；对异教的指控，写下《上帝之城》的巨著。奥古斯丁生平著作多达113 册。其中以《忏悔录》《上帝之城》《论三位一体》《驳多纳徒派》及《驳伯拉纠派》对基督教神学有极大的贡献。

奥古斯丁的主要贡献是关于基督教的哲学论证。他借用了新柏拉图主义的思想，以便服务于神学教义，为人认识上帝的权威的绝对奠定了基础。双城理论是奥古斯丁政治学说中最具影响的内容。双城即上帝之城和地上之城，由只爱自己甚至连上帝也轻蔑的爱建起了地上之城，由爱上帝甚至自己都轻蔑的爱则造就了上帝之城。上帝之城是由注定要得救的基督徒组成的，他们真诚笃信上帝，其余的人则组成地上之城。到末日审判时两座城才彻底分离，而上帝之城才是最高的善，人们在其中享受永生的幸福。地上之城无论多么富足，他们的命运仍是悲惨的，注定要被上帝所抛弃，永远要遭受恶魔统治的痛苦。

奥古斯丁系统阐述的基督教国家理论，以及他根据双城论所提出的教会与国家关系的主张，成为中世纪教会的基本信条，对中世纪的政教关系产生了深刻的影响。

5. 托马斯·阿奎那

阿奎那（1224—1274 年），中世纪神学家、哲学家，出身于意大利南部那不勒斯附近一个有权势的贵族家庭。他先是加入了当时新成立的多明我会，随后作为修道士被派往巴黎学习，师从大阿尔伯特，随后又跟随他前往科隆。返回巴黎后转至罗马教廷，最终又回到巴黎，参加了当时一些重要的神学和哲学论战。他试图将古代世界的理性洞察力同神启的基督教真理调和为一，并使亚里士多德的著作被列入大学课程。

阿奎那的政治思想散见于他的各种著作之中，其中最重要的是《神学大全》。阿奎那重新解释了当时占统治地位的奥古斯丁历史学说和政治学说。他断言，国家本身有属于自己的积极价值，这不仅是因为国家能够保障和平，而且还在于国家表达了上帝对人类的旨意。他旨在创建一个融合基督教理想的社会，因为国家与其说是亚当原罪的结果，不如说是自然的产物。人的完善有两个途径，即做一个优秀的公民和一个寻求得救的基督徒。他认为，上帝的恩惠并没有破坏自然而是完善了自然,在这个意义上,阿奎那意在调和异教的亚里士多德主义和基督教。在《神学大全》中,阿奎那将世间的法律分为永恒法、神法、自然法和人定实在法,这四种法律的地位以永恒法最高,并依次降低。

阿奎那作为中世纪经院哲学的杰出代表后来逐渐被视为天主教正统教义的代言人。他的国家理论使欧洲政治思想在中世纪重新恢复了古希腊亚里士多德主义的部分传统,世俗统治者据此而运用审慎的理性实行自治。不仅人类需要国家,国家也作为通向永恒幸福之路上第一个合乎道德的、自然的阶段而服务于人类。

6. 马基雅维利

马基雅维利(1469—1527 年),佛罗伦萨的书记官和政治学家,出生于佛罗伦萨,是一位民法学家之子。统治佛罗伦萨的美第奇家族被推翻后,马基雅维利曾经供职于新成立的共和政府。美第奇家族复辟之后,马基雅维利去职并遭到短暂监禁。随后马基雅维利转而开始著述生涯。马基雅维利一生著述颇丰,但真正让他名留政治思想史册的是《君主论》和《论李维》。

《君主论》一书在政治思想史上的主要贡献是彻底分割了现实主义与理想主义,或者说降低了政治的价值追求。虽然马基亚维利也强调道德的重要性,但君主所应该做的是将善良与邪恶作为一种夺取权力的手段,而不是目标本身。一个聪明的君主会妥善地平衡善良与邪恶。实用主义是马基雅维利在整本著作中所遵循的主要原则,一个君王应该将其作为夺取和维持权力的方针指引。不同于柏拉图和亚里士多德,"理想的社会"并不是马基雅维利的目标。事实上,马基雅维利强调应该在必要时使用残忍的权力或奖赏,以维持统治的现状。《君主论》一书是马基雅维利用以阐述君主治国之道的著作,而《论李维》则是他用以为共和国政体辩护的,集中了他全部共和政治思想的精华,《论李维》也因此而被认为是《君主论》的姊妹篇。《论李维》中总结了一系列的历史教训,描述了共和国应该如何成立、架构,涵盖了对权力的制衡与分立、政治权力分立的好处,以及共和国比君主国优秀之处。

马基雅维利被认为是古典政治哲学向现代政治哲学的转折性人物,这主要在于他首先将道德从政治中分离,后来这一点逐渐成为现代政治的基本原则。

7. 托马斯·莫尔

莫尔(1478—1535年)，英国政治家、著作家和罗马天主教会的圣徒。莫尔在当今以其1516年的著作《乌托邦》和被亨利八世处死而闻名于世。生前，他曾经担任过律师、政治家和外交官，并且是北欧文艺复兴的著名领导人之一，后来又成为正统基督教的辩护人。

在政治思想史上，莫尔的盛名来自于他的《乌托邦》，书中以一个旅客拉斐尔的见闻，描述假想岛屿国家乌托邦的政治制度。乌托邦将现实中的欧洲国家与完全有序合理的国家乌托邦进行对比。在乌托邦，不存在私有财产，而存在着绝对的宗教宽容。作品的主要内容反映在社会对秩序和纪律的需要，而不是自由。乌托邦能够容忍不同的宗教习俗，但不会容忍无神论者。莫尔认为，如果一个人不相信上帝或来世，他绝不能被信任的，因为从逻辑上讲，他将不会得到任何部门的承认。

莫尔用小说的手法描述了一个虚构的国家，自由讨论了现实中备受争议的事务。乌托邦对宗教的自治来源于圣经自治，莫尔所描述的乌托邦其实就是一座扩大了的修道院，即便是注入共同就餐及启发性读物这类枝节性问题上，也反映出这种影响。《乌托邦》作为乌托邦文学流派的先行者，其中详细介绍了理想的社会和完善的城市。虽然乌托邦是文艺复兴运动的产物，但其结合了柏拉图古典完美社会的概念和亚里士多德的古罗马修辞策略，它的影响一直持续到欧洲的启蒙运动。

8. 托马斯·霍布斯

霍布斯(1588—1679年)，是17世纪英国唯物主义哲学家和政治思想家，西方近代政治学理论的系统阐发者，他在哲学、政治学、伦理学等许多领域都做出了开创性的贡献，被誉为"现代人之父"。他的《利维坦》也成为西方政治思想上的不朽名作。

霍布斯出生于英国南部威尔特郡的马尔麦斯堡一个贫穷的乡村牧师家庭，15岁进入牛津大学学习，毕业后成为德文郡伯爵卡文迪什的家庭教师。霍布斯的政治见解受到当时自然科学的成果和人文主义思想的影响。在1621—1625年一段时间里，他曾经是培根的秘书，受到培根唯物主义思想的影响。霍布斯将物质的物体看作世界的唯一存在，认为一切物体都按照一种必然的因果规律运动着。他把国家看作一种"人造的物体"，国家的运动也受因果规律支配。在他看来,国家运动的原因,就在于人们的心灵中,是可以通过经验的观察得到的。霍布斯同时也是十七、十八世纪流行的自然法和社会契约论的创始人之一。他从抽象的人性原则出发,从人的理性和经验中,而不是从神出发来解释国家的产生及其基础。

霍布斯认为,人性是利己的,对自身的保存是人的第一欲求;而人类建立国家之前处于一种自然状态之中,这是一种人与人之间相互攻击,毫无安全感的状态。为了摆脱这种自然状态,人们通过契约建立国家,放弃自己的权利并把它交托给一个人或者会议,由其行使其人格,这个人或者会议就是主权者,主权者即为"利维坦"。霍布斯对利维坦的论述说明他比较注重秩序和安全,力求秩序而把权力交给国家。他重视国家的强大,并且作为一个海洋国家,这就是霍布斯用圣经中的巨大海怪利维坦来比喻国家的原因。

霍布斯被认为是英国近代最伟大的哲学家之一,他的政治学和形而上学著作某种意义上总是令人惊奇地代表着作为一个整体的现代思想,他的《利维坦》虽然表面上为君主专制张目,但事实上该书的论证逻辑中隐含的个人主义伦理,为后来的自由主义提供了重要的方法借鉴。在这个意义上霍布斯与后来的约翰·洛克成为经典自由主义的两个最重要代表。

9. 让·布丹

布丹(1529—1596 年),法国哲学家和政治思想家,出生于昂热,在当地的大学学过法律,然后去了图卢兹,治学领域扩大到历史、形而上学、数学和天文学,并且熟练地掌握了几门语言。随后他进入了当时法国的宫廷政治圈子,并一度担任御前监察官一职。

使布丹享有政治家声誉的是他在 1576 年出版的《国家论》六卷,这其中尤以《主权论》最为著名。布丹将主权界定为制定普通法律的至高无上而又不可分割的权力。这种最高权力的归属方式决定了国家具有君主制、贵族制或民主制等不同性质。主权的内容是:第一,它是永恒的,有别于在特定时间内所授予的任何有限的权力;第二,它是非授予的权力,或者是无限制的或无条件的授权;第三,它是不能转让的,也不受法令的限制;第四,它不受法律的约束,因为主权是法律的来源。布丹认为,主权的主要特点,就是不经上级、同级或下级的同意,集体地或分别地具有为公民制定法律的权力和具有宣战媾和、委任官吏、行使法院终审职能、准许豁免、铸造货币和征税等。布丹主张把国家和政府分开,国家包括对最高权力的掌握,政府包括一个机构。这个界定并不包括亚里士多德整体分类法中的混合制国家。具有重要意义的是它也标志着背弃了传统的认识,即强调国王是最高裁判者,同时认为国王的存在理由就是主持公道。

在布丹看来,主权并不取决于法律的公道与否,而取决于制定法律的权力。而且,由于他主张臣民无权抗拒或同意主权者的法律,所以人们一般认为他实质上为君主绝对专制提供了理论依据。布丹推动了现代人们已经十分熟悉的、世俗而又功利主义的主权概念的形成。

10.詹姆斯·哈林顿

哈林顿(1611—1677 年),17 世纪英国政治思想家,出生于贵族世家,虽然与英国国王私交甚笃,但在政治立场上却是共和主义者。其政治思想上的代表作是《大洋国》,书中他提出的政府组织原则以及如何防止封建专制制度复辟的设想,对西方政治思想的发展和政治制度的建立有着重大的影响。

哈林顿把财产看作政府的基础,认为国家权力是财产的自然产物。财产中最重要的是地产,国家的性质、政府的形式是由地产分配的情况,即产权的均势决定的。如果国家的土地为一个人所占有,或一个人的土地超过了大多数人的数量,政府必然就是君主制。如果土地为少数人所占有,政府就必然是贵族制;土地如果为全体人民占有,政府则相应的是共和制度。哈林顿认为,英国“财产的均势”已经由君主、贵族占优势变为绅士和富人占优势了,因此政府就必然由君主制转为共和制。

哈林顿还将“心灵因素”视为影响政府的统治方法,决定政府形式好坏的重要因素。他把政府看为“一种艺术”,是为了某种目的建立的,用不同的方法管理人民的组织。古往今来的一切政府都可以分成两类,受理性支配的政府即“法律的王国”,受情欲支配的政府即“人的王国”。哈林顿强调,受理性即法律支配的政府才是好的政府。

哈林顿的思想受到当代剑桥学派和共和主义学者的高度重视,哈林顿也被视为英国近代共和主义的代表性人物。他的很多主张对后来洛克的法治和分权思想,以及欧美等国家政治制度的建立有积极的影响。

11.约翰·洛克

洛克(1632—1704 年),英国哲学家和政治思想家,西方近代自由主义的代表之一。洛克出生于默塞特郡格林顿的一个律师家庭,父亲是具有清教徒倾向的国教会教徒,内战期间站在议会一方,并加入了克伦威尔的军队。洛克早年在议会派控制的威斯敏斯特学校学习,1652 年就读于牛津大学基督教教会学院。1667 年,洛克因为一次成功的手术结识了阿什利勋爵,也就是后来的沙夫茨伯里伯爵一世,从此成为其心腹,并多次在其手下担任政府要职。并且他也担任了阿什利勋爵的孙子 N.沙夫茨伯里伯爵的家庭教师,后者也成了美国重要的思想家。

洛克被认为是古典自由主义的代表,其主要政治思想来自于他的《政府论》上下篇。《政府论》上篇是对当时保皇党思想家菲尔麦《论父权、国王的自然权力》一书中以《圣经》作为国王权力来源论证的反驳。真正让洛克名留政治思想史的是他的《政府论》下篇。在书中,洛克指出,人类在建立国家之前处于一种前政治的自然状态。但与霍布斯不同的是,洛克认为自然状态下的人类处于一种"完备无缺的自由状态"而非"所有人反对所有人"的"战争状态"。在自然状态中,自然法,即人类的理性教导着人类——任何人都不得侵犯他人的生命、自由和财产。洛克认为,生命、自由、财产是人类与生俱来的天赋权利。

尽管自然状态下是一种完备状态,但由于人类的偏私,自然状态存在一些不便。为了克服这种不便,人们通过契约自愿放弃惩罚他人的权利,把它们交给中间指定的人,按照全体成员或他们授权的代表所一致同意的规定来行使。不过洛克与霍布斯不同的地方在于,洛克认为个人的生存、财产和自由权在制定契约时是不可转让的,而且人民有权推翻政府。洛克在《政府论》下篇中提出了三权分立思想,即他主张将国家分为行政权、立法权和外交权。这其中对外权和行政权都是以共同的权力为后盾的,因而必须交予同一个人即君主来执行,而立法权的行使则必须与行政权分开,交予议会掌握。因为如果行政权和立法权掌握在一个人手中,那么人性的弱点就会使得他们运用手中的权力攫取私利。

洛克是现代西方社会思想最重要的设计师,他所提出的制度设计和价值观念如三权分立、天赋人权、宗教宽容已经成为现代社会的重要组成部分。

12. 亚当·斯密

斯密(1723—1790 年),英国经济学家、哲学家,18 世纪苏格兰启蒙运动的代表人物。他 14 岁进入格拉斯哥大学,后来获得文学硕士学位,毕业后留校教书,主要教授道德哲学,其主要作品除了奠定古典经济学基础的《国富论》之外,最重要的是他的《道德情操论》,此外还有《亚当·斯密通信集》《关于法律、警察、岁入及军备的演讲》等。

斯密的道德哲学和政治哲学主要见于他的《道德情操论》,他认为,人天生有一种社会性,人们倾向于与他人交往,并拥有同情心。正在这种对他人的同情心构成了人的道德情感的根源,换句话说,人类的道德来源于情感而非理性,这与苏格拉底以降的古希腊哲学家所强调的"知识即美德"大相径庭。这种情感主义的道德哲学与沙夫茨伯里伯爵、哈奇森、休谟等人在思想理路上是一致的。斯密所讲的道德是一种等利交换,以德报德,以怨抱怨。而在道德中最重要的是正义,斯密认为正义是维持社会的支柱。

另一方面,斯密沿用洛克的说法,认为政府的目的在于保障财产,保障富者不受贫者侵犯。同时他又提出了政府的基本职能:保护社会的独立性不受侵犯;尽可能保护社会上各个人不受任何其他人的侵害和压迫;建设并维持公共事业及某些公共设施。

亚当·斯密作为市场经济之父,一直作为一个经济学家被人铭记,但事实上他的经济学、道德哲学,以及政治哲学构成了一个有机整体,即所谓的"古典政治经济学",从某种意义上来说,他的道德哲学为市场经济提供了人性基础,他的政府理论则为市场经济的有效运行提供了强有力的政治后盾。

13. 杰里米·边沁

边沁(1748—1832 年),英国功利主义哲学家、法学家和改革家。作为 19 世纪哲学激进主义的领军人物、功利主义的创立者,边沁在哲学、政治、法律、社会管理和经济学领域都有着重要影响。他 7 岁进入威斯敏斯特学校,12 岁进入牛津大学女王学院,毕业后从事律师职业。边沁对职业律师并不感兴趣,所以不久就转而研究道德和立法理论,从事著述和改革活动。他终生未婚,依靠父亲给他提供的富裕的生活条件,投身于理论研究和法律改革工作。

1776 年,边沁出版了他的第一部著作——《政府片论》,对布莱克斯通在《英国法释义》中为英国国家制度和法律制度进行辩护的观点进行了批判,阐述了他自己的政治思想和改革主张。1787 年,他又出版了《道德与立法原理》一书,使其声名大噪。1823 年他创办了《威斯敏斯特评论》,与当时另一位思想家也是后来的约翰·密尔的父亲詹姆斯·密尔合作,大力宣传激进的改革主张,为推动 19 世纪上半叶英国法律改革和议会改革做出了贡献。

边沁的思想中最重要的是他的功利主义理论,主张以最大多数人的最大幸福作为衡量国家法律和制度好坏的根本价值标准。他把"求乐避苦"视为人的本性和个人利益之所在,并认为它决定了人的行为的动机和目的。在《道德与立法原理》中,边沁认为人类受苦与乐两个最高主宰所统治,只有它们指出我们应该做什么,决定我们要做什么。边沁进一步用功利主义来解释政府的起源和目的,并对十七、十八世纪流行的自然法学说进行了批判,并开创了现代实证法学的理论传统。边沁认为,法是主权者以命令形式而表现的意志,而"自然""理性"都不是主权者,也都不是能立法的。边沁指出,传统的自然法存在着很多相互矛盾和混乱之处,自然法本身具有很大的随意性,自然法本身是一种人为的虚构。相应地,与自然法紧密联系的天赋人权、社会契约论在边沁眼里也都是无意义的虚构。而取代自然法的是边沁所主张的实证法,人们之所以服从法律、建立国家,仅仅在于这符合他们的利益。

边沁作为近代英国哲学激进主义的代表,他的影响遍及当时英国的思想、社会和政治领域,他所提出的功利主义至今仍是道德哲学领域的主要流派,他所提出的社会和政治改革主张对现代英国社会也有着深远的影响。

14. 让 - 雅克·卢梭

卢梭(1712—1778 年),法国启蒙运动思想家、文学家,出生于瑞士日内瓦,幼年丧母,童年时代跟做钟表匠的父亲相依为命。后来父亲离家出走后,卢梭不得不离开日内瓦,在欧洲各地流浪。1743 年,卢梭来到当时欧洲文明的中心巴黎。他先后做过秘书、家庭教师、出纳员。他的《论科学与艺术》让他在巴黎的启蒙圈子中崭露头角,随后他又写出了《论人类不平等的起源》《论政治与经济》《社会契约论》《爱弥儿》《忏悔录》等作品。他的通俗读物《新爱洛伊丝》非常畅销,一度成为当时巴黎贵妇人中最流行的的枕边读物。

在法国启蒙运动中,卢梭始终是一个格格不入的另类,这一方面与他多疑的性格和强烈的受迫害倾向有关,但更重要的是他本身的思想和当时启蒙运动的整体基调存在某种矛盾。他的《论科学与艺术》主张科学与艺术的发展不利于风俗的醇化,这一论点成为德国浪漫主义运动的反启蒙先声。《论人类不平等的起源》开篇那句"人生而自由却无往而不在枷锁之中"是西方思想史上最有名的片段之一。他将人类的不平等归结于财产私有制,并主张通过废除私有财产来实现平等。《社会契约论》提出了人民主权理论,对现代民主政治和民主革命影响深远。《爱弥儿》是一部教育学论著,驳斥了基督教的原罪理论。《忏悔录》则是卢梭晚年的回忆录,在书中,卢梭深刻剖析了自己的人生和心路历程。

卢梭作为法国启蒙运动中最深刻的思想家,他对其后的西方世界的影响是多方面的。他对私有财产制的批判对其后的社会主义影响深远;他对科学与艺术与人类风俗之间关系的论述埋下了反启蒙运动的思想源头;他的人民主权理论对法国大革命也起着重要的催化作用,而且人民主权理论也成了当代社会的普遍共识。

15. 孟德斯鸠

孟德斯鸠(1689—1755 年),近代分权学说、地理环境论和历史方法的创立者,也是近代法理学和社会学的奠基人。原名查理－路易·德·色贡达,出身于法国吉伦特省波尔多城的一个贵族世家。青少年时代的孟德斯鸠受到了良好的古典教育。成年后他继承了家族的爵位,出任了波尔多郡议会议长,从此被称为孟德斯鸠男爵。后来他出卖了郡议长职位,迁居巴黎。随后他开始长途旅行,游历奥地利、匈牙利、意大利、瑞士等国。1729 年,他旅居英国,结交了许多政界人士和著名学者。当时英国的君主立宪制度给孟德斯鸠留下了深刻的印象,孟德斯鸠的三权分立学说就是来自于他对英国政治制度的解读。1748年,他出版了日后令他彪炳史册的《论法的精神》。

《论法的精神》中孟德斯鸠力图探寻社会、国家和法律制度的来源。所谓法的精神是指一个国家的法律和该国的政体、自然环境、土地、气候、人民的生活方式、宗教、贸易、风俗习惯有关系。孟德斯鸠在对当时英国的法律制度进行分析的过程中得出了他最为著名的"三权分立学说"。孟德斯鸠认为,所谓自由就是做法律所允许做的事情的权利。要保证公民的自由,就必须建立一个政府,由政府来保证一个公民不会惧怕另一个公民,每一个公民都能根据自己的判断在法律的框架内追求自身的利益。而国家公共权力的滥用恰恰是公民自由的最大威胁,因而为了防止国家权力的滥用,孟德斯鸠主张将国家权力分为立法权、行政权和司法权,并将这三种权力交由不同的人或机关行使。

孟德斯鸠和《论法的精神》对后世产生了巨大的影响。美国建国后的制度设计就是基本参照孟德斯鸠的三权分立学说建立起来的。当今世界,权力的分立和制衡已经成为现代政治的内在精神和宪法的基本原则。

16. 阿历克西・德・托克维尔

托克维尔(1805—1859 年),法国政治思想家、社会学家,出生于诺曼底的地主贵族家庭。在取得法律的学位后,托克维尔获得任命为凡尔赛法庭的实习文官。1831 年,托克维尔被送到美国以考察美国的刑法和监狱制度。他于1835 年出版了他的经典著作——《论美国的民主》。这本书受到空前的好评,不久后也被译为英文,使托克维尔在美、法两国都大为知名。这本书也成为社会学的早期模型,使他于1837 年获得了法国荣誉军团勋章的殊荣,并且在1841年被选为法兰西学院院士。

托克维尔的《论美国的民主》是最早开始探讨美国政治和文化的主要作品之一,并且也成为研究这方面领域的经典作品之一。在书中,托克维尔以他敏锐的观察力,从第三者的角度观察新大陆的民主制度。他赞扬了民主制度在美国的成功发展,但他同时也对于民主制度下出现多数暴政的可能性提出了警告,他将那称为“温和的暴政”。这本书是托克维尔在 19 世纪初期以游历美国的经验所写成的,那时正是美国刚经历了自由市场革命、西部扩展,以及杰克逊民主的快速发展,完全改变了美国生活面貌的时候。托克维尔认为,民主可以适当地平衡自由与平等两者,在照顾个人的同时也顾及社会的发展。托克维尔认为,过度的社会平等会导致人与人之间的孤立,造成更多的政府干预,以及自由遭到侵蚀。托克维尔也批评了个人主义,他认为,人与人之间根基于相同目标的团结合作,能将美国建立为一个更理想的国家,也能因此而建立起一个公民社会,从而避免过度依赖政府的干预。

托克维尔是法国自由主义的重要代表人物,他对美国民主社会的观察直到现在都有重要的理论和现实意义。他出身于法国旧贵族,对即将到来的民主社会没有太多好感。托克维尔指出了民主社会的扁平化以及民主有可能导致“多数人暴政”的威胁,这些问题在20 世纪的西方历史中都得到了验证。

17. 邦雅曼・贡斯当

贡斯当(1767—1830 年),出生于瑞士,14 岁进入德国埃尔朗根大学,1783年转至苏格兰爱丁堡大学学习并深受苏格兰启蒙运动思想家亚当・斯密、亚当・弗格森等人的影响。他在苏格兰所受的教育奠定了他的自由主义价值基础,也使得贡斯当一生对英国的政治制度备加推崇。

在西方政治思想史上,贡斯当的地位主要在于他的《古代人的自由和现代人的自由》的演讲。在这篇著名演讲中,贡斯当对古代人的自由和现代人的自由进行了区分。在古代,政治是人们的生活的中心,因而古代人的自由主要是一种政治自由,一种公民资格即参与公共事务辩论与决策的权利。现代社会与古代社会大不相同,一个明确划定的私人领域开始出现,现代人越来越难以直接参与公共事务,而更多的是通过代议制作为保障个人权利的手段。因此现代人的自由与古代人的自由是不同的,现代人的自由表现为享有一系列受法律保障的、不受政府干预的个人权利。现代人自由中的公共性被淡化,现代人只是表面上的主权者,但很少实际参与公共事务。

贡斯当对于古代人自由和现代人自由的划分揭示了现代社会的巨大转变,所谓的"现代人的自由"事实上也是经典自由主义所定义的自由,而古代人的自由则是古典共和主义的自由,因而这两种自由不仅仅是古今之争,也是主义之辩。

18. 埃德蒙·柏克

柏克(1729—1797年),英国保守主义思想家、政治家,出生于爱尔兰的都柏林市,父亲是一位律师,母亲是天主教徒。柏克曾就读于都柏林三一学院,从小思想敏锐而且口才好,善于演讲,年纪轻轻就当上下院议员。

柏克的政治思想主要是他对于实际问题的思考以及对于实际政治实践的经验之谈,这与他本人的从政经验无疑是分不开的。柏克认为,政治理论不仅不能指导政治实践而且有害于政治。因为按照绝对的、普遍性的原则指导实践,往往容易走向极端,法国大革命就是抽象信条指导实践造成的悲剧。理论家往往认为政治可以被理性的预期,但事实上完全相反。理论往往会以简单化的陈述掩盖实际政治事务的复杂性、多样性、特殊性。理论不受时间和具体的场景的限制,而政治实践必须考虑时机问题。

既然抽象的政治理论是不可靠的,那么现实的政治是如何运转的呢? 对此柏克强调了传统的重要意义。柏克公开宣称传统不是落后的东西,成见依然包含着智慧。传统提供了一些解决问题的便捷途径,人类才能集中精力解决新的困难。而且国家也并非是理性设计的产物,而是一个不断生长的有机体。

柏克是英国古典保守主义的代表,必须指出的是他的保守主义与当时欧洲大陆的其他保守主义者,如梅斯特尔有很大不同。柏克的保守主义是与英国的政治传统息息相关的,有着明显的自由传统,尽管他一再强调权威的重要性。

19. 伊曼努尔·康德

康德(1724—1804 年),德国古典哲学家,他的一生正如德国诗人海涅所说——"平淡无奇",几乎没有任何故事可说。他出生于德国东普鲁士的哥尼斯堡,并且一生都没有离开过此地。康德是德国古典哲学的奠基人,他的三大批判即《纯粹理性批判》《实践理性批判》《判断力批判》构建了哲学史上最复杂深邃的理论体系。

康德在政治思想史的主要贡献在于他的永久和平理论和以法治为基础的国家学说。康德有一句名言:"这世界上有两件事令我深感震撼,一个是头上的星空,一个是心中的道德法则。"这个道德法则就是绝对命令,绝对命令是所有人必须遵守的普遍法则。人应该无条件地根据绝对命令行动。同时法律和政治也应该服从绝对命令,在政治和法律中,绝对命令体现为权利原则,在此意义上,康德的政治哲学实际是关于个人权力的哲学。

康德的永久和平理论在当今的国际关系领域颇有影响。永久和平论的核心在于寻求一种使国与国之间摆脱战争状态的方案。康德认为,要想实现永久和平,首先每个国家的政治体制必须是共和制,因为共和制下战争的决策在公民而非君主,共和国对待战争问题远比君主制审慎;其次,国际权利应该以自由国家的联盟为基础。只有这样才能摆脱国家间的无政府状态而进入一种法制状态,实现永久和平。

相对来说,德国自由主义的历史上,康德比不上威廉·洪堡。康德的政治思想倾向于自由主义,但他本人主要是作为一个哲学家而被后人铭记,因而他的政治思想也是他的批判理论向政治领域的自然延伸。

20. 格奥尔格·威廉·弗里德里希·黑格尔

黑格尔(1770—1831 年),德国哲学家、政治思想家、德国古典唯心主义哲学的集大成者。他的政治思想是德国的国家哲学和法哲学最系统、最丰富和最完整的表达。黑格尔于 1788 年进入图宾根神学院学习,其间恰逢法国大革命爆发,激动的黑格尔因此种植了一棵自由树。毕业后,黑格尔先后在瑞士的伯尔尼和德国的法兰克福做过家庭教师。1801 年,黑格尔获得了耶拿大学的教职,1805 年获副教授职。1806 年,黑格尔发表了日后被称为奇书的《精神现象学》。1808 年,他移居纽伦堡,任中学校长,1816 年,他转任海德堡大学校长,后又担任柏林大学校长。1821 年,他的《法哲学原理》出版,这是一部最集中、最系统地表达他的政治思想的著作。

黑格尔的哲学包括了他的自然哲学、逻辑学和精神哲学。"绝对精神"这一概念是黑格尔哲学的核心,它是决定自然界和人类社会一切事物的源泉和主宰,万事万物是他的表现。人类社会的历史发展过程就是绝对精神逐步展现自身的过程。黑格尔哲学的另一个重要部分是他的辩证法,黑格尔认为,一切事物都是按照正反合即肯定、否定、否定之否定的规律辩证发展的。而黑格尔的政治思想也与他的哲学思想,尤其是绝对精神和辩证法息息相关。黑格尔将市民社会看作个人和家庭发展的结果,独立的个人无法完全满足自身的需要,因此需要市民社会。国家是市民社会发展的更高形式,而且国家是精神、理性的东西,是伦理精神的体现,是有自身的根据和目的的独立力量。黑格尔的国家理论与自由主义的工具国家不同,黑格尔明确指出,国家是目的而非手段,国家高于社会和个人。

在具体的政治主张上,黑格尔主张建立一个统一的君主立宪国家,他认为,君主立宪制度是最合理性、合乎时代精神的政治制度。在黑格尔看来,君主立宪制度是扬弃了古代君主制、贵族制和民主制的更高一级的政治制度。

21. 卡尔·马克思

马克思(1818—1883 年),德国社会学家、历史学家和革命家。马克思出生于德国一个中产阶级家庭,父亲是一个受人尊敬的律师,马克思早年受其父的理性启蒙思想和空想社会主义的影响。大学毕业后,他成为《莱茵报》的编辑。1843 年,他移居巴黎并很快成为一名社会主义者。受费尔巴哈的影响,马克思认为,在资本主义社会中存在着劳动的异化,而在共产主义社会中,人类可以在合作的生产中自由发展其本性。1846 年,马克思出版了《德意志意识形态》,书中他指出,个人的本性取决于决定其生产的物质条件。生产关系的总和——人类组织社会生产的方式及所采用的手段——构成社会的现实基础,在此之上形成法律、政治上层建筑和社会意识。因此人类生产物质资料的方式,特别是由于社会集团与生产资料的不同关系而产生的阶级,决定了整个文化、政治和社会生活。

1849 年,马克思移居伦敦之后,他的政治观点更为明确,只有在历史唯物主义背景下这些观点才能被理解,如马克思把国家看作阶级统治的工具。马克思还认为,生产力发展到一定阶段会超越生产关系,这时,生产关系就会束缚社会发展,社会革命就会爆发。流亡伦敦时期,马克思出版了他的经济学巨著《资本论》,他通过剩余价值这一概念,揭露了资本主义的残酷本质。

马克思对资本主义的批判,为使他扬名的政治运动奠定了理论基础。他对社会和政治论的主要贡献在于其历史唯物主义思想,这一思想强调经济领域在形成其他社会活动领域的重要性,因为经济活动是人类生产及在生产物质资料的条件。因而从狭义上讲,政治是一种不广泛地研究历史和经济就无法理解的活动,因为政治的形式依赖于历史和经济。人们只有在这种一般的观念背景下,才能认识马克思的国家、革命及其他理论,这种观念在20个世纪对整个社会科学都产生了极大的影响。

22. 弗里德里希·恩格斯

恩格斯(1820—1895年),德国马克思主义者,但在英国度过了大半生,出生于德国莱茵省一个富裕的工厂主家庭,16岁辍学在自家工厂就业,热衷于19世纪30年代的自由立宪主义和民族主义,17岁时出版了自己的诗集。18岁时,他成为一名社会批评家。1839—1842年,恩格斯发表了近五十篇短篇作品,那时他在柏林服兵役,他在文章中记叙了当时流行于柏林大学内外的自由和保守派在哲学、政治和宗教方面的争论。

1842年,恩格斯在去伦敦的路上遇到了马克思,从此成为他一生的好友。1845年,他的《英国工人阶级状况》反映了他对工业化的牺牲者们的同情,体现了他的政治民主原则以及他的共产主义理想,即生产资料集体所有必将取代资本主义竞争性生产造成的浪费和不平等。1847年,恩格斯和马克思一起加入共产主义者同盟,为同盟起草了两份文件以及《共产党宣言》。19世纪50年代初,恩格斯写了《德国农民战争》,概述描写了中世纪时的激进主义,但却具有为其刚刚遭受失败的同代人给予乐观鼓励的意义。

恩格斯最重要的著作是1878年的《反杜林论》,书中恩格斯用科学社会主义的理论反驳杜林的观点,其内容包括马克思的两大发现——"唯物主义历史观"和"对资本主义生产剩余价值的秘密的揭露"。在《家庭、私有制和国家的起源》一书中,恩格斯将唯物主义的方法应用于人类学。他吸收了达尔文进化论的部分观点,并认为它与历史唯物主义是一致的。在《费尔巴哈和德国古典哲学的终结》中,恩格斯相近阐释了他建立在黑格尔哲学和实证科学基础上的辩证法的前提,并发展了其中的假定含义,以便我们能更好地了解逻辑、认识论和社会历史。

恩格斯是马克思主义的主要创立者之一,他的思想对于现代共产主义运动有着深刻的影响,也是马克思一生的好友与合作者。还有一种观点认为,恩格斯的思想与马克思存在区别。

23.詹姆斯·密尔

詹姆斯·密尔(1773—1836年),英国哲学家、经济学家和激进小册子的作者。密尔在爱丁堡接受训练,以成为一名长老会牧师。但他的不可知论使他放弃了这一职业。在伦敦,他成了一名自由撰稿人。他与边沁过从甚密,积极传播边沁关于功利、法律、治理、教育和心理学等方面的思想。

詹姆斯·密尔是边沁功利主义、霍布斯个人主义和心理学上的联想主义、马尔萨斯主义、亚当·斯密所发展的古典政治经济学原理的代言人。作为一名功利主义者,他宣称要探寻最大多数人的最大幸福,进而提出了促进最大幸福的制度安排。在他的《政府论》中,密尔认定民主制度是一条通往好政府的道路。政府代表着受治理者的利益。缺陷,特别是腐败,源于不正当利益的不受控制。而要控制腐败,就需要代议制政府,包括经常性选举和秘密投票。詹姆斯·密尔主要不是一个原创性的思想家,而是一个思想传播着,李嘉图、其子约翰·密尔等都受惠于他的思想传播。

24.约翰·斯图尔特·密尔

密尔(1806—1873年),英国哲学家、经济学家、政治家,詹姆斯·密尔之子。密尔从小得到良好的教育,而且天分极好。他12岁赴法国学习法律,17岁回到英国组织了"功利主义社",研究和宣传边沁的思想和主张。密尔在政治上属于激进派,长期致力于议会改革,对宪章运动也抱同情态度。1865年,他被选为议员,在下议院任职两年。在此期间,他极力主张妇女参政和爱尔兰土地改革,并对1867年的议会改革起了促进作用,他还是世界上第一个妇女参政促进会的创办人之一。

密尔一生著作颇丰,而且在哲学、逻辑学、经济学和政治学等学术领域中都有一定的建树。在政治方面,它的主要著作是《论自由》《关于国会改革的意见》《代议制政府》和《功利主义》。密尔在政治思想的理论基础上继承了边沁的功利主义哲学,他同样把求苦避乐视为人的行为的唯一动机,把最大多数人的最大幸福看作根本的道德标准。但是与边沁不同的是,密尔认为快乐不仅仅只有量的差别也有质的差别。另外,边沁认为,人类追求快乐要依靠四种制裁方法,即物理或自然制裁、政治制裁、道德或民众制裁,以及宗教制裁。这些制裁是外部制裁,而真正保证功利原则的实现主要应该依靠内部制裁。内部制裁是人们内心的一种情感,一种伴随违反义务而产生的痛苦,这种情感就是人类的良心和社会感情。

《论自由》是密尔最富才华的作品,严复当年将该书译为《群己权界论》,可谓恳切。密尔在书中划分个人和社会的权力界限,重点探讨了社会所能合法施加于个人的权力的性质和限度。对于这一点,密尔提出了两条原则:第一,个人的行动只要不涉及自身以外什么人的利害,个人就不必向社会负责交代;第二,关于对他人利益有害的行动,个人则应当负责交代,并且还应当承受来自社会的惩罚。根据功利主义和群己权利界限的原则,密尔重点论证了言论自由的意义以及反对政府干涉的理由等问题。

密尔的《代议制政府》把多年致力于政府改革而形成的政治观点和实际建议加以系统化,阐述了评价政府形式的一般标准,论证了代议制政府的优点和可能存在的弊端,区分了真假两种民主,提出了改革代议制政府的一些建议和主张,这些理论与主张是他的功利主义和自由主义原则在政治问题上的应用。

密尔是19世纪英国最重要的思想家之一,他的思想涉及逻辑学、历史学、政治经济学等各个方面。他是古典自由主义的集大成者,也是新自由主义的先驱,在他这里,洛克、边沁等人的自由主义原则被发挥到了极致,同时他也受到19世纪社会主义运动的影响,他的晚年著作中表现出新自由主义的思想端倪。

25. 弗里德里希·威廉·尼采

尼采(1844—1900年),德国哲学家,现代哲学最重要的开拓者之一。1869年,尼采被授予巴塞尔大学古典语言学讲座教授一职。三年后他发表了成名作——《悲剧的诞生》。由于健康程度不断恶化,尼采不得不放弃了他的大学教职。此后10年,他先后在瑞士南部和意大利北部度过。这个时期他写出了《查拉图斯特拉如是说》《善恶之彼岸》《道德的谱系》《偶像的黄昏》《反基督者》和《看!这个人》。他死后,他的姐姐根据他的遗稿编辑出版了《权力意志》。

尼采的作品与以往严肃的学术作品大不相同,他通过诗歌、警句和一些语言片段表达他的思想。《悲剧的诞生》中,尼采探讨了悲剧在创造和维护古希腊城邦中的作用。希腊人已经解决了我们所谓的权威问题,用一把判定除了自己的行动之外什么都不依赖的东西对于作为一个希腊人来说究竟意味着什么。尼采认为,悲剧在维持和再生这种信心中起了一种核心作用。当他将注意力转向现代社会时,他发现了同样一个问题。在尼采看来,现代社会正面临着一场危机。这场危机由来已久,其最终根源在于苏格拉底的道德和基督教。这一危机最直接的征兆就是他所说的"上帝死了",即虚无主义的普遍现象。人类在不断地寻找着一种权威的同时又意识到不可能真正获得它。他断言,这样一种状况将支配今后 200 年的时间。

在《道德的谱系》中,尼采指出,人的实践和他对世界的认识都应该从谱系学的角度来理解,即把它们看作一个共同的家庭,这个家庭起源于一些特殊的行为,而这些行为反映了权力与自我的关系。尼采认为,一切行动必然具有这样的特征,即"权力意志";它会在生产出那些使它们成为可能的前提和条件,因此权力意志是所有行为的特征。尼采的著作中包含着许多零散的关于政治的论述,大凡涉及现代的一般都是否定的。他对现代国家和欧洲民族主义的发展感到特别的苦恼。在《看! 这个人》中,他指出,现代社会正在消除建立在门第和特权基础上的旧秩序,而正是门第和特权导致了欧洲的腐朽。但他同时也知道,现存的权力结构还在继续维持旧秩序。

由于尼采本身的行文风格和晚年的疯癫,使得他本身的政治思想无法作为一种体系性的系统而存在。尼采和他的思想由于得到希特勒和法西斯主义的青睐而一度声名狼藉,这恐怕是他没有预料到的。

26.约瑟夫·梅斯特尔

梅斯特尔(1753—1821 年),出生于意大利萨伏依的尚贝里,曾经为意大利统一前的撒丁王国效力出任驻俄使节,他曾目睹过法国大革命中雅各宾党人的恐怖政治,这使他从一个温和的改革主义者转为一个反革命者。

梅斯特尔曾经阅读过柏克的《法国革命论》,但他不是从世俗而是从宗教的角度批判大革命。他的立场虽然有柏克的影子,但是他远比柏克保守得多,或者说他的思想中没有柏克所坚守的英国自由传统。梅斯特尔的主要目的是要摧毁 18 世纪启蒙运动以来的一切。他主张封建君主制,主张人们对教会的被动服从,他为旧势力东山再起摇旗呐喊。

梅斯特尔认为,革命是上天安排的一个历史事件,其目的是要使人们获得新生。法国革命是魔鬼力量的爆发,是道德约束的失落,但它是上天旨在恢复宗教原则的一个举动。梅斯特尔认为,每一个制度都是神圣的产物,过往的权力是上帝赐予的,因为人性本恶,必须由君主来统治。他认为,法国流亡贵族应当进行暴力镇压,相信贵族们还有机会复辟。

梅斯特尔的保守主义思想代表了 19 世纪欧陆反动势力的基本立场,但是与其他传统的鼓吹封建君主制的学者不同的是,他比他们看得更远。以赛亚·伯林认为,梅斯特尔意识到了当时还没有完全显现出来的现代性的内在矛盾,他指出了现代性走向道德虚无的未来,这一点是当时欧陆其他保守主义思想家所不具备的。

27. 詹姆斯·麦迪逊

麦迪逊(1751—1836 年),美国政治家和政治哲学家,生长于美国革命时期的弗吉尼亚。1780 年,麦迪逊作为弗吉尼亚的代表之一出席了大陆会议。在大陆会议上,他是美国国家主义的主要倡导者。1784—1786 年,他任弗吉尼亚州议会议员,成功地领导了反对保守主义者旨在改变州的自由主义宗教政策的活动。麦迪逊是 1787 年美国制宪会议以及随后的争取宪法草案批准论争中最重要的人物之一。在反对汉密尔顿和其他联邦制拥护者的活动中,麦迪逊帮助成立了第一个现代政党——共和党。1801—1809 年,麦迪逊出任美国国务卿,而后接替杰斐逊成为总统。1817 年,他从总统职位隐退后再也没有担任过任何公职。

像埃德蒙·柏克一样,麦迪逊的政治思想不是以系统地论述而是以论战式的小册子、论文、政府文件、演讲和书信形式表达出来的。他的思想是以其坚定不移地对自由共和政体的忠诚为特点的。麦迪逊的政治原则是洛克关于自然权利的理论原则是适用于英属北美殖民地的。麦迪逊重申了洛克的观点,宗教自由是基本的自然权利,因为人的思想天生就不能使人入罪。合法政府是由契约创造的,他不是为了超凡的拯救而是为了尘世的功利创造的。

麦迪逊最著名的著作被收入 1787—1788 年出版的《联邦党人文集》中。该书坚决捍卫美国宪法,并对宪法进行了传统的解释。麦迪逊在其中明确阐释了他对支持多数统治的缘由,他认为只有这一形式是一种缺陷最少的政体。

28.托马斯·潘恩

潘恩(1737—1809 年),出生于英国,父亲是个裁缝。潘恩只读过几年书,做过水手、鞋匠、英语教师和收税官,1774 年前往北美新大陆,在《宾夕法尼亚》杂志谋得编辑一职。独立战争爆发后,潘恩参加了大陆军宾夕法尼亚联队,在战斗之余写出了十几本鼓吹独立的小册子。独立战争胜利以后,潘恩离开了北美前往正处于大革命之中的法国,他参与了《人权宣言》的写作,并独自撰写了《人权论》,热情歌颂巴黎人民的革命精神。1802 年,潘恩因不愿与拿破仑共事返回美国,不久便遭暗杀。

潘恩在美国独立前夕发表了大量反对君主制,推崇独立自由的文章。他的《常识》提请广大北美人民注意一些不言而喻的"常识":国王都是一些独夫民贼,君主制度本身就是罪恶的源头;英国政府在北美殖民地的统治完全是非正义的,决不能奢望英王会对殖民地人民作什么让步。只有把十三州人民团结起来进行武装斗争才能赢得独立,才能保障自己应有的权利。

潘恩不是一个原创性思想家,没有建立过系统的理论。他主要是一个小册子作家,他的历史地位主要在于他在美国革命前夕对独立革命的宣传。也就是说在思想史上,潘恩是一个传播者,而非创造者。

29.罗伯特·米歇尔斯

米歇尔斯(1876—1936 年),德国社会学家,"寡头统治铁律"的发明者。他先后在都灵、巴塞尔和佩鲁贾大学任教。在莫斯卡、帕累托和韦伯的影响下,他成了一代"精英主义"倡导者,并对政党社会学做出了重要贡献。

米歇尔斯在其学术生涯初期是一位马克思主义者。他对社会民主党持批判态度,因为他们容忍了资产阶级立宪主义对直接革命行动信念的侵蚀,并把维持政党组成存在的关心置于社会主义原则之上。在《政党》一书中,他提出了这样一个论点:全社会和所有组织都服从政治寡头的统治。米歇尔斯将这种一般理论适用于社会主义政党,力图证明这条法则即使在一个信奉内部民主原则的政党中也是适用的。

在米歇尔斯的后期著作中,他进一步发展了他的反民主立场,宣扬他的所谓精英至上主义和群众缺陷论,并成为一名法西斯主义的支持者。

30. 彼得·克鲁泡特金

　　克鲁泡特金(1842—1921年),俄国革命家和地理学家,无政府主义的重要代表人物之一,"无政府—共产主义"的创始人。克鲁泡特金出生于贵族世家,早年在沙皇亚历山大二世的军队服过役。1872年,他第一次去西欧旅行并接触到了无政府主义的理论。后来克鲁泡特金移居西欧,写下了一些无政府主义著作,其中最著名的是《互助论》。

　　克鲁泡特金接受了无政府主义的一般原理,他的特殊贡献在于设计了无政府—共产主义的方案,并把它建立在公认的社会进步的科学理论的基础上。他设想了一个由基本自给自足的公社组成的社会,在这个社会里,自由交往的生产者提供货物以满足各种基本需要。为了实现这样的社会,克鲁泡特金呼吁实现革命的变革。但与巴枯宁相比,他对革命者应该采取的组织形式谈得很少。他认为无政府主义分子的作用是宣传破坏性思想,他终有一天会唤起群众的革命本能,将资本主义和国家一起摧毁。

　　克鲁泡特金的成就在于给无政府主义提供了勉强经验性的基础。虽然无政府—共产主义的到来不是必然的,克鲁泡特金还是提出了例证,认为一个没有正式的强制机构的分散的社会并不仅仅是想入非非,尽管他的一些无政府主义者同仁后来攻击他退出积极的政治活动,沉湎于学术研究,但是将无政府主义作为一门应予严肃对待的学说贡献给思想界方面,无论谁也没有比他做得更多。

31. 皮埃尔-约瑟夫·蒲鲁东

　　蒲鲁东(1809—1865年),法国无政府主义者,出生于贝桑松,其父是一个经营失败而又好打官司的桶匠。在因家道中落而被迫放弃当地中学的奖学金之后,他当上了印刷工并通过阅读校样来继续自己的学业。1839年,他从贝桑松学院得到了一笔奖学金,因此到巴黎住了一年。此后,他前往里昂,在一家驳船公司当办事员,同时又同这个城市中激进的纺织工人来往密切。接着他回到巴黎直到生命结束。

　　蒲鲁东对政治理论的主要贡献是他论述了反对合法政府的问题,并提出了一个无需国家强制力即可实现社会合作的完善的"互助主义"社会模式。他的批判和建议都表达了他对公有公社中个体存在的极力推崇;这正是他同所有那些谋求使最大限度的公有团结与最充分的自我发展融为一体的无政府主义者所一致追求的目标。

蒲鲁东对于其阐释者来说始终是一个极富争议的人物。他最初享有的是一种革命的平等派的声誉。而马克思却嘲笑他是小资产阶级私有财产的辩护士。一部分天主教右翼人士则因他捍卫了传统价值而对他推崇备至。但也有人称他为法西斯主义者。而蒲鲁东之所以会有如此多样的理解，其原因之一便是他总想出书求名，笔锋所及无所不包，而笔下所写却总是与人争论，不成体系。但只要集中注意他的政治作品，其统一和联系还是明显存在的。他认为，在新的社会里，按照个人独立判断而行事的人们既可以实现自我表达又可以达到社会团结；他对这样一个新社会的描述和辩护使他成为无政府主义主张最有说服力的阐述者。

32. 米哈伊尔·巴枯宁

巴枯宁（1814—1876年），无政府主义者，出生在俄国贵族地主家庭。1849年曾参加德意志革命，后被捕引渡回国。1861年逃往英国，作为无政府主义的鼓动家和宣传家度过他的余生，1876年病死于瑞士。巴枯宁以他的密谋活动和秘密社团而闻名于世，为了控制第一国际，他同马克思作过斗争。

巴枯宁的成熟思想是明确和极端反政治的。在他看来，所有政治理论家都视原罪为其理论的出发点。巴枯宁认为，国家的兴起和完善同宗教的产生和巩固是相辅相成的，国家和宗教以一种共生的关系而同时并存。理论上来说，人是一种社会性存在，他们具有一个平等人组成的共同体里通过自我行为追求自由的天性。上帝和国家、愚昧、迷信以及自暴自弃的先入之见，都是人类解放的公敌。与这种东西作斗争，就必须把从贯彻实证科学所发现的自然法则诉诸于大众。

巴枯宁主要是在反对马克思的思想的过程中，不断修正自己的思想，自由社会主义者之所以一直敬重他，就在于他对马克思主义的无产阶级专政可能产生的后果所作的预言式批判。他很为自己的折中主义而自豪，在他的思想深处，唯物主义与浪漫主义、对自发性的赞美与对密谋组织的迷恋、国际主义和恐德症都牵强地混合在一起。

33. 安东尼奥·葛兰西

葛兰西（1891—1937年），意大利共产党领袖。他的文艺理论著作大多写于狱中,二战后得到广泛的传播和研究。他批判资产阶级唯心主义文艺观和克罗齐的"艺术即直觉"的观点,坚持历史唯物主义和无产阶级党性原则,提出创立"民族—人民的文学"的口号,对文学与社会生活,作家与时代、人民,作品的内容与形式的关系,文艺批评的任务,作了精辟的论述;同时对许多古典作家和20世纪重要的文学现象作了分析和论述。

《狱中札记》是葛兰西狱中所著,也是意大利思想史上的重要著作。葛兰西对意大利的统一进行了分析,特别是分析了意大利知识分子的作用,以及新的民族国家如何作为一次"消极革命"的结果而出现,而在这次革命中,农民群众充其量只能对新的政治秩序予以消极的同意。他把知识分子分为有组织的和传统的两种,前者是任何一个新的进步阶级为组织新社会秩序所需要的,而后者则具有一种走回到一个早先的历史时期的传统。他给知识分子所下的定义非常广泛,认为知识分子应包括一切"在广义上具有组织功能"的人们。他还认为,所有的人都具有理性的和智慧的能力,虽然他们当中目前只有一些人在社会上发挥一种知识的功能。

知识分子组织着信仰的网络,组织着制度和社会关系,也就是葛兰西所说的"领导权"。因此他又把国家定义为"武力加同意",或是用强制武装起来的领导权,其中政治社会组织武力,市民社会提供同意。葛兰西把"国家"这个词用在不同的意义上,把它用在狭隘的法律和宪法的意义上作为政治社会和市民社会之间的一种平衡,或者把它用来概括两者。一些学者批判葛兰西在国家观点上很"弱",认为他过分强调了同意的因素;另一些学者则强调指出葛兰西试图对起干预作用的现代国家进行分析,然而其中区分市民社会和政治社会的界线,却越来越模糊。葛兰西声称,在先进的资本主义国家里,由于市民社会包含着复杂的机构和群众组织,这些国家的政权性质也就决定了只能采取这样一种战略来破坏现秩序并导致社会主义改造的彻底胜利。阵地战,或者战壕战,以至于运动战或正面进攻,则是在沙皇俄国这种迥然不同的环境下取得成功,它只不过是一种特殊的策略而已。

在有关知识分子的想法方面,葛兰西还提出,固然专业的哲学家在发展他们的抽象思维的技能,而其实所有的人在解释世界的时候都在从事一种哲学实践,尽管这往往是采取一种不系统的和非批判的形式。用马克思的话来说,哲学正在成为一种"物质力量",它对一个时代的"常情"起影响作用。应当把一种哲学体系放在历史条件下进行考察,也就是说,不能把它单纯地放在抽象的水平上进行批判,而是应当把它跟它帮助各种社会力量形成的思想意识联系起来。马克思主义作为一种"实践的哲学",能够帮助群众成为历史的主人公,这是因为越来越多的人民群众掌握着专业化的、批判性的知识技能并具有一种统一的世界观。葛兰西奠定了意大利马克思主义文艺理论的基础,也是西方马克思主义理论的先驱,其后的批判理论思想家阿多诺、马尔库塞都受到其影响。

34. 马克斯·韦伯

韦伯(1864—1920 年),德国政治经济学家和理论社会学家。早期研究商法历史,后成为德国 19 世纪 90 年代历史政治经济学的领袖人物之一。

最初,韦伯以其对资本主义组织对易北河东区的农业阶级所产生的影响,以及资本主义的发展对容克长期把持德国政治生活的影响的研究而著名。而真正使他声名鹊起的是《新教伦理与资本主义精神》。该书认为,在资本主义业已发展成熟的条件下,资产阶级利益最大化的行为特点通常被解释为求生存而不得不为的方式,然而这一解释无法适用于资本主义早期发展阶段。实际上,这种行为模式是一种自发的、期望获得过多消费品的、冲动的产物,而这在人类发展史上是非常独特的。韦伯将它的起源追溯至世界范围内的苦行主义——新教的两大诫令:一是将勤奋工作视为生活的主要责任,二是对工作成果的有节制享用。

在政治领域,韦伯的"理性"概念建构了一个独特的权威合法性类型,这一类型也决定了法律与行政所采用的形式。在传统社会中,合法性来源于世袭制度下的君主与国王,统治风格高度私人化而且为社会规则与指责所限。相反,合法性的理性模型采取私人化的统治方式,这种方式将职位与在位者分离,并使它独立于家庭或家族的限制。相应的,法律的正当性也不再是根据其实体性含义,而是根据其程序上的正当性。由此,立法程序本身摆脱了传统规则的限制。

在韦伯的政治社会学中,合法性类型包括了"传统型""法理型"和"卡里斯马型"三种。卡里斯马是一种权威类型,这种权威来源于领导本身及其口令所具有的强制性权力,而非来源于传统或某一特定职位的规定。

韦伯是现代社会学的主要奠基人之一,他提出的观念如理想类型、合法性类型分类、理性化都成为后来政治社会学的经典范式,对后世政治社会学的发展影响深远。

35. 列宁

列宁(1870—1924 年),原名弗拉基米尔·伊里奇·乌里扬诺夫,马克思主义理论家、政党组织者,世界上第一个社会主义国家的主要缔造者。列宁是 20世纪发展马克思主义的主要代表,他对马克思主义的贡献主要是建立了具有鲜明特色和重要意义的革命政治学。他论述了正确组织一个革命政党的方式、党与阶级制度的关系,以及党在政治动员中所具有的作用等问题;同时也是因为他总结了资本主义发展中新的和最高阶段的特点。在由他领导的十月革命到来之际,他把马克思对巴黎公社的推崇和他本人对苏维埃潜力的认识相结合,发展了马克思关于国家的学说。

列宁早期著作中享誉最高的是《资本主义在俄国的发展》,他利用当时俄国的资料,追溯了由自然经济转变到资本主义的历史发展,并着重分析了这一复杂进程中的工业部门和社会阶级。他的结论是:领薪工作者充斥于俄国社会的各个阶层,然而只有工业无产者才能同仇敌忾。随着第一次世界大战的爆发,列宁开始建构一种关于当代资本主义的新理论,这种理论体现在他的《帝国主义是资本主义的最高阶段》一书中。其要旨是:资本主义促进生产力发展的创造和进步作用是其竞争性市场机制的产物,而当资本主义在世纪更替之际变成垄断资本主义后则停止发展了。然后它变成了靠剥削殖民地为生的、腐朽的和寄生的资本主义,从而加深了它固有的矛盾,同时为欧洲社会主义革命和殖民地民族解放的结合准备了条件。

列宁发展了马克思的历史唯物主义,创造了一个强有力的革命政党并通过武装建立了第一个苏维埃政权。列宁将马克思主义东方化了,这一改造对于整个东方世界的无产阶级革命都产生了深远的影响。

36. 罗伯特·欧文

欧文(1771—1858 年),英国社会主义者,欧文从不自认为是伟大的知识分子,他基本上是自学成才,并且经常自称他没有读过任何学理著作。然而通过早年经营棉纺厂的实践经验,欧文逐渐对社会问题产生兴趣。他坚信,人的生活和劳动环境决定了人的本性,因此他全力以赴到处传播这一理念,并且投身于实际的实验,意在以此证实他的想法完全可以作为社会改革计划的基本原则。这个使命驱使他从亲手建立的新拉纳克模范村来到美国,从事一项建立共有公社的计划。

欧文最著名的著作是 1812—1813 年出版的《新社会观》。尽管此书并没有表述他的社会主义思想,但其中包括了有关个性取决于环境理论的基本论述。在当时这是十分引人注目的思想,因为他反驳了当时流行的观念——游手好闲、愚昧无知、犯罪、贫困,以及其他一些社会罪孽是社会底层那种拙劣的生活方式的必然结果。欧文坚定地认为,这些罪孽只是可以改变的社会环境的产物,同时它力图通过在新拉纳克进行一系列环境、工业和教育等方面的改革来证实这种看法。欧文把这种改革的结果看作最充分的证据,证实了通过理性的改革而改变整个社会人性的可能性。

欧文与傅立叶、圣西门并称为空想社会主义的代表,他的社会主义理论和实践是对当时资本主义社会两极分化和穷人悲惨的生活状况的反应,但由于他的思想太过理想化,脱离了当时的社会环境使得新拉纳克的实践失败,但欧文的思想无论对马克思的科学社会主义,还是西欧资本主义的福利国家改革都有着重要的影响。

37.赫伯特·马尔库塞

马尔库塞(1898—1979 年),德国新马克思主义理论家,法兰克福学派的代表人物。1922 年,马尔库塞由于完成《论德国艺术小说》这篇博士论文而获得弗莱堡大学博士学位。他认为,高度统一的社会会产生适应这种统一信仰系统的艺术。破裂的社会产生的艺术作品,不仅没有反映居支配地位的意识形态,而且还会与之相对抗。艺术的繁荣兴旺不是建立在这种冲突之上的。艺术家通过新的艺术形式描绘出一种理性社会的图像:它能够创造性地促使社会矛盾去实现人之自由的理想。

马尔库塞的第一部重要著作是 1941 年出版的《理性与革命》,书中他让黑格尔的理性概念表达出种种标准,一切社会都必须根据这些标准进行评估。他坚持认为,在不存在反对控制的任何历史力量的历史背景下,理论必须回归到抽象的高度。在不存在对压制性的统治加以批评的政治运动的地方,只能存在一种批判性的理论。

马尔库塞的《单向度的人》和《苏联马克思主义》阐述了他的技术统治理论。他认为,由于信奉科学和技术的进步,一切先进的工业社会,无论它们在政治制度和政治信仰上存在多大差异,都与技术生产的理性日趋一致。技术理性组织起社会中一切文化、政治、社会和经济部门,使之遵循物质生产主要的意识形态的原则。社会关系被塑造成一种全部组织好的、彻底一体化的和完全一致的安逸的存在,不存在对它的怀疑非难和对这一现实的逃避。马尔库塞另一个重要的思想是他将弗洛伊德的心理学同马克思的理论结合起来,写出了《爱欲与文明》《论解放》等书。

马尔库塞作为 20 世纪西方马克思主义的重要代表,他的思想曾对二战后的西方社会产生了重要影响,20 世纪 50 年代的西方左翼运动和性解放运动就以马尔库塞为旗帜。

38. 汉娜·阿伦特

阿伦特(1906—1975 年),政治思想家、极权主义理论分析家,出生于哥尼斯堡一个犹太人家庭,青年时期主修哲学,师从海德格尔和雅斯贝尔斯。纳粹主义兴起时,她改学政治学,后被迫逃离德国,途经法国,最终到达美国,在那里用英文发表自己的主见。

阿伦特的第一部重要作品是《极权主义的起源》。她在该书中认为,纳粹主义和斯大林主义在它们之间造就了一种新的、特别现代的统治形式。集权主义的目标是对内极权统治和对外征服世界,它的突出特点是意识形态和恐怖。阿伦特试图对现代欧洲生活中造成极权主义的三个因素进行分析:犹太人特殊的政治和社会地位刺激了反犹太主义;导致种族运动和全球范围内的权力扩张的帝国主义;欧洲社会分解为浮萍一般的游民散众,他们孤立无援、前程不定,很容易受到意识形态的煽动。《耶路撒冷的艾希曼》一书起因于对一个纳粹分子的审判,阿伦特指出,艾希曼所犯的罪行与其说是出于处心积虑的邪恶,不如说是处于纳粹的官僚习性和头脑平庸,表现为没有能力思考其所作所为的含义是什么。

《人的境况》旨在思考一下我们正在做什么,以抛弃错误的先入之见,直接审视经验生活。它研究了人的行为方式及其发生所依据的条件。和现代的观点相反,她认为,人的行为显示了一种固有的等级关系,在这个序列里,劳动这种满足人类物质生存和温饱问题的常规行为,处于最低的位置。居于劳动之上的是工作,这是工匠和艺术家们的行为方式,他们创造出能长久留存的物品,这些东西构成人类社会,并且为人类在地球上提供了一块栖息之地。

阿伦特试图重新恢复亚里士多德主义对于人的预设,即人天生是一种政治动物,而人的价值只有在政治中才能得到实现,这一观点对于当代共和主义的发展影响深远。

39. 卡尔·施密特

施密特（1888—1985 年），德国法学家、政治理论家，出生于德国一个天主教家庭，故乡是德国西部的普莱腾堡。他曾在波恩大学、柏林大学任教。纳粹当权后，施密特曾经加入纳粹党，并成为纳粹的高级法律顾问。1936 年，施密特由于之前的反纳粹立场而失去职位被迫退出政坛。二战结束后，施密特由于同纳粹有染而失去了大学教职，余生在故乡度过。

施密特的著作有《政治的概念》《政治浪漫派》《政治的神学》《罗马天主教及其政治形式》《游击队理论》等。在《政治的概念》中，施密特指出，国家的概念应以政治的概念为前提，理解国家的本质就必须首先理解政治的本质。正如道德中有善恶之分，政治中也有这样的标准即敌友之分。在施密特看来，首先，敌友界分的意义在于通过他人确认自我，敌人的存在使我们明确自己的身份；其次，敌友之分还能够从敌人的存在那里获得奋斗的动力，敌我冲突的本质是信仰冲突。在施密特看来，人人各为其信仰，终将决一死战，人类总有一些通过谈判解不开的矛盾，这些矛盾是基于不同的信仰。沿着对敌人和朋友的划分，施密特认为，主权就是在紧急状态下做出决断。他有感于当时魏玛共和国的软弱，对当时的德国政治现状进行了批评。首先，施密特认为，自由主义理论缺乏对紧急状态的关注，议而不决，迷信辩论；其次，施密特也对浪漫派缺乏决断的魄力进行了批评；最后，他的主权决断论还批评了法律实证主义，批判了犹太法学家凯尔森的纯粹法学。

施密特在思想史上的地位在于他是自由主义的重要批判者，他指出自由主义缺乏决断，无法应对紧急状况，这一点与一战后德国的现实政治息息相关。施密特的思想对于我们反思自由主义有着重要的意义。

40. 列奥·施特劳斯

列奥·施特劳斯（1899—1973 年），德裔美国政治哲学家，专事古典哲学研究，出生于德国黑森州的小镇基希海因。1921 年，施特劳斯取得汉堡大学的博士学位，1925 年，开始任职于柏林犹太研究学院。1932 年，施特劳斯得到洛克菲勒学人奖提供的赞助，前往巴黎从事中世纪犹太及伊斯兰哲学研究，并在巴黎成婚。1934 年，洛克菲勒基金会愿意多给他赞助一年的经费，于是施特劳斯移居伦敦从事霍布斯研究。1937年,施特劳斯应哥伦比亚大学历史系之邀,只身前往纽约担任访问学人。1938年前往新社会研究院举行巡回讲座并担任讲师;其后,施特劳斯将家人接到纽约,从此再也没有回过德国。他生涯中的大部分是芝加哥大学的政治科学教授,在那里他教授了几代学生,形成了"施特劳斯学派"。施特劳斯被认为是美国新保守主义的一个思想渊源。

施特劳斯把苏格拉底的审判与死亡看作这样一个时刻,那时政治哲学,如施特劳斯所理解的,曙光初现。哲学家们相对自由地从事自然与政治研究,直到苏格拉底在雅典的生活与死亡。施特劳斯认为,哲学史上最重要的时刻之一就是苏格拉底与其学生的论辩,认为哲学家或科学家不能研究自然而不考虑他们自己的人性,根据亚里士多德的名言,即"政治的"。苏格拉底的审判是"政治的"哲学的首次行动,而柏拉图的对话是政治地对待哲学的最纯粹的形式,他们唯一全面的主题是苏格拉底,这位对施特劳斯与他的许多学生来说最卓越的哲学家的生活与死亡。

施特劳斯仔细区分了"学者"与"哲学家"(或伟大的思想家),认为他自己属于前者。他写道,如今,多数自认为是哲学家的人其实是学者,谨慎而系统,而不是大胆的。他主张,伟大的思想家大胆而对缺陷机警,而学者受益于确定的范围。施特劳斯总结说,学者存在,因为伟大的思想家在基本点上不一致,而这些基本的意见不同使学者得以推究。

在与学生合著的《自然权利与历史》中,施特劳斯以对马克斯·韦伯认识论的批评开始,继之以与马丁·海德格尔相对主义的简短约会,跟着通过分析托马斯·霍布斯与约翰·洛克的思想,讨论自然权利的演进。通过批评让-雅克·卢梭与埃德蒙·柏克,他做出结论。在这本书的中心是古典政治哲学的摘录,如柏拉图、亚里士多德与西塞罗。

施特劳斯在当代政治哲学史上的意义在于他对现代性所导致的历史主义和虚无主义的批判,因而他主张通过研读古代大师的经典走出"洞穴",强调客观价值的重要性。他的思想对于美国当代思想界和政界中的保守主义都有着一定影响。

41. 哈贝马斯

哈贝马斯(1929年—),德国哲学家和社会科学家,法兰克福学派最重要的当代思想家。

　　哈贝马斯的关注点集中在合理性概念和社会理性化问题上。他的第一部重要著作《知识与人的旨趣》试图从认识论上批判流行的实证主义认识模式。他认为这种模式只提供了一种能够构成人类知识的旨趣,即对控制的技术旨趣,但它却威胁着其他的同样根本的认识模式的地位。这些认识模式以另外两种构成知识的旨趣为基础,它们有助于我们认识社会合理化问题:解释或释意的知识回答了人们对于扩大交流互动的世纪旨趣,而批判的解放的知识回答了人们对于消除统治结构的解放的关注。

　　到 20 世纪 70 年代,哈贝马斯日益不满于这种把知识和理性与普遍的"人类学上植根更深"的旨趣联系起来的框架,它将研究中心从认识论转到了语言学上。他相信,对于合理性的正确理解不是产生于对构成知识的旨趣的推测,而是产生于重新构造一种关于行为者语言互动中所表现出来的能力的理论。哈贝马斯在他的《交流行动理论》《关于现代性的哲学对话》中指出,世界上存在着三种一般的观念:真理、规范的合法性和忠诚。每一个行动者都对这些观念之间的区别以及人们对这种区别的认识有着直觉的理解。对于批判理论来说,其中最重要的观念是规范的合法性。在哈贝马斯看来,任何规范的合法性在原则上都能根据"实际对话"中的争论规则而得到确认。这些规则一起决定着何者为一"理想的谈话局面"。在理想的谈话局面中,唯一起作用的影响力是"较好的论点的力量"。照哈贝马斯的本意,实际对话中的正式规则是最低限度的"交流伦理"的基础。在《合法性危机》中,哈贝马斯断言先进资本主义社会的思想发生了一些重要变化,资本主义正经历着严重的也许无法解决的统治危机。

　　哈贝马斯是当代西方最有影响力的思想家之一,作为阿多诺之后法兰克福的重要代表,他在进一步发展批判理论和西方马克思主义传统的基础上,使批判理论逐步向自由主义靠拢,与罗尔斯之间的历史性对话就已经显示出哈贝马斯的思想已经与自由主义有一种"家族类似"。

42. 约翰·罗尔斯

　　约翰·罗尔斯(1921—2002 年),当代美国哲学家,毕业于普林斯顿大学,曾在哈佛大学担任哲学教授,著有《正义论》(1971 年)、《政治自由主义》《作为公平的正义:正义新论》《万民法》等名著,是 20 世纪英语世界最著名的政治哲学家之一。

罗尔斯所关注的并不是论证政治权威合理性的问题,而是建立社会正义原则。为此,他想象着把人们置于"原初地位"之中,在这种情形下,人们不知道他们的天赋、才能及其在社会中所占的位置。他们转入正常社会时,就要求制定一些他们将受其制约的分配原则。他们并不知道他们生活的特殊目的究竟是什么,他们知道拥有一些"基本善"将是有益的,这些"基本善"被罗尔斯称为权利和自由、机会和权力、收入和财富,还有赖以确立自尊的基本条件。他假定每一个人都想尽可能多地得到这些美好事物,但由于处于原初地位的人被假定为无知,所以他们只限于提出一些形式上相当一般的原则。罗尔斯进一步提出了正义的两条原则:第一原则,每一个人都有这样的平等权利,他们可以拥有与别人类似的与自由相容的、最广泛的自由;第二原则:社会和经济的不平等应该这样来安排——①使条件最不利者也能得到最大的利益,②职位和公职在机会完全平等的条件下对所有人开放。

罗尔斯的《正义论》被英美哲学界认为是当代政治哲学界影响最大的著作。在哲学上,罗尔斯的主要贡献是提供了一种取代功利主义的伦理学理论;在政治学上,他关于正义的论述被认为是对美国意义上的自由主义或者欧洲意义上的社会民主主义的一种辩护。

43. 弗里德里希·奥古斯特·冯·哈耶克

哈耶克(1899—1992年),奥地利经济学家和政治学家,新自由主义经济学派的主要代表者,现代保守主义政治思潮的奠基人。曾获维也纳大学法学博士、政治学博士和伦敦大学经济学博士。1931年,移居英国任伦敦大学经济学院教授,英国经济学会评议会议员。1962年,任联邦德国弗莱堡大学终身教授。1974年,获得诺贝尔经济学奖。主要著作有《通往奴役之路》《自由的宪政》《法律、立法与自由》。

哈耶克的研究主要集中于政治学和经济学两个领域,在20世纪40年代以前,主要集中于经济学的技术性研究。之后,他的研究转向政治哲学和社会科学方法论。他的《通往奴役之路》认为,以苏联为代表的计划经济是对市场经济原则的破坏,而且计划经济将损害公民的政治自由,最终导致政治上的独裁。在对待民主的问题上,哈耶克反对现代民主政治形式,认为现代西方社会的代议制民主模式会使自然形成的自由社会秩序转变为某些组织利益服务的集权体系现代政府权力过大,经常以合法的手段超越宪法赋予他们的权限。在现代政府体制下,分权和自由已名存实亡,通过立宪形式确保个人自由的实验显然已经失败。因此哈耶克认为,必须对少数服从多数的原则进行批判,为了恢复传统的自由市场竞争秩序,需要重建政治结构。哈耶克强调法治政府的重要性,认为即使是不民主的法制政府也好于不受限制的政府,因而实质上也是不合法的民主政府。

哈耶克的著述非常驳杂,涉及众多论题,其中既有历史的论题,也有理论的论题,而这些论题中则有一些共同的主题。我们大体可以把它看作政治经济学研究,其重点在于个人自由和市场秩序及其发挥作用的前提条件,他的理论对英国政治思想史中古典自由主义的复活产生了重要影响。

44.迈克尔·欧克肖特

欧克肖特(1901—1990年),英国政治哲学家,1923年毕业于剑桥大学,两年后成为冈维尔和凯厄斯学院研究员。1951年起,他任伦敦政经学院政治科学教授,直到1968年退休。

在他的第一部哲学著作《经验及其模式》中,欧克肖特开始阐述对人类经验之不同理解形式的结构特征。在他看来,经验是单一的整体,人的心智和外部世界都只是对它的一方面的抽象。所有对经验的理解都可以毫无例外地分成两种类型:一种从具体观点出发,而另一种则从"整体"及"其本身"出发。

《论人类的行为》最为系统地阐述了欧克肖特的政治哲学。他论证说,政治哲学所关注的便是要对一般的人类行为的理想特征和规定性以及特定公民联系进行分析。在他看来,每一种人类联系都是根据实践构造出来的。实践或是慎思的或是道义的。慎思的实践服务于一个或多个共同的实质性目的,而道义的实践则在本质上是非工具性的。这样,人类联系的构成方式就有两种不同的类型。慎思的或"事业"性的联系按照一个共同的目的统一起来,而道义的联系则是根据对共同实践的权威的承认而统一起来。

欧克肖特的思想熔英国观念论与休谟的怀疑论于一炉,对柏克等人所建立的英国传统保守主义思想从哲学上作了系统阐述。他对于知识论、政治哲学、历史哲学、宗教哲学和教育哲学都有着深湛的研究和阐发,被认为是20世纪英国保守自由主义最重要的代表之一。

45.卡尔·波普尔

波普尔(1902—1994 年),奥地利哲学家,出生于维也纳,在纳粹德国吞并奥地利前逃离了那里。1937 年至 1945 年之间,他在新西兰教哲学,从 1946 年起到退休,他一直担任伦敦政经学院逻辑与科学方法学教授。波普尔以科学哲学家著称,但他同时也是一个自由价值观点的热情维护者,他认为,最优秀的科学著作就体现了这种价值观。

波普尔最重要的政治哲学著作是他的《开放社会及其敌人》。在书中他指出,只有在一个乐于接受新观念的开放社会里,科学和自由才会同时繁荣。柏拉图哲学是专制主义的、集权主义的;管理者护民官的统治靠的是神话,而不是理智才能。柏拉图是封闭社会的理论家,一个视图通过授予哲学精英绝对权力以图阻止社会变化的反动者。波普尔认为,黑格尔是一个假装拥有绝对知识的空谈家,而马克思是一个严肃的社会理论家。

《历史决定论的贫困》一书中包含了对马克思所犯错误的解释。在该书中,波普尔具体分析了真正的规律和历史趋势之间的区别。他认为,不可能存在所谓"规律"。根据一种趋势所作出的推论是一种最苍白无力的推测,因此历史决定论者的自信是与他们结论的软弱无力相矛盾的。

在认识论和社会历史观上,波普尔的立场是一致的,那就是要批判权威主义。在《开放社会及其敌人》与《历史决定论的贫困》中,波普尔抨击历史决定论,捍卫"开放社会",即自由与民主的社会。《历史决定论的贫困》被誉为是对马克思主义的哲学和历史学说作出的最彻底、最难对付的批评。

46.米歇尔·福柯

福柯(1926—1984 年),法国哲学家、思想史家、后结构主义者。福柯于 1948 年在巴黎高等师范学院获得哲学学位,1950 年获得心理学学位,1952 年获得心理—病理学文凭。在 1970 年成为著名的法兰西学院教授前,他在法国及国外的许多大学任过教。辞世后,他被公认为法国最杰出的和最具有创造性的哲学家之一。

福柯作为一个心理学家开始了他的历程,他研究精神病并批判地看待精神健全与疯癫、理性与非理性这些引起概念出现的途径从而界定精神病的范畴。在他的早期著作中,福柯把人文科学和社会科学的知识和实践与 18 世纪晚期爆发般的知识变化联系起来。福柯坚持人类学说理论变化的随意性,他认为,任意性、不连续性和非理性在思想史中起着重要的决定作用。

在《规训与惩罚》中，福柯对现代监狱的起源和与此相关的规训实践进行了分析。他把监狱看作一个实践场所，在这一场所中，人文科学及其规范化的技术在其监管扩展于社会其他领域之前就可以得到发展。尽管福柯以前对语言的分析经常看起来是极其抽象的思想研究，但权力的概念使他重视这些思想所发展和变革的社会和物质条件。福柯认为，权力是真理产生的必要组成部分，真理与权力相互依赖而作用。

福柯是后现代哲学的重要代表，他对政治哲学传统概念如权力、真理的非中心、相对主义解释，具有明显的后现代哲学特征，他对于我们重新理解政治有着重要的启发作用。同时福柯作品中的相对主义特征也一直受到价值虚无主义的批判。

47. 罗伯特·诺齐克

诺齐克(1938—2002年)，美国当代著名哲学家、伦理学家，他于20世纪50年代后期在哥伦比亚大学学习，后入普林斯顿大学读研究生，1963年，获博士学位，并留校任教。1965年，转到哈佛大学任教，1967年，不到30岁就升为哈佛大学正教授，并曾担任过哲学系主任。

诺齐克的《无政府、国家与乌托邦》一书在出版的隔年便获得美国国家图书奖，他在书中主张任何物资的分配，只要是透过成人间的自愿贸易，同时财产根植于正当的基础，那么这种分配便是正义的，即使这种分配数量极大亦然。诺齐克在书中套用了康德的理论，亦即个人在哲学上应该被视为一种"目标"而不只是一种"手段"。诺齐克以此挑战约翰·罗尔斯在《正义论》一书中的论点，罗尔斯主张收入的分配若要正义便必须至少照顾到最贫穷的人，诺齐克则主张强迫分配收入就好像将人们视为只是一种财富来源一般。在主张政府并应该干涉财产分配的基础上，诺齐克进而提出了他的"最弱意义的国家"和持有正义等概念以对抗罗尔斯的强国家和分配正义。

诺齐克的《无政府、国家与乌托邦》奠定了他在当代西方思想史上的地位，他的思想是对罗尔斯正义理论的挑战，他的"持有正义"和"最弱意义上的国家"代表了古典自由主义理论的国家和财产观念。

48. 弗朗西斯·福山

弗朗西斯·福山(1952年—),美国作家及政治经济学人。其父出生于芝加哥,为第二代日本后裔,并于芝加哥大学修得社会学博士学位;其母为京都大学经济学系创始人之千金。福山本人就读于康奈尔大学,获得文学士,并于哈佛大学获得政治学博士,师从美国政治学一代大师塞缪尔·亨廷顿。

福山的成名作是《历史的终结及最后之人》,他在该书中认为,人类历史的前进与意识形态之间的斗争正走向"终结",随着"冷战"的结束,"自由民主"和资本主义被定于一尊,是谓"资本阵营"的胜利。在政治上,福山为一新保守主义者。他自1997年起活跃于"美国新世纪专案"智囊团,并曾签署文件建议当时美国总统克林顿推翻伊拉克总统萨达姆;但他反对2003年的美伊战争,并认为若新保守主义一味以武力推行美国价值,恐将重蹈列宁主义的覆辙。

福山习惯将科学和政治理论等共冶一炉,成为他的特色。其近著《政治秩序的起源》,根据对历史的研究,提出良好的政治秩序的三个要素以及它们为何、如何出现的;这三个关键因素是强大的国家、法治和让统治者负责的机制。

福山的盛名很大程度上来自于他的《历史的终结及最后之人》,这部作品的历史背景是"冷战"的结束和美国的胜利,这让福山作出了"历史终结"的判断。现在看来这无疑是过于武断了,"历史"并没有终结,意识形态竞争的结束反而宣告了文化竞争的开始,"9·11"和反恐战争验证了福山的老师亨廷顿在《文明冲突论》中的预言。

二、方法流派

　　方法流派，指的是由特定的学术方法路径所形成的政治思想流派，这种方法路径构成了它们之间的差异。功利主义以最大多数人的最大利益作为追求目标，快乐的计算是这个学说的核心方法。社会主义以对经济平等的追求作为其核心价值，因而他的整个政治制度安排也着力追求财产的重新分配和财产公有制。

　　制度主义和行为主义构成了现代政治科学的两个基本方法路径，制度主义注重对政治的结构分析，注重以结构性因素即制度来解释政治。与此相对的是行为主义，它通过对政治中的人类行为的经验观察、分析和预测来解释政治。

1. 功利主义

功利主义源自伦理学流派,提倡追求"最大幸福"(Maximum Happiness),认为实用即至善的理论,相信决定行为适当与否的标准在于其结果的实用程度。主要哲学家有杰里米·边沁、约翰·斯图尔特·密尔等。

功利主义正式为哲学系统所吸纳是在18世纪末与19世纪初,由英国哲学家兼经济学家边沁提出。其基本理论是:一种行为如有助于增进幸福,则为正确的;若导致产生和幸福相反的东西,则为错误的。幸福不仅涉及行为的当事人,也涉及受该行为影响的每一个人。

功利主义认为,人应该做出能"达到最大善"的行为,所谓最大善的计算则必须依靠此行为所涉及的每个个体之苦乐感觉的总和,其中每个个体都被视为具相同份量,且快乐与痛苦是能够换算的,痛苦仅是"负的快乐"。不同于一般的伦理学说,功利主义不考虑一个人行为的动机与手段,仅考虑一个行为的结果对最大快乐值的影响。能增加最大快乐值的即是善;反之即为恶。边沁和密尔都认为,人类的行为以快乐和痛苦为动机。密尔认为,人类行为的唯一目的是求得幸福,所以对幸福的促进就成为判断人的一切行为的标准。

2. 乌托邦主义

乌托邦主义是社会理论的一种,它试图借由将若干可欲的价值和实践呈现于一理想的国家或社会,而促成这些价值和实践。一般而言,乌托邦的作者并不认为这样的国家可能实现,至少是不可能以其被完美描绘的形态付诸实现。但是他们并非在做一项仅仅是想象或空幻的搬弄,就如乌托邦主义这个词汇的通俗用法所指的一般。如同柏拉图《理想国》(它是最早的真正乌托邦)中所显示的,通常的目的是:借由扩大描绘某一概念(正义或自由),以基于这种概念而建构之理想社群的形式,来展现该概念的若干根本性质。在某些其他的场合,例如托马斯·莫尔的《乌托邦》,其目标则主要是批判和讽刺,将乌托邦中的善良人民和作者当时所述社会的罪恶作巧妙的对比,而借之谴责后者。

从空间到时间的转置也使乌托邦中产生了一种新的社会学的现实主义。乌托邦此时被置于历史中,然而无论距离乌托邦的极致之境是何等遥远,它至少可呈现人类或许是无可避免地正朝向它发展的光景。17世纪科学和技术的联结加强了这个动向,例如培根的《新大西岛》和康帕内拉的《太阳城》。随着19世纪社会主义的兴起,乌托邦主义便逐渐变成关于社会主义之实现可能性的辩论。

3. 理性主义

理性主义是建立在承认人的推理可以作为知识来源的理论基础上的一种哲学方法。理性主义的源头可以追溯到古希腊时代,但一般认为随着笛卡尔的理论而产生,17—18世纪主要在欧洲大陆上得以传播。同时代与之相对的另一种哲学方法被称为不列颠经验主义,它认为人类的想法来源于经验,所以知识可能除了数学以外主要来源于经验。这里主要关注的是人类的知识来源以及证实我们所知的一种手段。

理性主义者及经验主义者的区别在当时并没有被哲学家予以区分,而是后人进行了区分。事实上,有时两者之间的区分并不像人们所说的那么显著。理性主义者都认同经验科学的重要性,并且他们在研究方法及形而上学的理论上更接近笛卡尔而不是斯宾诺莎和莱布尼兹。尽管这种区分在著书立作时很有必要,他们在哲学本身来说不是非常有用。笛卡尔的理论相对来说更接近柏拉图,他认为只有一些永恒真理(包括数学以及科学的认知及形而上学基础)可以单纯靠推理得到,其余的知识需要借助生活经验以及必要的科学手段。更准确地说,笛卡尔是一位重视形而上学的理性主义者,是一位重视科学的经验主义者。现在理性主义者表达一种人类行为应该由理性所支配的观点。

在政治学中,通过理性思辨而非实际调查和定量数据进行的研究都是典型的理性主义方法。古典政治学有着明显的理性主义倾向,柏拉图的《理想国》就是以理性思辨的方法探究政治的典范。

4. 实证主义

从一般意义上讲,实证主义是指强调感觉经验、排斥形而上学传统的西方哲学派别,又称实证哲学。它产生于19世纪三四十年代的法国和英国,由法国哲学家孔德等人提出。1830年开始陆续出版的孔德的6卷本《实证哲学教程》是实证主义形成的标志。以孔德为代表的实证主义则称为老实证主义,20世纪盛极一时的逻辑实证主义则称为新实证主义。

实证主义认为,事实必须是透过观察或感觉经验去认识每个人身处的客观环境和外在事物。孔德认为,人类并非生而知道万事万物,必须经由学习过程,从不同的情境中获得知识;透过直接或间接的感觉、推知或体认经验,并且在学习过程中进一步推论还没有经验过的知识;超越经验或不是经验可以观察到的知识,不是真的知识。孔德在其所写的《实证哲学》一书里将人类进化分成三阶段:一是神学阶段,该阶段人类对于自然界的力量和某些现象感到惧怕,因此就以信仰和膜拜来面对自然界的变化;二是玄学阶段,以形而上或普遍的本质阶段解释一切现象;三是实证阶段,也就是科学的阶段,运用观察、分类,以及分类性的资料,探求事物彼此的关系,此法获得的结果,才是正确可信的。实证主义反对神秘玄想,主张以科学方法建立经验性的知识。这种思想恰巧与柏拉图的理型论相反,柏拉图认为,只有观念才是真实的,感官都是虚幻的。

实证主义对于现代政治学影响深远,政治科学讲求实践,注重量化的客观数据收集,可以说实证主义是现代政治科学的精神内核。

5. 行为主义

政治学领域的行为主义认为,能够而且应该对政治行为进行科学的研究,特别是使用定量方法,旨在创立完全以经验数据为基础的政治科学。一战前后,美国政治学家主张采用社会学、心理学和统计学方法来研究政治,发起了"新政治科学运动",为行为主义政治学的迅速发展奠定了基础。二战后,行为主义政治学在美国得到了迅速发展,并逐步成为20世纪70年代前西方政治学的主流。

行为主义政治学本质上是政治学研究对象和方法的革新,其主要特点体现在:其一,主张以政治行为和行为互动作为政治学的研究对象;其二,注重政治研究形式和手段的精确化、数量化,因而注重定量研究而抛弃定性研究;其三,强调以经验分析为核心内容的实证性研究,主张政治研究应该是经验性和描述性的;其四,政治学研究应该价值中立,以不偏不倚的科学态度和方法得到公正的结论;其五,吸收了大量的社会科学和自然科学研究方法,对政治现象展开多种方式、多种角度、多个层次的研究,构成了形形色色的政治学说,大大拓宽了政治学研究的领域;其六,规定自己的分析任务不在于政治的"应然",而在于政治的"实然"。因此在政治现实性上,它表现为从技术角度看,怎样进行统治和权力分配,而不是阐明统治为何是合理的。

6. 制度主义

以政治制度为研究重点的政治学流派。注重对立法、行政与司法等政治组织的正式机构的研究,宪法和法律等正式文件、议会的议事日程和议会消息的报道等是他们进行研究时所使用的主要研究资料。在研究过程中,注重对这些资料的收集、整理与提炼,并着力从机构或制度出发来分析特定社会的政治价值,并从政治价值出发来设计与分析符合某种目的的政治制度或机构。

广义上的制度主义包括旧制度主义和新制度主义。旧制度主义以英国学者白芝浩的《英国宪法》为代表,旧制度主义对国际制度和社会的观察,以集体为单位,在方法论上主要从集体主义出发,认为,国际制度和社会是由国家集体"组成"的,国家之间达成的制度、规范是建设和维护国际秩序最可靠的保障。1984年,马奇和奥尔森发表了《新制度主义:政治生活中的组织因素》一文标志着新制度主义的兴起。文中指出个体"表现出来的"偏好与真正的偏好是存在距离的,集体决策不是个体偏好聚集的结果,而是决策规则影响的产物,而且集体决策无法还原为个体偏好。他们提出用"新制度主义"观点来看待政治生活,重新复兴制度分析的作用。在政治学领域中,新制度主义的兴起与对行为主义理论的批判是分不开的。新制度主义者认为,放弃对制度的研究是行为主义的一个主要缺陷。"新制度主义强烈反对把行为确定为政治分析的基础要素;他们不相信行为能够为解释'所有政府现象'提供足够的基础。因为行为发生在制度环境中,因此在理解这一概念时,必须考虑制度因素。"

制度主义作为一种政治学的研究方法,最早可以追溯到亚里士多德对希腊城邦的比较,虽然制度主义在当代政治学历史上有所起伏,但作为通过结构性因素来解释政治的方法论路径制度主义一直影响着政治学界。

7. 历史唯物主义

历史唯物主义,亦称"唯物主义历史观""唯物史观",是马克思和恩格斯在1842—1845年间共同创立的关于人类社会发展的一般规律的科学,与"历史唯心主义"相对。马克思主义哲学的重要组成部分,《德意志意识形态》一书是历史唯物主义形成的主要标志,《资本论》将历史唯物主义从假说变成科学地证明了的原理。历史唯物主义的创立,是人类的历史观念长期发展的必然产物,它批判地吸取和改造了以前一切有实际价值的历史观念,特别是18世纪法国唯物主义者的历史观、19世纪空想社会主义者的历史观、法国复辟时期历史学家的历史观和黑格尔的历史观。恩格斯认为:"如果说马克思发现了唯物史观,那么梯叶里、米涅、基佐以及1850年以前英国所有的历史编纂学家则表明,人们已经在这方面作过努力,而摩尔根对于同一观点的发现表明,发现这一观点的时机已经成熟了,这一观点必定被发现。"(《马克思恩格斯选集》第4卷,第733页)历史唯物主义是19世纪资本主义大工业、社会经济关系和阶级关系充分发展的必然产物,是在无产阶级反对资本主义的革命实践中铸造的思想武器。创立历史唯物主义是马克思对人类的一项重大贡献。

历史唯物主义揭示出,社会生活本质上是实践的,人类生存的第一个前提,即历史的第一个前提是生产衣、食、住等物质资料,是生产物质生活本身。社会物质生活的生产方式制约着整个社会生活、政治生活和精神生活的过程。不是人们的社会意识决定人们的社会存在,而是人们的社会存在决定人们的社会意识。社会变迁和政治变革的终极原因,不应到人们的头脑中或所谓永恒的真理和正义中去寻找,而应从生产方式的变更中去寻找。人们在社会生产中发生的同物质生产力的一定发展阶段相适合的生产关系的总和构成社会的经济结构,即有法律的和政治的上层建筑竖立其上,并有一定的社会意识形式与之相适应的现实基础。生产力和生产关系的矛盾、经济基础和上层建筑的矛盾是一切社会的基本矛盾,也是一切社会发展的基本动力。在阶级社会中,这一矛盾主要表现为阶级矛盾和阶级斗争。社会形态变革的根本原因是生产关系和生产力之间的冲突,当生产关系由生产力的发展形式变成生产力的桎梏时,社会革命就必然到来。随着经济基础的变更,全部庞大的上层建筑也就或慢或快地要发生变革。社会形态的发展是自然历史的过程,无论哪一个社会形态,在它所能容纳的全部生产力发挥出来以前,是决不会灭亡的;而新的更高的生产关系在它的物质条件在旧社会的胎胞里成熟以前,是决不会出现的。人类社会发展的历史归根到底是生产发展的历史,物质资料的生产者——劳动人民是创造历史的基本的和决定的力量。历史是人自己创造的,人自身又是历史的产物,任何时候,人都只能在既定的前提下进行历史活动,不能任意地创造历史。人自身的发展既决定于社会的发展,又决定着社会的发展,社会发展和人自身的发展是辩证的统一。

8. 功能主义

功能主义,指将功能概念视为第一解释原则的理论。在不同的学科领域,具体内涵有所不同。在政治科学领域,功能主义代表有伊斯顿、阿尔蒙德、李普塞特等人。伊斯顿的政治系统输入—输出模型及相应的政治系统概念是一个分析典范,一直被广泛使用。阿尔蒙德等人的政治功能分析,借鉴了由孟德斯鸠提出,并由麦迪逊、汉密尔顿发展的分权学说。

19世纪晚期,政党、有组织的利益集团和新闻传媒力量的兴起给传统的三分法带来了挑战。为此,阿尔蒙德、鲍威尔等人发展了一种功能三分方案:一系列系统功能(社会化、政治录用、政治沟通)描述了一个政治系统自身维持、适应变化的种种方式;一系列政策功能(利益表达和整合、决策、政策实施和裁定)描述了一个政治系统是如何决策的;一系列过程功能(提取、限制、分配和象征性输出)描述了政治系统对社会和国际环境的影响。

政治领域的功能主义遭到了两方面的批评:一方面批评其只注重维持政治平衡或政治秩序,因而保守主义倾向明显;另一方面认为其有过度化约化倾向,模糊了国家和政治机构的重要性,尽管如此功能主义的价值仍不容忽视。

9.经验主义

经验主义是一种认为一切观念都从经验认识抽象概括而来,经验是知识的唯一来源的理论或学说。与"唯理论"或"理性主义"相对。认为人们所知道的一切,除了逻辑与数学的知识以外,最后都以感觉材料为依据。理性不依赖于感觉与经验就不能给人们以现实的知识。

近代经验论随着自然科学的发展,要求哲学家对自然科学的研究加以总结和概括,因此对认识论问题进行了系统的深入的论证,形成认识论上的一个派别,与理性派展开长期争辩。英国唯物主义经验论者培根、霍布斯、洛克以及一些自然神论者如托兰德等,坚持知识来源于感觉经验,但他们对经验论原则的贯彻并不彻底。培根承认有神圣启示的真理。洛克把经验区分为感觉经验与内省经验,承认内心活动而产生的观念也是知识的一个来源。霍布斯认为,颜色、滋味等感觉与感觉的外部对象是两回事,感觉的内容是主观的,并认为"第二性的质"的观念与外物性质根本不相似,并不反映它们。经验论者重视感觉经验,但并不完全否认理性的作用。贝克莱认为,感觉观念既不是由外部事物所产生的,也不反映外部事物。物是观念的集合,其存在就在于被感知,真理的标准在于众人的"共同的感觉"或上帝的感知。休谟则对感觉印象产生的原因持存疑的态度,认为它们究竟从何而来是不可知的,任何哲学名词如不能归于感觉印象就没有意义。提出两种知识说:关于"事实的知识"来自经验,只有或然性;关于"观念关系"的知识是由理性思维活动获得的,具有普遍必然性和确定性。真理的标准就是感觉本身。

并没有一种经验主义为名的政治思想流派,在政治学里经验主义表现为一种注重客观政治经验的方法论倾向,从这一点上来说,现代政治科学基本上都是经验主义的。

10. 系统理论

政治学的系统理论是美国政治学家戴维·伊斯顿在政治学研究中运用系统分析方法提出的一种理论。这一理论认为,公共政策是政治系统的产出,是对周围环境所提出的要求的反应。政治系统按照动力学的术语进行分析,把政治过程阐释为持续不断且相互关联的一连串行为,形成系统的流,并建构了动力反应模式。

政治系统是一个开放的系统,它容易受到环境的影响。环境是由社会大系统中除政治系统之外的各种状况和条件所构成的其他子系统组成,包括社会内部环境(生态系统、生物系统、个人系统、社会系统)和社会外部环境(国际政治系统、国际生态系统、国际社会系统)。环境对政治系统的影响叫输入,主要指环境的干扰或压力,要求或支持。

干扰用来特指一个系统总体环境作用于该系统,在作出刺激之后,改变该系统本身,有些干扰是有益的,另一些干扰可能造成压力;要求是指个人或团体为了满足自己的需要和利益向政治系统提出的采取行动的主张;支持是指个人或团体接受选举结果、遵守法则、纳税并赞同政府采取的干预行动;要求过多或支持过少都会给政治系统造成压力。政治系统为了维持自己的生存和发展,必须对压力作出反应。要求和支持输入政治系统后,经过转换过程成为政治系统的输出,从而对社会作出权威性的价值分配,即公共政策。随着政治系统的输出和政策的实施,政治系统又反馈于环境。反馈这一个概念则意味着公共政策(输出)可能改变环境,改变环境提出的要求,以及改变政治系统的自身特点。政策输出可能会产生新的要求,而这种新的要求将进一步导致政治系统的政策输出。在政治系统循环往复、不断变化的运动过程,公共政策源源不断地产生。

政治系统理论对政策科学的影响很大。这不仅仅因为伊斯顿本人对公共政策科学进行了大力倡导,也由于系统分析方法本身就是一种科学的决策分析方法,是现代管理和政策研究中的一种比较通行的方法。政治系统理论告诉我们,公共政策过程就是一种"输入—转换—输出"的系统过程,这有助于我们探求公共政策的形成,提醒我们注意公共政策与环境的相互作用,政治系统如何影响公共政策的内容等方面的问题。但这一理论忽视了政治系统本身所有的价值观念和系统理念的重要性,难以说明公共政策是如何在政治系统这一"暗箱"(black box)中操作并作具体权威性分配的。

11. 后现代主义

20世纪上半叶以来,哲学上的反对主体性和主体客体对立的哲学思潮,德国尼采、海德格尔和法国德里达等为主要代表。尼采的超人哲学仍带有主体性哲学的性质,但其反传统主义则促进了后现代主义思想的出现与发展。海德格尔提出的强调主体客体合一、批判人向自然强行索取的技术哲学及转向中国的老子哲学等,均对后现代主义发展产生了影响。德里达的解构主义反对在场的本体论和言语中心主义,是后现代主义的主要思想内容。美国罗蒂的哲学终结论与后哲学文化也属于后现代主义思潮。

后现代主义发源于文化哲学领域,并延伸到了政治社会领域,其主要代表是福柯和德里达。在关于社会的理论上,不承认有作为社会发展中心的运动与生活态度,支持社会变革,并认为社会在发生各种分化,人在社会中的角色也在相互融合,发生进化。社会更具有多样性。政治上则主张从上下层的管理转到平面的交流,以网络组织的横向联系代替科层制度。在文学写作与阅读上,认为阅读也是写作过程,对作品的阅读不再是与原作者的理解相同,而是对作品的再理解,作品的结构永远在变化中。在美学上,提倡空间与时间的多元化,改变传统的审美趣味和美学深度,强调本能在审美中的作用。在道德上,重视道德的多元化和道德与环境的联系,反对凝固的道德教条。在宗教上,关心人们心理上的焦虑、绝望等现象,试图以各种宗教的调和代替传统宗教的对立。

三、价值

价值在政治理论中是指人所欲求之物。在政治生活中存在着不同的价值，自由、平等、集体，等等，它们之间有的相互矛盾。自由主义者宣称个人的天赋权利如自由和财产权是不能被剥夺的，而与此相对的社会主义则认为，个人应该服从集体，自由应该向平等妥协，个人财产必须由国家重新分配。这一部分中这些基本价值将得到详细介绍，以便我们对西方政治思想有更清晰的理解。

1. 自由

自由是指这样一种状态,在此条件下,人类可以自我支配,凭借自由意志而行动,并为自身的行为负责。存在对自由概念的不同见解,在对个人与社会的关系认识上有所不同。自由包括各国宪法规定的言论信息自由和新闻自由,当然还有诸多的自由意志如思想自由、宗教信仰自由。

自由有多种含义:意指由宪法或根本法所保障的一种权利或自由权,能够确保人民免于遭受某一专制政权的奴役、监禁或控制,或是确保人民能获得解放;任性意义的自由,想说什么就说什么,想做什么就做什么,自由放任;按规律办事意义下的自由,所谓对必然的认识和改造;自律意义下的自由——康德在此意义上使用自由一词,是人在自己所拥有的领域自主追求自己设定目标的权利。

20世纪下半叶,以赛亚·伯林开始用"两种自由"的概念来划分自由——"消极自由"和"积极自由"。他认为,"积极自由"是指人在"主动"意义上的自由,即作为主体的人做的决定和选择,均基于自身的主动意志而非任何外部力量。当一个人是自主的或自决的,他就处于"积极"自由的状态之中,这种自由是"去做……的自由"。而"消极自由"指的是在"被动"意义上的自由,即人在意志上不受他人的强制,在行为上不受他人的干涉,也就是"免于强制和干涉"的状态。

自由在现代社会已经成为一种普适化价值,欧美国家更是以自由作为自己的社会标签,将自由作为"冷战"中对抗社会主义阵营的意识形态武器。自由的内涵更是多种多样,有的甚至相互矛盾,但作为一种价值,自由已经内化为现代人类社会的必要组成部分。

2. 民主

民主的字源来自古希腊语 dēmokratía 一词,意为由人民统治,最初被用来形容公元前5世纪希腊城邦中的一种政治制度,以雅典为代表。它将统治权力交给城邦中的多数人,它与少数人进行精英统治,例如君主政体、独裁统治、贵族政体、寡头统治等相对。

在政治理论家之间一直有许多不同的可实施民主概念,这些概念差异也经常是争论的话题。

第一种理论是由约瑟夫·熊彼特在《资本主义、社会主义与民主》一书里所提出的,他认为,民主制度只不过是一种由人们定期选出政治领导进行统治的制度。依据这种概念,一般的公民没有能力,也不应该进行"统治",因为在大多数议题上,这些平民都没有明确的概念、而且也不够聪明。第二种理论是称为"民主的集合"概念。该概念宣称政府所颁布的法案和政策应该接近于中间派选民的观点,以使其左派和右派都能得到一半的权力。这种理论是由安托尼·唐斯在1957年提出的。第三种理论是代议政制。而第四种理论则是被称为"审议民主"的制度,主张公民应该直接参与立法和决策过程,而不是通过他们的代表。直接民主制的支持者提出许多不同的理由来支持这种制度,政治活动本身便是具有价值的,它将能教育和社会化参与其中的公民,而群众的参与能够对掌权的精英进行监督。最重要的是,他们认为除非由公民直接参与立法和决策,否则这便算不上是公民自治的制度。另一种理论则强调所有公民之间的政治平等。典型的现代民主制度是依赖于多数派的投票者能代表大多数民意的假设上,而非多数派能统治全部人口。这个理论也被用于主张参与政治的义务,例如将投票规定为公民的义务之一,或是限制富有阶层的影响力,例如选战中的金融限制。

这些民主的理论都是围绕于一个民主制度应该变成怎样的问题上。另一种相当不同的理论则被称为"公共选择理论",主张民主所发挥的功能是让创造它的团体和个人能在制度里扮演其"角色",这种理论认为占据这些职位并运行这些功能的人都是出于其私利的。这种理论是由经济学家所创造,有时候也被称为"经济学的民主理论"。公共选择学派的"阿罗不可能定理"便指出:由于排序制投票制度的先天缺陷,透过民主制度产生的集体决策不可能反应出完整的"集体偏好"。一些公共选择学派的学者也因此认为应该以共和立宪制取代民主立宪制,才能更有效地保障少数派的权利。

还有一种民主理论则是根基于多数决定的基础上,认为多数决定最能符合功利的目的。这种理论认为如此一来大多数的人口都能满足现行的政府统治。而缺点则是少数派将生活在多数派的统治下,这有时也被称为"多数人暴政"或"暴民政治"。如果多数派没有受到宪法和法律制度的限制,也可能会造成很大一部分人遭到边缘化。

3.个人主义

个人主义是一种道德的、政治的、和社会的哲学,认为个人利益应是决定行为的最主要因素,强调个人的自由和个人权利的重要性,以及"自我独立的美德""个人独立"。个人主义反抗权威以及所有试图控制个人的行动——尤其是那些由国家或社会施加的强迫力量上。因此个人主义直接反抗将个人地位置于社会或共同体之下的集体主义。个人主义经常被人与"利己主义"相混淆,但事实上个人主义与利己主义是不相同的,而个人主义也是古典自由主义的构成要素。

在政治哲学上,个人主义主张国家应该仅仅作为保护个人自由的工具,保护个人能在不侵犯他人同等自由的情况下做任何他想做的事情。这与集体主义的理论相反,集体主义要求国家必须迫使个人替社会的整体利益服务。在实践上,个人主义最关注的是保护个人免受国家的"侵犯"。举例而言,个人主义通常反对民主制度,除非有一套宪法能够保护个人免受多数的侵犯,否则民主制度只是"多数人的暴政"。公民和经济的自由都是个人主义所注重的。个人主义最极力避免的是商业和产业力量被过度集中于国家的手上,因为这会造成两个问题:民选的民意代表并没有能力和责任感去处理这么多公司,同时也会造成公共行政牵涉到大量的资金;在个人主义者看来,"国家的健康"是根基于个人各自追求利益的努力上的。个人主义也可能采取极端的形式,例如个人无政府主义的形式。

个人主义者将社会视为"许多个人一起运作"以改进他们各自幸福的架构。每个独立的个人不该被视为统一的团体里的一份子,事实上,每个个人本身都是一个独立的个体,而社会只不过是这些"个体"所组成的一个架构罢了。而国家则是组织化的社会形式,借由法律来"保护个人自由"。也因此,个人主义的政治理念通常倾向于提倡保护或保障个人自由的法律,并反抗将个人地位置于群体之下的法律。

4. 平等

作为政治概念,平等一般指的是人们在社会中处于同等的地位,在政治、经济、文化等方面享有同等的权利。18世纪法国资产阶级革命,针对封建专制和等级制度,提出了"平等"的口号,宣布在法律面前人人平等。这些思想在当时有进步意义,但在剥削关系存在的条件下,资产阶级所宣扬的平等,只是形式上的平等。小资产阶级的思想家主张在私有制基础上实现财产和人身的平等权利,实行分配和生活上的平均主义,这是一种脱离社会发展规律的不切实际的空想。

在社会主义公有制条件下,人民成了国家的主人,政治上处于平等地位,经济上有各尽所能的平等义务和按照劳动取得报酬的平等权利。但由于劳动者的体力和智力不同,他们所提供的劳动的数量和质量不同,各人的家庭负担也不同,生活水平必然存在差别,这个缺陷只有到了"各尽所能,按需分配"的共产主义社会才能克服。马克思列宁主义认为,只有消灭阶级和阶级差别,才能实现真正的实质上的平等。

5. 正义

对政治、法律、道德等领域中的是非、善恶做出的肯定判断。作为道德范畴,与"公正"同义,主要指符合一定社会道德规范的行为。正义是一个相对的概念,不同的社会、不同的阶级有不同的正义观。衡量正义的客观标准是这种正义的观点、行为、思想是否促进社会进步,是否符合社会发展的规律,是否满足社会中绝大多数人最大利益的需要。正义最低的内容是,正义要求分配社会利益和承担社会义务不是任意的,要遵循一定的规范和标准;正义的普遍性是要求按照一定的标准进行平等或是量的均等,或是按人的贡献平等或按身份平等,分配社会利益和义务;分配社会利益和义务者要保持一定的中立。

根据正义涉及的不同领域的标准,可以把正义分为制度正义、形式正义和程序正义。制度正义即社会制度的正义,具体是指社会财富、资源、责任、义务分配是否公平和正当。形式正义是对法律制度的公正一致的执行,它不管法律制度本身是否符合正义,它强调法律制度始终如一的实现。程序正义是指保证实现制度正义和形式正义的具体步骤和方法。制定正义的法律,应有公正的立法程序,同样,保证司法公正,也要有公正的司法程序。

古希腊柏拉图的《理想国》和美国当代学者罗尔斯的《正义论》都是讨论正义的经典著作,他们将正义视为一切美德之首,正义也成了一切善的政治制度建立的根本前提。

6. 权利

权利这个概念属于政治哲学和伦理学学科范畴,近代以来凸显于社会政治生活和道德生活,有道德权利、法定权利和约定权利之分。作为一个"人"有资格提出的要求,往往称为"人权",也称为"道德权利";作为一个国家的公民有资格提出的要求,它是由一个国家的法律所规定和保障的,称为"法定权利"。无论是"道德权利"还是"法定权利"都是普遍权利;"道德权利"是"法定权利"的依据,往往纳入宪法获得法律的确认和保障。依据契约当事人各自所享有的权利,称为"约定权利",它仅仅与当事人有关,因而是特殊的而不是普遍的。近代以来以及当今中国社会所凸显的权利,主要是指以人的尊严为核心的人的普遍权利。最为基本的理解一般是指个人的生命权、自由权和财产权等,称为"人的基本权利",它们都是维系人之为"人"即一个人的尊严所必需的。这样,"权利"也就获得了应有的道德价值。

"权利"所涉及的问题有:①"权利"与"利益"的关系。利益是实际所得(包括受人所赐),权利是一种有资格的主动的利益诉求,"仅仅是一种允许或能力",不是利益本身;权利是允许人们去追求自己的利益,同时也是对他人的一种禁令,使个人的权利不受侵犯以保护自己的利益;但权利保障的利益,是符合规范的利益,不是任何一种利益的追求都是符合权利的。"权利"比"利益"更根本,权利是利益的"护身符"。②权利与权力的关系。"权力"是一种支配的力量,通常是指一种政治权力或国家权力。在现代法治国家,国家权力就是公共权力,其合法性来自人民,是用以维护人民权利的,公共权力即使是出于公共利益也不能任意侵犯公民个人的权利,因而国家权力与公民权利在根本上是一致的。但在实际的生活中,应防止公共权力被官员滥用(以权谋私)而损害公民的权利和利益。③权利与义务的关系。每个人都有资格享有权利并要求得到尊重,这就意味着每个人也都有义务尊重他人的权利。权利与义务相对。黑格尔在《法哲学原理》中指出:"个人负有多少义务,就享有多少权利,他享有多少权利,也就负有多少义务";伦理性的东西,就是"权利与义务的统一"。

"权利"在现代伦理学中具有重要的地位,也是现代政治理论的核心概念,"天赋人权"得到了现代社会的普遍认同。

7. 集体主义

集体主义,是主张个人从属于社会,认为个人利益应当服从集团、民族、阶级和国家利益的一种思想理论,是一种精神。

集体主义是斯大林于1934年7月,同英国作家威尔斯的谈话中明确提出来的。他说:"集体主义、社会主义并不否认个人利益,而是把个人利益和集体利益结合起来。"他在谈话中提出:"个人和集体之间、个人利益和集体利益之间没有而且也不应当有不可调和的对立。不应当有这种对立,是因为集体主义、社会主义并不否认个人利益,而是把个人利益和集体利益结合起来。社会主义是不能撇开个人利益的。只有社会主义社会才能给这种个人利益以最充分的满足。此外,社会主义社会是保护个人利益唯一可靠的保证。"

当集体内所有个人的利益受到侵害时候,理论上集体主义的优越性将无与伦比地体现出来。集体主义的优势在灾难面前尤其高大。社会主义也是一种建立于集体主义之上的经济体制,所有生产资料由政府掌控,政府根据计划安排每个人的工作和产量,分配所有人的生活所需,每个人为集体而工作,所以理论上没有太过于不合理的贫富差距和由之衍生出来的阶级差距。

集体主义本身主张个人要服从集体,集体利益重于或大于个人。如果集体内人人平等地服从集体,当然这个含义是科学而充满大局观的。然而形成集体,就会在集体内部形成领导层和非领导层,造成集体内部个人的不平等。集体主义在这种不平等状况下,是一个空幻的幻想概念。集体主义更容易成为"集体"的"老大哥"侵犯"集体"内的无权力人士个人利益的一种工具。事实上,几乎所有强调集体主义的"集体"都不同程度地在集体主义的大义下侵犯甚至剥夺集体内个体的一切可以被侵犯的利益。集体主义的局限性在灾难面前尤其明显,例如在大规模水灾时,集体的领导人会充分利用集体赋予的权力,率领家人优先使用交通工具转移财产和家人到安全的地区,所以负责分配资源和决定生产计划的人本身就是一种阶级。

若仅仅是不能完全消灭阶级的问题,集体主义也许还能在不完美状态下有效运作,然而最大问题在于人的自私性,没有人性是像蜜蜂中的工蜂一样只为了团体而无止尽献出自己的脑力或体力生产力,却只和别人一样享受同等的资源,所以产生"向下对齐"的效应,大家尽量偷懒与减少付出以不被惩罚为原则,反正分配资源时懒与勤的人都是拿差不多的份量,尤其是难以量化的无形创意或研究付出根本不会得到增加资源的奖励反馈,更无人乐于从事。在人性自私本质下,最后集体主义造成的并不是集体进步,而是集体的沦落,最终走向崩解。

8. 共同体

德国滕尼斯提出的用语,指历史上形成的,由社会联系而结合起来的人们的总合。滕尼斯认为,人的意志在很多方面都处于相互关系之中,任何这种关系都是一种相互的作用,这种作用或者倾向于保持另一种意志,或者破坏另一种意志,也即肯定的作用或否定的作用。通过这种积极的关系而形成族群,只要被理解为统一地对内和对外发挥作用的人或者物,它就叫作一种结合。关系本身即结合,或者被理解为现实的和有机的生命,这就是共同体的本质。共同体中的生活是一种亲密的、秘密的、单纯的共同生活。人们在共同体里休戚与共,同甘共苦。滕尼斯把共同体分为血缘共同体、地缘共同体和精神共同体,三者之间密切地相互联系着,凡是在人以有机的方式由他们的意志相互结合和相互肯定的地方,总会有这种或那种方式的共同体。

在历史的早期阶段,共同体表现为氏族、部落、家庭、公社,人数不多,但非常稳定,足以保证生活资料生产的发展,保证人本身的再生产和共同抵御自然界的敌对力量,以后产生了部族,部族人数较多,形成了社会分工及脑力劳动与体力劳动的区分,有利于发展生产力和整个社会生活。资本主义生产方式产生了现代形式的共同体民族。除了家庭以外,以前一切形式的共同体都在资本主义商品货币关系的作用下解体和消失,形成新的民族形式的共同体。

9. 宪政

宪政是一种主张国家权力来自并被一部基本法律约束的政治思想、规定公民权利的学说或理念,也是目前部分国家采纳的基本制度框架。这种理念要求政府所有权力的行使都纳入宪法的轨道,并受宪法的制约,使政治运作进入法律化理想状态。宪法强调法律具有凌驾于包括政府在内的一切的法治的必要性。宪政是代议制民主的基础和保障,同时也是对民主政治的制衡,在宪政国家,政府和公民的行为都是有边界的,不能互相僭越,政府所代表的行为世界是公部门,相对来说公民的行为世界被称作公民社会。

宪政主义体现了对人类自由选择和深思熟虑的充分自信,它根源于西方政治文化中的自然法传统、基督教传统以及契约论传统,汲取了法治理论、自然权利说、社会契约论等理论的精华,形成了"权利"与"权力"两个重要的维度。

许多学者将宪政主义的起源追溯到英国 1215 年通过的大宪章,认为这一贵族与王权斗争的产物具有限制权力的性质,是现代宪政主义的源头。但是大多数学者还是倾向于认为是启蒙运动给西方带来了宪政主义。以英国的约翰·洛克、法国的孟德斯鸠、美国的麦迪逊、汉密尔顿等人为代表的宪政主义者提出的三权分立、人权保护以及民主程序等一系列制度性措施,构成了宪政主义的基本理论体系,开创了西方宪政主义的政治文化传统。资产阶级革命的胜利使作为一种理论形式的宪政主义成为西方政治制度架构的重要原则。从1628年开始,英国以《权利请愿书》《人身保护法》《权利法案》,以及《王位继承法》等一系列宪法性文件为基础形成了不成文宪法体系。美国1787年制定的《美利坚合众国宪法》、1791年生效的《权利法案》以及1789年法国的《人权和公民权宣言》等文件的颁布则标志着宪政主义在实践中的全面展开。宪政这一术语是在美国独立战争后的制宪活动中出现的。从1787年美国宪法的制定,到苏联颁布第一部宪法中间大约150年间,宪政概念与作为立宪活动结果的宪法,都是和谐而统一的。

宪政的根本作用在于防止政府(包括民主政府)权力的滥用(即有限政府),维护公民普遍的自由和权利;传统上,宪政本身并不直接涉及政府是否通过民主选举产生,但现代宪政理论往往与民主的概念密不可分。

10. 福利

人们对享受或满足的心理反应或主观评价,是福利经济学评价社会活动和经济活动的标准。

英国经济学家庇古对福利的解释一直被西方经济学界视为"经典性"的。他认为福利分为广义和狭义两种:广义福利就是"社会福利",狭义福利就是"经济福利"。经济学要研究的是可以用货币计量的经济福利,经济福利是福利经济学的研究对象。庇古认为,人们追求的是最大程度的满足,而使人们得到满足是物的效用,一个人的"经济福利"是由效用构成的,而效用是可以通过单位商品的价格计算出来的,这样,个人的经济福利也就可以计算出来了。个人经济福利的总和等于一国的全部经济福利,这可以用国民收入量来表示,一国的经济福利就是一国的国民收入。庇古还认为,货币对于不同收入的人的效用大小是不同的,穷人手中的一英镑效用大于富人,所以国民收入分配也是经济福利的标志之一。庇古的结论是,对于一个人的实际收入的任何增加,会使福利增加;转移富人的货币收入于穷人,也会使福利增加。

11. 财产权

以财产为内容并体现为一定的物质利益的权利,是公民的基本权利之一。但财产权作为概念可在不同的环境下使用,不同语境下的财产权概念具有不同含义。一定的财产权总是与经济制度相联系的,不同经济制度下的财产权具有不同的性质。在资本主义经济制度下,财产权被宣布为一项天赋人权。

1789 年的法国《人权宣言》第二条规定:"任何政治结合的目的都在于保存人的自然的和不可动摇的权利。这些权利就是自由、财产、安全和反抗压迫。"第十七条规定:"财产是神圣不可侵犯的权利,除非当合法认定的公共需要所显然必需时,且在公平而预先赔偿的条件下,任何人的财产不得受到剥夺。"实际上,财产权在资本主义社会不只是一项权利,它构筑了资本主义的生活方式,是资本主义宪法的根本原则。在资本主义社会,人与人的关系是建立在财产关系上的,甚至国家的政治结构也以此为基石。虽然在不同历史时期,财产权有不同的含义,国家政治结构也表现出不同的形态。在自由资本主义时期,财产被宣称是绝对的权利,法律只执行消极的保护职能。社会经济生活奉行自由放任主义,自由竞争和自由企业是经济运作的原则。相应地,国家对经济实行不干预政策,所谓"管理最少的政府就是最好的政府"。

到了垄断资本主义时期,生产的高度社会化发展要求一种新的经济秩序,社会化大生产带来的一连串的社会问题迫切需要政府的干预,也就需要实现国家和政府职能的转换。财产权的观念发生了变化,在社会连带主义理论中,财产权得履行一定的社会职务,财产权不复为绝对的权利了,而是要受某种社会目的的限制。1919 年《魏玛宪法》第一百五十三条第三款规定:"所有权为义务,其使用应同时为公共福利之义务。"《魏玛宪法》的这种规定,为后来的资本主义国家宪法所采用。1946 年制定的《日本国宪法》第二十九条规定:"财产权不得侵犯,财产权之内容,应由法律规定以期适合于公共之福利。私有财产,在正当的补偿下得收归公用。"

12. 自治

自治是指民族、团体、地区等除了受所隶属的国家、政府或上级单位领导或指导外,对自己的事务行使一定的权力。

自治作为民主的一种形式,在我国主要有两种不同的类型。一是民族区域自治。我国是多民族国家,为促进民族的团结、平等、共同繁荣,在少数民族人口聚居的地区实行民族区域自治制度。民族区域自治的特点主要是,民族自治机关同时也是地方国家政权机关,既具有政权职能,又有自治性质。另一是基层群众自治。这是我国基层社会生活中,人民群众广泛参与公共事务管理,实行直接民主的一种制度。它的组织形式在城市是居民委员会,在农村是村民委员会。这种自治制度是我国独有的自治形式,是基层民主实践的产物。基层群众自治有以下特点:自治组织本身不是政权机关,不向国家承担财务责任,只行使单一的自治职能;自治组织内的领导人不属于国家公职人员,而从自治体成员中选举产生;自治的范围限于基层的社会生活。以人民群众生活的社区(村庄、街道)为自治单位;自治的目的是使社区地域中的居民实现自我管理、自我教育和自我服务,从而处理好基层社会生活中的公共事务。

四、意识形态

　　意识形态指的是具有符号意义的信仰和观点的表达，它以表现、解释和评价现实世界的方法来形成、动员、指导、组织和证明一定的行为模式或方式，并否定其他一些行为模式或方式。它的现代用法更多地来源于它的嘲喻性，用以描述所有夸大自身在构设和变革现实世界中的重要性的观念体系。观念体系不符合现实的问题是因意识形态的鼓吹者自我欣赏或自身利益所致，意识形态只起到了宣传作用。本部分收录了近代西方世界主要的意识形态，这些意识形态具有不同的理论预设和价值倾向。正是在它们的指导下，西方世界展开了激烈的政治、军事和文化对抗。

1. 无政府主义

无政府主义是一种社会政治思潮,其特点是:主张个人绝对自由,反对一切权威;否定一切国家政权和任何政治组织,主张"无政府"的社会,采取盲动的策略,反对无产阶级革命和无产阶级专政。该思潮产生于19世纪中叶,代表人物有德国的施蒂纳、法国的蒲鲁东和俄国的巴枯宁、克鲁泡特金。

"无政府主义"一词首见于蒲鲁东的《什么是财产?》一书。施蒂纳和蒲鲁东提出了无政府主义的主要原则。1845年,施蒂纳在《唯一者及其所有物》中,宣扬"自我意识"是唯一的实体,是唯一的创造力。国家、财产、道德、宗教以致整个世界及其历史都是"我"的产物,声称"我把一切都归于我"。1846年,蒲鲁东在《什么是财产? 或关于法和权力的原理的研究》一书中提出,摆脱资本主义的办法,不是无产阶级革命,而是保护小生产者的私有制。认为通过独立的小生产者自愿的协议即"社会契约",可以形成这种社会制度,使国家失去存在的必要而导致消亡。巴枯宁使无政府主义成为一种政治思潮,他在《神和国家》一书中,认为宗教和国家的出现是人类的迷误;国家同"人类的正义"是相抵触的,它是社会罪恶(经济不平等、剥削、资本)的根源,主张为反对一切形式的权威而斗争,并立即消灭国家。

1906年,克鲁泡特金在《争取面包》一文中,主张废除一切国家,建立"无政府"的社会。19世纪末20世纪初还出现了无政府工团主义,把工会(工团)看作工人联合的唯一形式,否认建立政党的必要性,分裂了工人运动。辛亥革命前后,西欧的无政府主义思潮通过留日、留法学生介绍到中国来,在知识分子,特别是小资产阶级知识分子中得到传播。从1905年到1908年间无政府主义在中国形成了三种流派:①无政府主义行动派。其特点是鼓吹和实行个人恐怖活动。主要代表有吴樾、汪精卫、徐锡麟等。吴樾写的《暗杀时代》是这一派的代表作。②无政府主义虚无派或取消派。主要代表是留法学生李石曾、吴稚晖等。这一派办有刊物《新世纪》,宣传无政府主义。③无政府主义的绝对平等派。主要代表为留日学生刘师培、张继等人。他们在理论上主张权力和财产均衡的"人类均力说",并把西方无政府主义与中国古代老子、庄子等人的思想结合起来。这一派以《天义报》(半月刊)为宣传阵地。

2. 基督教民主主义

当代以基督教精神为基础的政治运动和政治思潮,其思想渊源可追溯到法国大革命时代。法国大革命打破了教会与国家的传统联系,在欧洲各国对教会的地位提出了挑战。1830年左右,在法国、比利时、爱尔兰等国家出现了自由主义天主教。它要求承认新形式的社会,利用议会和人权的进步成果去维护天主教的利益,寻求教会与民主的和解。

从19世纪70年代起,有组织的政治天主教在德国、瑞士、奥地利等国成为重要力量。这一运动利用现代政治斗争工具和技术,反对自由的现世主义,反对诸如世俗结婚这类的革新,抵抗国家对各种宗教生活领域特别是教育领域的侵犯,维护教会和教徒的利益。它批判资本主义和集体主义,主张回到中世纪自给自足的农业和行会手工业生活中去。到19世纪末20世纪初,他们中的大多数人开始接受资本主义制度。二战后,欧洲各国纷纷成立基督教民主党。基督教民主主义作为这些党的思想体系也正式出现。它以基督教精神为基本原则,同时也接受近代社会发展进步的成果。力图把传统的宗教和社会价值与现代西方资本主义和政治技术结合起来。把个人看得高于整个社会,强调全面发展的人的个性;反对自由主义和集体主义,力图寻找一条中间道路。20世纪60年代一度衰落,70年代中期又开始复兴。

3. 共产主义

共产主义是一种共享经济结合集体主义的思想,主张消灭私有产权,并建立一个各尽所能、按需分配、生产资料共有制(进行集体生产),而且没有阶级制度、国家和政府的社会。在此一体系下,土地和资本财产为人民共同所有。其主张劳动的差别并不会导致占有和消费的任何不平等,并反对任何特权。

在科学共产主义(马克思主义以及其各流派)的理论中,它在发展上分两个阶段,初级阶段是社会主义,高级阶段是共产主义。通常所说的共产主义,指共产主义的高级阶段。按照马克思主义理论(历史唯物主义),资本主义必将为共产主义所取代,这是不以人的意志为转移的社会发展的历史规律。因随着工业革命后各种机械自动化生产所带来的高生产力,长期而言,经济生产所需的人力将愈来愈少,在私有财产制度下绝大多数人将会失业,因此社会若想继续和平发展就必须进入共产主义,将愈来愈少的工作量分配给各工作人口,除了为兴趣而自愿长期工作的人之外,基本上多数人可减少许多工作时间就能维持日常生活。

共产主义思想在实行上,需要人人有高度发达的集体主义精神,而这就要求社会生产力达到充分的发展和极度的发达。

4. 社群主义

也叫共同体主义,现代西方政治哲学思潮之一。兴起于 20 世纪 80 年代,缘起于对自由主义的批判。主要代表人物有麦金太尔、查尔斯·泰勒、桑德尔等。它以社群的共同实践和交往活动来说明个人权利的产生和基础;以社群的历史传统来说明自我人格的生成,否定先验的自我人格。致力于社群价值观与个人自由价值观的相互协调,强调普遍的善和公共的利益,认为个人的自由选择能力以及建立在此基础上的各种个人权利都离不开个人所在的社群。个人权利既不能离开群体自发地实现,也不会自动导致公共利益的实现。因而只有公共利益才是人类最高的价值。社群主义试图揭示人格自足的形而上学的虚假性,力图遏止由自由主义的过分发展所带来的个人主义消极影响,其理想是民主的社群。

社群论者所言的自我观是一种社群导向的自我观,主张个人认同及价值观的形成,并非在进入社群前即由个人意志所决定,必须透过个人与其所根植的社群间的对话关系来发现。由于自我构成和自我理解的关系互为交互作用,二者不可分,因此要理解一个人,也必须从其身处社群的生活背景来理解。

社群主义首先主张一种积极的权利观念,积极的权利是指公民的受教育权、工作权、保健权、休假权、接受社会救济权等,国家对于这些权利的实现负有不可推卸的责任,应该采取积极态度并有所作为,这就是所谓主动促成的自由。其次强调个人对于社会的依赖性,认为社会的政治、经济、文化条件是实现个人权利的前提。与通过个人的单独行动获得的权利相比,个人在社群的环境中以及在与政府的合作中所能够获取的权利要大得多。

社群主义认为,国家有干预和引导个人选择的责任,其次个人也有积极参与国家政治生活的义务。社群主义要求的是"强国家",认为一个缺少公共利益的社会即使再有公正,也不是一个好社会;而只有国家所代表的公共政治生活,才能促进公共利益的实现,所以为了国家和社群的利益甚至可以牺牲个人的利益。

5. 保守主义

保守主义是一种同进步改革相对立的政治观念。最早是对启蒙思想的反对,以循序渐进的观点为传统的社会秩序辩护。英国政论家柏克于 1792 年发表《法国革命论》,开保守主义的先河,提出同法国革命和《人权宣言》相对立的观点,倡导具体的传统实践经验,不赞成抽象的理性和哲学概括。在美国保守主义影响仅次于自由主义。共和国初期表现为赞成君主制或者君主、贵族、民主共存的社会,不赞成法国革命。其代表人物为约翰·亚当斯、亚历山大·汉密尔顿等。内战后的保守主义者在达尔文和斯宾塞的哲学中找到根据,利用自然选择的理论证明大企业家的统治地位是合理的。其代表人物为萨姆纳,主张自由放任主义,反对政府干预经济,反对当时的社会改革。20 世纪初,保守主义曾流行一时。在美国,1932 年,赫伯特·克拉克·胡佛竞选总统失败才结束了共和党的保守政治;二战后,在道格拉斯·麦克阿瑟的黩武主义和约瑟夫·雷蒙德·麦卡锡的"反共"狂热中有所反映。60 年代,在政治上、学术上仍有表现,称为"新保守主义",以反对大企业和"冷战"时期形成的大政府为目标。其代表人物为参议员罗伯特·阿方索·塔夫脱、戈德华特和哲学家维里克、柯克等。其目标同自由主义者右翼以及"新左派"中激进的具有无政府主义倾向的青年的观点不谋而合,因此促成部分激进派和保守主义者的某种联合。

6. 自由主义

以作为独立的个人之联合体,国家应致力于促成其国民的目标(或幸福),而不应当追求自身目标的共同信念或价值取向为基础的、形态各异的理论或思潮。在法哲学中,自由主义可以说是一种主张宪法和法律应当以个人的自由意志为基本预设,以保障个人自由为主要目的的学说。

为各种自由主义理论所共同承认并构成自由主义概念之核心的基本要素有:个人主义,即主张个人价值具有不为任何以社会集体名义推行之价值所凌越的道德优先性;平等原则,即认为所有的个人都具有相同的社会价值和道德地位,反对在法律或政治秩序中为不同的人安排不同的位置;普世主义,即相信人类有一种道德统一体,尽管历史形成的不同联合体和不同文化形式将他(她)们分隔开来了;改善论,即相信所有社会制度和政治安排都是可矫正的和可改善的。

近代自由主义思想的先驱是英国的霍布斯。尽管他的最终政治设计是专制君主制,但他借以导出这种设计的前提则完全是自由主义的。他认为,在所有人都绝对自由的"自然状态"中,人与人之间处于永久的战争状态。为了求得安全和自我保存,人们自愿缔结契约,推出君主,建立了国家。与他同时代的荷兰思想家斯宾诺莎则更接近自由传统。在国家起源问题上,他的看法与霍布斯基本一致,但他更进一步地把自由理念贯穿到国家产生之后的运作中去。霍布斯认为国家的首要目的是维持和平,而自由则具有消极的价值,是对和平的威胁。相反,斯宾诺莎认为自由与和平是互为条件的,政府在维护和平的同时必须保障自由。他把个人自由看作一种固有的价值,认为它是最好的生活中的要素或较好生活的必要条件。但他们两位都不是真正意义上的自由主义者,因为他们都不认为人类社会处于一种向开放的未来演进的、不断自我改善的状态之中,不相信自由和理性能够成为人们之间的规则。

古典自由主义的第一个思想家是约翰·洛克,他提出并阐释了近代自由主义的大部分信条。他认为,良好的"公民社会"应当是在议会制政府的管理下,通过宪法和法律来保障个人的自由权以及私有财产权的社会。作为一个辉格党政治家,他将自己的主张转化为政治行动的纲领,倡导良心自由和宗教宽容,督促制定宪法和限制君权。所有这些都使他区别于霍布斯和斯宾诺莎,成为一个对未来抱有乐观信心的真正的自由主义者。

此后,法国理性主义启蒙思想家和苏格兰经验主义启蒙思想家分别从不同的侧面发展了自由主义思想。前者的代表人物有孟德斯鸠、狄德罗、孔多塞、伏尔泰、贡斯当和托克维尔,这些人的思想不尽相同,甚至存有很大分歧,但有一个共同点可以把他们都归为自由主义者,即他们都力图把人的理性从宗教和愚昧的桎梏下解脱出来,把人的身体和财产从专制制度中解放出来,使人在身心两方面都获得极大的自由。他们都对人类理性抱有极为乐观的信心,而对传统和历史则持批判态度,相信人为的理性的制度设计可以缔造出一个新社会。这种发端于思想界的运动最终引发了轰轰烈烈的社会运动,法国大革命是其顶峰。苏格兰启蒙运动的代表人物则有大卫·休谟、亚当·斯密和亚当·弗格森等人,他们都注重对"社会进步"的研究,认为个人的自由活动与自由交往是社会进步的源泉。他们重视传统和经验,认为政治和法律的改革必须在历史的缓流中稳步进行。

作为一种开放和进步的政治理论,自由主义在人类历史上起到过有意义的作用:启发并促成了启蒙运动,使人类思想得到了一次空前的解放;推动和鼓舞了法国大革命与美国独立战争,孕育并摧生了现代宪政民主政治。自由主义也被认为是塑造现代欧美社会的基本政治理论。

7. 法西斯主义

法西斯主义是两次世界大战期间首先出现于欧洲的一种社会思潮和社会运动,同时也是一种社会政治制度。对世界历史的发展产生过巨大的影响,是二战爆发的主要原因之一。作为一种思潮理论和学说,法西斯主义提倡反动的民族主义、种族主义、军国主义、国家主义和专制集权主义,极力反对共产主义。作为一种社会运动,法西斯主义在德国和意大利,甚至在其他欧洲国家拥有相当广泛的群众基础。作为一种社会政治制度,法西斯主义通常在国内政策上实行一党专制的独裁统治,取消公民的民主和自由权利。对社会、经济和政治生活实行全面的组织化、军事化。在对外政策方面,致力于改变现状,扩大民族的"生存空间",实行侵略和战争政策。

法西斯的名称1919年3月最早出现于意大利。在米兰,墨索里尼组织的战斗团是用"法西斯"命名的。1922年,意大利成立了人类历史上第一个法西斯专政的国家,法西斯主义终于从一种单一的社会思潮和社会运动转变成为一种社会政治制度。1933年、1936年,德国和日本先后建立了法西斯专政。1937年,德、意、日法西斯政权结成富于侵略性的国家集团,对欧洲和亚洲和平造成了严重的威胁。1939年3月,在西班牙也正式建立了法西斯专政。20世纪30年代前后,法西斯运动在西欧、中欧、东欧、南欧甚至在美国,都曾出现过。其中以奥地利、保加利亚、捷克斯洛伐克和葡萄牙比较严重。1937年7月,日本帝国主义开始全面侵略中国;1939年9月,德国入侵波兰,二战全面爆发。受到侵略和侵略威胁的世界各国人民在世界大战过程中进行了英勇的反法西斯斗争。1943年,意大利战败,1945年,德国和日本相继战败,二战以法西斯势力的惨痛失败而告终。20世纪50年代至70年代期间,西欧诸国又曾出现法西斯团体和法西斯运动,人们将这种法西斯主义称为"新法西斯主义"。20世纪80年代末至90年代初,新法西斯主义势力在欧洲有了巨大的发展,一些政党甚至进入议会。这种现象引起了欧洲和世界各国舆论的严重不安和关注。

8. 生态主义

产生于20世纪70年代的西方绿色运动中,并在90年代成为一种重要的西方左翼社会思潮。包括多个思潮和流派,大致可分为"绿绿派"(Green-greens)和"红绿派"(Red-greens)两大阵营。属于前者的主要派别有生态原教旨主义者、生态无政府主义者和主流绿党等,他们的理论统称为生态主义。而属于"红绿派"阵营的既有一些社会民主主义者,也有一些马克思主义者,他们的理论统称为生态社会主义。

　　生态主义与生态社会主义的区别在于:①在对造成现代社会环境退化、生态危机的根源的问题上,生态主义回避资本主义制度,而生态社会主义则把矛头直指资本主义制度。②由于两者在对造成环境退化和生态危机的根源上存在着尖锐的分歧,从而双方在如何消除环境退化、生态危机的问题上,立场也截然有别。生态主义认为资本主义有消化全球生态危机的能力,主张在资本主义制度内实施自由市场、分散化的经济、基层民主以消除生态危机。生态社会主义,特别是生态社会主义阵营中的马克思主义者,则强调资本主义不可能为解决生态危机找到根本的出路,认为只有废除资本主义制度,废除由这一制度带来的贫困和不公正,才能最终解决生态问题和环境问题。③两者在消除环境退化和生态危机后应建立什么样的社会的问题上,即两者的社会目标也迥然不同。生态主义把新社会运动视为社会变化的主角,反对把消除环境退化和生态危机与社会主义联系在一起,崇尚"回到丛林去"的浪漫主义,以建立"生态乌托邦"为社会政治理想;生态社会主义,特别是生态社会主义阵营中的马克思主义者,主张与新社会运动结盟,但强调工人阶级是社会变化的主角,在政治上立足于社会主义,以实现生态与经济、社会和谐发展,建立没有剥削和压迫的社会主义为理想目标。④在社会目标问题上的分歧,与对待人类中心主义的态度的区别密切相关。生态主义之所以反对把消除环境退化和生态危机与社会主义联系在一起,主要在于在生态主义者看来,社会主义以人为中心。

　　生态主义从反对工业化对自然的掠夺出发,进而反对人类中心主义,而持生态中心主义的立场。生态社会主义,特别是生态社会主义阵营中的马克思主义者,不是一般地反对人类中心主义,而是反对人类中心主义的资本主义形式。生态主义与生态社会主义在上述种种问题上的分歧,直接反映了其理论基础和文化价值取向的不同。生态主义的理论基础是无政府主义,而生态社会主义的理论基础是社会主义。

9. 女权主义

　　女权主义,又称女权运动,妇女在经济、社会、文化和政治等各个领域争取男女平等,是争取从根本上改变妇女社会地位和社会作用的一种理论与运动。女权主义作为西方妇女运动的一种理论,应该说已经有了很长的历史,但作为一种运动,它在 20 世纪初以后才奠定了比较广泛的群众基础。当时,女权主义的中心思想乃是为妇女在政治上取得与男子一样的普选权而斗争,西方女权运动的全面发展,即争取不仅在政治上,而且在经济、社会、文教、就业,以及家庭生活方面都有和男性一样的权利和社会地位的女权主义,实际上是在 20 世纪30 年代以后才发展起来的。特别值得提出的是 80 年代初以来,女权主义作为欧美绿色运动的理论思想之一,女权运动作为绿色运动的一个组成部分,其斗争的目标和范围都已经有了明显的新突破。

妇女"解放"已经成为一个具有强大号召力的口号,不仅各阶层妇女本身,就是原来对女权主义持消极态度的很多男性,现在也纷纷站在这个运动之中。在联邦德国这个"绿色运动"十分强大的国家,妇女在有些方面实际上已开始左右国家政策的制定。在该国绿党内部,明文规定妇女在各级领导机构中的比例不得少于三分之一。1983 年,绿党作为战后第一个新党进入联邦议会时,西方几家大报刊首先刊登的绿党新闻人物就是该党的两名女议员。在联邦议院有关妇女问题的辩论中,这些女议员像男议员一样走上讲台,公开与歧视妇女的意见进行针锋相对的斗争,批判资本主义社会是"人剥削人的家长制社会",迫使当局不得不一再考虑修改有关妇女权利的立法。

可以说,女权运动和绿色运动的结合,已经把西方世界的女权主义运动推向了一个新的发展阶段。

10. 马克思主义

马克思主义是一种以唯物主义解释历史、辩证法和对资本主义批判所发展而出的经济、政治和社会世界观。在 19 世纪中后期,马克思和恩格斯建构出了马克思主义的理论架构。以马克思主义作为根基或方法论的写作对现代的政治哲学和社会运动产生重大而广泛的影响,包含了其独特的政治济学、社会学、哲学,以及革命意识形态。对于马克思主义的理论并没有一套统一的定义,因此它在众多的领域和题材上出现多元的发展,导致其门下包含众多明显对立甚至互相冲突的理论。

马克思主义以唯物主义的立场检视社会的发展,认为人类社会是建构在其赖以维生的经济活动上的。经济组织的架构和生产模式被视为人与人之间的社会、政治、法律和道德关系的根本来源,这些社会关系进而构成了马克思所谓的上层建筑。随着生产模式的进步,既有的社会组织和关系变得没有效率并且与经济活动产生冲突,这种冲突进而发展为阶级斗争。依据马克思主义的分析,由无产阶级劳动操作的高效率机械化生产模式,在生产过程中替少数持有生产工具的资产阶级产生了剩余产品并成为剩余价值,此种剥削关系进而转化为根本性的矛盾,随着矛盾的扩大,社会的革命必将发生。马克思主义预言社会主义会从革命中产生,并将生产工具归还到集体的手上,依据每个人的"实际劳动"分发利润,并且依据"需求"而非利润规划生产。马克思并且称在社会主义之后,共产主义将会诞生,以各尽所能、各取所需为生产模式,成为一个无阶级、无国界、无货币、无私人产权的社会。

马克思主义发展为众多的分支和流派,不同的流派对于古典马克思主义的论点往往有不同解读和着重处,有时也会融合非马克思主义的概念,由于这些理论方法上的差异,众多马克思主义流派除了对资本主义经济的批判态度一致以外,并没有既定的理论框架和研究方法。也因此众多从马克思主义衍生的政治哲学,在追求社会主义上所采取的策略常大不相同。

11. 社会主义

社会主义是一套经济体系和政治理论,对此解释颇多。一种解释是主张或提倡公共或是整个社会作为整体,来拥有和控制生产资料(产品、资本、土地、资产等),其管理和分配基于公众利益。其提倡由集体或政府拥有与管理生产工具,以及分配物资。社会党国际的法兰克福宣言又认为:"在这种制度下,公共利益优先于私人利润的利益。社会主义政策的当前经济目标是充分就业,增加生产,提高生活水平,实行社会保障和推行收入与财产的合理分配"。社会主义分为诸多流派,从建立合作经济管理结构到废除等级制度以至于自由联合。实际上无法简单地用一个定义来包容所有流派,各派区别存在于应当建立何种社会共有的形式(包括劳工合作制、共同拥有制、国家拥有制或全民所有制),市场经济与计划经济之间的比重,生产单位应当如何管理组织以及国家在社会中的角色。总的来说,一个社会主义系统应该包括一套收集生产并分配的系统,直接用于满足经济需求和人类需要。物品和服务的目的应当是为了直接地使用而不是为了因资本积累需要而产生的私人利益。账目核算不应基于金融层面,而应该基于一个通用的体力劳动指标或者是直接基于劳动时间。

作为一项政治运动,社会主义的政治哲学主张从改良主义到革命社会主义均有分布。如国家社会主义主张推动生产、分配和交换全方位的国有化来实现社会主义;自由社会主义倡导工人传统地控制生产方式,反对国家权力来进行管理;民主社会主义则通过民主化进程来寻求建立社会主义。

现代社会主义理论始于18世纪知识分子与工人阶级发起的批评工业化与私有财产对社会影响的政治运动。早期的空想社会主义者,诸如罗伯特·欧文曾试图建立一个自给自足并脱离资本主义社会的公社;而圣西门提倡技术官僚与计划工业的应用。马克思和恩格斯共同设计创造了一个理想的社会制度,通过除去导致不合理与周期性生产过剩的无政府主义和资本主义生产,来允许广泛应用现代科技从而合理化经济活动。在19世纪初时,社会主义还只是表明关注社会问题;到了19世纪末时,社会主义已经成了建立基于社会共有的新体制的推动力,并站到了资本主义的对立面上。

12. 新左派

新左派最早出现于西方欧美国家,20世纪50年代后期至60年代出现。1956年,英国的一些大学生和知识分子提出一种"新的社会主义思想",自称为"新左派",后出版期刊《新左派评论》。随之出现了类似的团体:联邦德国的"社会主义大学生联盟",法国的"全国学生联盟",日本的"津格库伦",美国的"争取民主社会大学生联合会""斯巴达克斯者联盟""社会主义工人党""进步劳工党"等。60年代,大学毕业生因面临由上流社会候补成员跌入产业雇佣队伍或遭受失业的厄运,滋长了对资本主义制度的不满,扩大了新左派的队伍来源,而美国的侵越战争和种族矛盾,则进一步推动了新左派的发展,使它形成运动,并于60年代末进入高潮。在美国,1968年4月,因马丁·路德·金牧师被害,青年学生和黑人进行的抗暴斗争席卷172个城市;随之在法国发生起源于学生造反的"五月风暴",并扩展到联邦德国及北欧诸国。

新左派运动因缺乏正确的指导思想、统一的组织领导,并受到各国政府镇压,到70年代初趋于沉寂。该派的思想理论主要受到美国的心理学家和社会哲学家古德曼、外交史家威廉斯、政治学家和社会学家米尔斯,法国萨特、列斐伏尔以及法兰克福学派理论家马尔库塞、弗罗姆、哈贝马斯等人的影响。该派接受了他们的关于资本主义制度是压抑人的制度,导致社会和人的全面异化的思想,对青年知识分子的批判思想和造反精神的颂扬,和对人道主义的无压抑的乌托邦社会的追求。该派与以往的左派不同之处在于:思想上直接受西方马克思主义和资产阶级激进理论影响,成员主要为激进的大学生、青年知识分子、民权运动和反战运动的积极参加者,以及嬉皮士之类的对社会不满者;活动方式带有无政府主义和虚无主义色彩,要求废除政府、强制和权力,追求绝对的个人自由,奉行彻底决裂的"大拒绝",进行罢课、游行、造反、夺权,甚至搞恐怖活动。

中国的新左派兴起于20世纪80年代,他们对自由主义采取的是攻势,它依赖西方学术化左派集聚的学理资源,仰仗文化多元主义的学术主张和"全球化"时代潮流凸显的民族性问题意识,将过去激进左派的主张做温和的处理,对自由主义加以严厉的指责,主要代表有汪晖、胡鞍钢、甘阳等人。

13. 新右派

新右派与新左派都是一种社会运动,而新右派乃是相对于"老右派"而产生,其理论基础以弗里德里希·哈耶克、弗里德曼的思想为基本。新右派与新保守主义相同的是他们的行动力、进取性和民众主义的风格,新右派认为,公民不能完全控制政府,国家虽然希望将福利最大化,但由于国家也是参与者,基于自利心的原因,市场失灵不但不能矫正,反而有政府失灵的状况产生。

新右派是保守主义思想的一支,它反对战后国家干预的转向,也抗拒自由主义式或进步主义式社会价值的扩散,总体而言西方新右派主要秉持的是古典自由主义的基本价值信条。在20世纪70年代,随着凯恩斯主义和福利国家遭到挫折,新右派的理论开始有了市场。在美国,里根政府开始削减国家福利,减少政府对经济活动的干预;在英国,撒切尔夫人为首的保守党上台,也开始推行新右派经济学家哈耶克和弗里德曼的经济理论。

新右派的出现是对二战后西方社会凯恩斯主义和东方社会主义阵营的对抗,他一方面试图恢复古典自由主义的基本理论,信奉自由市场,反对国家干预,并将这种理论意识形态化。新右派的理论一度拯救了20世纪70年代在经济危机的泥淖中挣扎的西方世界,然而物极必反,2008年的金融危机就是自由市场不受控制所引发的灾难。

14. 纳粹主义

纳粹主义一词来源于纳粹党。顾名思义,纳粹党是一个以族群而分的种族主义民族社会主义政党。国家社会主义与纳粹主义德文拼法一致,但国家社会主义由两个单词组成,而纳粹主义是一个单词。两者之间意识形态概念有所承接,纳粹主义是国家社会主义的一个政治实践,但纳粹主义的发展则失却国家社会主义的多义性质,转化成特质属于政治与经济上极端之意识形态。本质上,国家社会主义的意识形态是社会主义的,纳粹主义也是反对共产主义的第三位置主义。纳粹主义与国家社会主义不同点还包括,纳粹主义的意识形态包括了种族主义和法西斯主义,并在政治上实现极端爱国主义和极端独裁政治。

纳粹主义并非严格定义的意识形态,而是纳粹党所奉行的国家统制政策和理念,包括一些政治观点和具有宗教色彩的极端思想:种族主义、反共产主义、极权主义、神学主义、反犹太主义、反同性恋,以及限制与其意识形态相反的宗教自由。强调一切领域的"领袖"原则,宣称"领袖"是民族整体意志的代表,国家权利应由其一人掌握。由一个庞大的官僚系统自上至下按领袖原则来管理的政府,提倡种族主义和反犹太主义作为德国的民族社会主义运动意识思想,重集体尚权威武力。

纳粹主义主张以民族为人类群体生活之"基本单位",宣扬种族优越论,认为雅利安人种为最优秀的、是对人类进步唯一有贡献的民族。认为"优等种族"有权奴役甚至消灭"劣等种族",以作为形塑特定文化与政治主张的理念基础。在意识形态方面,以明确的准则为基础界定民族,以自其他民族区别,鼓吹社会达尔文主义,歧视与之不同的民族。宣称雅利安—北欧日耳曼人是上苍赋予了"主宰权力"的种族,主张世界是弱肉强食、优胜劣汰的丛林,各民族必须在激烈的生存竞争中求胜,实行对外侵略扩张,力主以战争为手段夺取生存空间,建立民族世界霸权。

20 世纪 30 年代,纳粹主义的民族意识形态逐渐形成,成为特属于政治与经济上极端国家资本形态。它的极端是军国主义和种族主义两种,并在政治上表现为极端法西斯爱国主义和极端独裁专制统治,是一种建立在高度垄断的国家统制主义体制。本质上,民族社会主义的意识形态就是民族霸权主义。

15. 种族主义

一种认为人类各种族在智力、体质及道德发展能力上有高有低、种族差异决定人类社会历史和文化发展的反动理论。种族主义认为,人们在遗传上的体质特征同个性、智力、文化之间有一种因果关系并自然分出高低优劣。一些高级种族生来具有创造高度文明的生物本质,天赋其统治世界的使命;而低级种族则无力创造和掌握高级文化,注定要成为高级种族的仆从。种族主义的表现形式包括种族偏见、种族歧视、种族隔离、种族灭绝等。

种族不平等思想由来已久,但种族主义却晚至近代才形成。它产生于欧洲,是殖民主义扩张浪潮的产物,因而从一开始就是资产阶级的意识形态和政策。1853 年,法国社会学家戈比诺出版了《论人类种族的不平等》一书,在这部被称为种族主义的"圣经"的著作中,戈比诺公然宣称:种族优劣是社会兴衰、文化高低的决定因素。黑种和黄种是低级种族,白种特别是雅利安人是高级种族,其中又以日耳曼人特别是日耳曼贵族最为高贵、纯洁,他们是一切高度文明的创造者。

19 世纪是形形色色的种族主义理论泛滥的时期。它们往往与社会达尔文主义紧密交织在一起,同时广泛运用马尔萨斯主义和优生学,试图给种族主义披上科学的外衣。种族主义者认为,人类社会如同整个有机界一样,都受优胜劣汰、适者生存规律的制约,自然选择是社会历史的主要因素,而白种人则是自然选择的最高使命。他们鼓吹日耳曼人是西雅利安种族的优秀代表,日耳曼主义理想是欧洲文化中一切优秀因素的集中体现,日耳曼种族具有统治全球的天赋使命。在 A. 希特勒专政的年代里,法西斯主义者把种族主义变成了官方的政策与思想,疯狂地攫取他国领土,消灭他国居民,迫害本国人民,犯下了滔天大罪。在现代资本主义国家里,特别是在南非,种族主义仍很有市场。

事实证明,种族主义是剥削阶级政策和意识形态的组成部分,其极端形式即法西斯主义。因此种族主义遭到一切进步人类的坚决反对。联合国等国际组织通过了一系列谴责种族主义的决议与公约。主持正义的国际社会普遍主张以宣传教育、立法乃至军事与暴力的手段来消灭种族主义。根据联合国决议,每年的 3 月 21 日为消灭种族歧视国际斗争日,1971 年为反对各种种族歧视国际协调行动年,1974—1984 年为同种族主义进行高度有效斗争的 10 年。

16. 宗教原教旨主义

原教旨主义并非仅仅指伊斯兰原教旨主义。各种宗教派别或多或少地存在这种原教旨主义成分。最近几年来,原教旨主义这一概念已被世界新闻界越来越频繁地用来描述和解释当代世界各地的一些宗教政治运动。原教旨主义已成为我们这个时代的时髦货,但此社会现象并不是我们这个时代所特有。

原教旨主义这个概念最早以基督教为背景。一战以来,西方尤其是美国基督教新教中一些自称为保守的神学家,为反对现代主义,尤其是反对《圣经》考证学,形成了这一神学主张。《大英百科全书》认为,原教旨主义有两层意思:①它是一种保守的基督教思想,它抵制19世纪后期、20世纪初期很有影响的自由主义或现代主义的神学倾向;②它是一种有自己的组织和机构的保守运动,旨在宣传原教旨主义的五个基本要点。原教旨主义者认为,它们是构成真正基督教信仰必不可少的成分。中国学术界将"fundamentalism"一词用于基督教时,称为基要主义;用于伊斯兰教时,称为原教旨主义。近年来,由于其他宗教也出现了"fundamentalism"的宗教现象,故国际学术界和传播媒介把这种宗教现象统称为原教旨主义。比较宗教学家埃里克·夏普在《理解宗教》一书里总结原教旨主义:在传统的最高权威受到挑战时(一般指宗教方面的权威),第一阶段出现的反映是拒绝旧方式和旧权威,具有适应和树立新权威的愿望;第二阶段是作出种种努力,使旧权威适应新权威;第三阶段是回复原状,原教旨主义就出现在这一阶段。各宗教中出现的原教旨主义基本上都是这种情形。

总之,原教旨主义是指这样一种宗教现象:当感到传统的、被人们理所当然地接受了的最高权威受到挑战时,对这种挑战毫不妥协,仍反复重申原信仰的权威性,对挑战和妥协予以坚决回击,一旦有必要,甚至用政治和军事手段进一步表明其态度。所以原教旨主义有极强的保守性、对抗性、排他性及战斗性。

17. 社会民主主义

一般指社会民主主义者的主张和思潮,这个词在不同的历史时期和不同的情况下有不同的含义。19世纪40年代,路易·勃朗和赖德律-洛兰等一些对现实不满、对工人阶级抱有同情心的小资产阶级民主共和主义者,最早自称为社会民主主义者。他们批评资本主义制度,主张通过和平、渐进的改良,建立民主的社会共和国,实现社会主义。但他们不主张把生产资料转归社会所有,否认阶级斗争和剥夺资产阶级的必要性。60年代,德国的拉萨尔派也自称为社会民主主义者,因而那时马克思、恩格斯总是不把自己称作社会民主主义者,而称共产主义者。70年代后,受科学社会主义影响,在欧美一些国家建立的工人阶级政党多自称为社会民主党,其成员也自称为社会民主主义者,并以"社会民主主义"这个词来概括民主革命任务和社会主义革命任务之间的联系,主张党的任务就是领导无产阶级开展反对封建专制制度、推翻资本主义的斗争,争取民主权利,建立社会主义社会。因而当时的社会民主主义一般指的是科学社会主义。但马克思、恩格斯曾屡次指出,"社会民主主义"这个名称在科学上是不正确的,但只要党意识到这一点,不让这个名称妨碍它朝着正确的方向发展,也可予以容忍。

20世纪初,第二国际的绝大多数党蜕化为宣扬资产阶级民主、主张阶级调和、鼓吹资本主义"和平长入"社会主义、反对无产阶级革命和专政的资产阶级政党。至此,"社会民主主义"已成为各国右翼社会党机会主义理论和政策的基础,因而也就成为机会主义、修正主义的代名词。原第二国际左派从社会民主党中分化出来,建立共产党,他们抛弃了社会民主主义概念,采用共产主义概念。二战后,社会民主主义有了进一步发展。1951年,社会党国际的纲领性文件《民主社会主义的目标和任务》,第一次正式把"民主社会主义"作为政治纲领。民主社会主义是社会民主主义的继续和发展,它被国际各党所遵循。主要思想代表有:奥地利的克赖斯基、德国的勃兰特、瑞典的帕尔梅、法国的密特朗、英国的克罗斯兰。民主社会主义主张意识形态多元化,拒绝把任何一种思想体系作为唯一真理,反对把马克思主义作为指导思想;它放弃马克思主义的阶级斗争和无产阶级专政理论,主张通过议会道路,平稳地进行社会变革;它放弃无产阶级政党的领导,把无产阶级政党改变为人民党,主张实行多党制。20世纪80年代末以来,随着东欧局势急剧变化和苏联的解体,社会民主主义的影响进一步扩展。

18. 第三条道路

第三条道路,亦称第三种道路或新中间路线,是一种走在自由放任资本主义和传统社会主义中间的政治经济理念的概称。它是由民主社会的中间派所倡导的,属中间偏左的政治立场,是社会民主主义的一个流派,中心思想是任何偏于某种极端都是不好的,所以它既不主张纯粹的自由市场,亦不主张纯粹的高福利社会,奉行类似于中庸之道。

第三条道路不只单单是走在中间,或只是一种妥协或混合出来的东西,第三条道路的提倡者看到了社会主义和资本主义互有不足之处,所以偏向某一极端也不是一件好事,第三条道路正是揉合了双方主义的优点,互补不足而成的政治哲学。第三条道路主要内容按照捷克经济学家奥塔·塞克总结为:"人文关怀"和"经济效率"的结合,也是"国家计划干预"和"合作社式自主企业市场竞争"的结合,是一种"混合经济"的道路。托尼·布莱尔在任英国首相期间(1997—2007年),放松对各种企业的监管内容,并为了鼓励企业创新和降低成本,工党政府多次降低企业税,包括对中小企业实行税额减免等政策,大力鼓励失业者接受各种职业培训并督促其重新就业,规定失业者领取社会补贴必须以"寻找工作"作为必要条件,并惩罚怠工者。此外,布莱尔政府不断加大对交通、通讯、社会服务等基础设施的公共投资,通过改革金融机制提高服务效率。

　　一般认为,第三条道路不是一种意识形态,因为其不涉及政治运动,试图将第三条道路政治化的努力被称为激进中间派。

五、基本概念

　　这一部分主要包括了西方政治思想的基本概念,国家是现代西方的基本政治单位,主权则代表了这个国家的最高权力。国家由一个个独立的公民个体组成,而人性是政治运转和互动规律背后的基础。这一部分主要对这些概念进行分析,有助于我们加深对西方政治思想的理解。

1. 国家

国家是指被人民、文化、语言、地理区别出来的领土；被政治自治权区别出来的一块领地；一个领地或者邦国的人民；跟特定的人有关联的地区。一般国家行政管理当局是国家的象征，它是一种拥有治理一个社会的权力的国家机构，在一定的领土内拥有外部和内部的主权。

依据马克斯·韦伯的定义，国家拥有合法使用暴力的垄断权。因此国家包括了一些机构如武装部队、公务人员或是国家官僚、法院和警察等政府机构。在国际关系的理论中，只要一个国家的独立地位被其他国家所承认，这个国家便能踏入国际的领域，而这也是证明其自身主权的重要关键。虽然国家一词通常广泛用以称呼所有政府机构或统治行为——古代或现代皆然，但现代国家制度的许多特色直到15世纪的西欧才开始出现。在20世纪后期，世界经济的全球化——人民和资本的流动性，以及许多国际机构的崛起，使得国家的治理能力受到一定限制，不过绝大多数国家依然拥有着基础的主权职能。因此国家依然是政治学研究里最主要的领域之一，而国家的定义也经常是学者们争论的焦点。

在政治社会学里，卡尔·马克思和马克斯·韦伯的理论通常倾向于放宽国家的定义，以增加对于拥有强迫力量的机构的重视。

2. 主权

主权是国家的基本权利之一，也是国家最重要的属性，指国家在国际法上所固有的、独立自主地处理对内外事务的权力。主权含有对内具有最高统治权，对外具有独立权这两方面的含义。

主权最早是作为国内法上的概念被提出来的。16世纪，法国哲学家让·布丹最先把主权的概念引入政治学和法学里来。他在1577年的名著《论共和国》一书中，详细阐明了主权是在一个国家中进行统治的绝对和永久的权力。博丹的主权概念，在当时主要是为从封建诸候割据制度向以国王为中心的中央集权制度过渡提供理论根据。在国际法上，早在1625年荷兰的格劳秀斯在其名著《战争与和平》中就提出了国家主权的思想。1648年，《威斯伐利亚和约》第一次以多边条约的形式确认了所有参加国的独立和法律上平等。1758年，瑞士国际法学家法泰尔在其著作《万国法》中，更明确地阐述了国家主权的原理。他基于自然法思想和人民主权的理论，指出国家自产生以来就是独立和自主的；除非国家自己表示服从,国家对于其他任何国家都是绝对自由和绝对独立的存在的。1776 年,美国《独立宣言》和法国大革命时期的一些重要文件,如 1795 年《国家权利宣言》都强调了国家主权的原则。主权概念在 18 世纪以后逐渐形成国际法上的一个最基本的原则。二战后,由于广大发展中国家的倡导,国家主权的内容进一步扩展到经济方面,出现了对天然资源永久主权的概念。

虽然主权概念遭到了反对,但在现代国际社会中,国家主权仍然是处理国家间关系的基本出发点。由于国家主权和国家平等权密不可分,《联合国宪章》将国家主权与平等合并为一项原则,称为主权平等原则。按照《国际法原则宣言》的解释,国家主权平等主要包括以下要素:①各国法律地位平等;②每一国均享有充分主权的固有权利;③每一国均有义务尊重其他国家的人格;④国家的领土完整及政治独立不得侵犯;⑤每一国均有权利自由选择并发展其政治、社会、经济及文化制度;⑥每一国均有责任充分并一秉善意履行其国际义务,并与其他国家和平相处。

3. 权力

权力是个人按照自己的意志或代表组织的意志去支配和控制他人的力量,是人们在其职责范围内对他人的支配力量,它以人们在组织和社会中担当的角色为基础。

作为一种对他人的支配和控制力量,权力不以被支配者是否愿意接受为转移,因而具有强制性。权力分为合法权力和非法权力。当它被社会公认为正确和必需,并被组织和社会的广大成员所认可时,称为合法权力;那种没有得到社会认可和支持的支配和控制他人的力量谓非法权力。前者是社会和人们授予的或认可的,后者是社会或人们所不承认的。一般说来,在组织和社会中,某个人对他人的这种支配和控制能力不是属于掌权者本人,而是依附于他所占据的那个职位。在组织和社会中,职位上的优势可以产生对他人的支配力量,对短缺资源和信息的占有能成为支配他人的基础。行使权力的手段有:对服从支配的人给予奖赏、威胁以至惩罚不服从支配者、控制短缺资源或信息。

4. 权威

权威是指特定社会环境中具有社会力量和威望并使人信从的一种社会属性。一般而言,它是在个人或群体在某种社会活动中表现出超于常人的能力,取得非常突出的成就,并得到公认的基础上形成的。它能产生巨大的影响,甚至能够对他人产生支配作用。它实际上是群体赋予个人或某种群体的权力,因而涂尔干认为,权威是集体意识的表现。

韦伯曾把权威获得合法性的方式分为传统的、理性—法定的和神授的三种类型。传统的获得合法性方式是建立在这样一种信念上的,即权威制度是长期以来存在的各种制度的继续;权威运用者通过某一程序并按照长期以来一直有效的资格担任权威角色;他所宣布的命令实际上同长期以来被认为有效的命令是一致的,或者是由他按照任职者或同他之间有法的关系的前任长期以来所拥有的自由决定权来实施的。理性—法定的获得合法性方式基于这样一种信念,即权威运用者的制度体系,任职者所担任的权威角色,命令的内容和颁布方式都符合某些一般的准则。而神授的合法获得方式则基于这样一种信念,即权威运用者和他所颁布的规章或命令具有一定的神圣性。

韦伯的观点引起很大的争议,并促成了政治人类学的形成,许多人类学家认为,在研究简单的或传统的社会时,韦伯的思想应加以修正,与其把权威看成是从一套复杂的规范中发展而来的,不如说其源于社会互动和对话的过程。布洛克甚至认为,传统社会中使权威合法化的重要因素也许还可以体现在掌握语言的水准上。权威是权力的一种形式,它通过命令来安排或联合其他行动者的行动。这些命令之所以有效,是因为被命令者认为这些命令是合法的,从而自愿行动,遵循规章,接受后果。权威与强迫性控制不同,后者是借助赏罚手段使人们遵从其命令和规定的。但在实际经验中,它们在许多联合体中是并存的。

5. 人性

人性是人区别于动物的各种特性或属性的总和与概括。在中国,战国时孟子提出"生之谓性",认为人性生来纯善,蕴有仁义礼智信等道德意识的萌芽。荀子提出"不事而自然谓之性",认为人性生来纯恶,具有生理上和物质上的需要而引起争斗。庄子提出"性者,生之质也",把人性说成是人的素质。在西方,古希腊伊壁鸠鲁认为人的本性是善良的,人的最高目的在于寻求现实的感官的快乐和幸福。亚里士多德提出"人类在本性上也正是政治动物"。中世纪把人性归结为神性。文艺复兴时期的启蒙思想家反对封建专制和神权,提出尊重人性,以人为中心的思想,要求人的自由平等和个性的解放,认为人的崇高在于理性,并用资产阶级人性充当人类的永恒的共同人性。18 世纪,法国启蒙思想家狄德罗和卢梭等人,将"自爱"或"自保"和自由平等作为人的普遍本性或天性。德国康德强调人的理性自由;费希特把自由看成人的本性;黑格尔认为人的本质是"神圣的理性",它是社会的产物;费尔巴哈认为人的本质是"理性、意志、心"。

马克思主义认为,人性是人的社会属性和自然属性的统一,其中最主要的是劳动的性能。社会属性是人性的现实基础与决定性因素,它反映了人与动物的根本区别。人的社会属性由以生产关系为基础的人的各种社会关系总和所决定。人性具有历史性,它取决于社会生活,特别是物质生活的发展,随着生产力的发展而不断改变,而"整个历史也无非是人类本性的不断改变而已"。在阶级社会里,人们的社会关系主要表现为阶级关系,人性也带上阶级性,并主要表现为阶级性,但人性并不完全等同于阶级性,如在阶级社会里,不同阶级的人往往具有共同的民族感情、共同的宗教感情,等等。

6. 合法性

合法性是一个被广泛使用的政治概念,通常指作为一个整体的政府被民众所认可的程度。

在政治科学中,合法性是人民对律法或政权作为一种权威所给予的认受。在这里,"权威"代表建制政府当中一个特定位置、"合法性"代表一个政府"体系",而"政府"则代表一个"势力范围"。政治合法性被视为管治的基本条件,缺少政治正当性,政府会在立法机关面临困局并倒台;但在某些政治制度下这个情况不会发生,不受人民欢迎的政权仍然可以生存,因为一小群有影响力的精英依然认为该政权有正当性。在道德哲学中,"合法性"经常被正面地解读为一种由人民授予其管治者、相关机构、职位及行为的规范性地位,其基础是人民同意现政府组成的合法性,以及其运用权力的手法仍然维持恰当。

启蒙时期,英国社会理论家约翰·洛克提出,政治合法性来自群众或明示或暗示的同意:"第二(政府)论的论点是除非得到被管治者的同意,否则该政府不具正当性。"德国政治哲学家斯特恩伯格说:"合法性是得以施行的政府权力的基础,是在政府有意识到其管治权利的同时,被管治的也对该权利有某种承认。"美国政治社会学家李普塞特指出,合法性也"涉及一个政治体系有多少能力去制造和维持一种认同现存政治机制是对该社会最适合和适当的信念"。美国政治理论家达尔以水塘为喻解释合法性;只要存水维持在某一程度,政治稳定便得以维持,但假若存水低于该程度,政治合法性就会受威胁。

参考书目:

1. 徐大同:《西方政治思想史》,天津教育出版社,2005 年。

2. [英]戴维·米勒:《布莱克维尔政治思想百科全书》,邓正来译,中国政法大学出版社,2002 年。

3. [美]约翰·麦克米兰:《西方政治思想史》,彭淮栋译,海南出版社,2010 年。

4. [美]乔治·萨拜因、托马斯·索尔森:《政治学说史》,邓正来译,上海人民出版社,2010 年。

第二章　西方政治制度

要对政治制度进行充分理解,首先必须对政治体系有整体性的把握。政治体系由政治行为主体与政治制度有机构成,是不同社会政治组织之间、个人之间互动关系与制度运作的动态体现。政治体系中的政治行为主体既包括国家、政府、政党和利益集团等社会政治组织,又包括政治个人。政治制度则是对不同政治力量之间的关系和活动方式进行规制的一系列安排,它既包括根本政治制度及其构成原则,又包括具体政治制度及其构成原则。对政治体系及其制度的观察,虽始于静态的结构与制度规范,却应以动态的权力运作、配套机制和在实际政治过程中产生的制度绩效为研究重点。因此在对政治制度进行释义的同时,除了重点言明其概念、内涵等内容之外,还应该具备政治过程的视野。

东西方国家在建立、成长和发展的历史政治过程中有着不同的经历,政治体系的结构及其构成要素在体系中所处的地位、作用也不尽相同。比如宪法,近代资本主义国家建立以来,其政治制度是以宪法为基础构建起来的,同时在政治过程中,宪法也发挥着根本作用,是真正的权力来源与合法性来源;又比如政党与国家的关系,西方国家基本是先建立国家、后出现政党,政党和国家都是社会的一部分,因此在该语境下的政党内涵、地位、作用与政党制度也与“党建国家”语境下的不尽相同,等等。因此结合西方政治生态,本章将具体从西方国家的国家类型与形式、宪法及其原则、选举制度、政党制度、议会制度、行政制度与司法制度等方面对其政治制度进行释义。此外,需要说明的是,由于本章主要解释政治制度,所以在概念词条中出现的“主义”,我们默认将其置于“制度”语境中进行阐释。

一、国家类型与形式

"国家类型与形式"是本章的第一部分,之所以将其放在首要位置进行介绍,既是因为国家之于政治制度的先在性,更是因为国家在整个政治、经济、社会、文化生活中处于中心地位,其影响几乎遍及一切人类活动。这种影响力源自以宪法为合法性来源而赋予的国家权力和以国家组织为根基而形成的国家能力,它们的运作与发挥实际上是一幅宏观政治制度运转的图景,而宏观制度架构对于中观政治制度的设计、选择以及制度效能的发挥都具有相当程度的决定性。

国家的类型,可通过历史和理论两种指向来进行阐释。历史地看,国家的类型经历了从城邦国家到现代民族国家的历史变迁。如果借用英国政治社会学家吉登斯的话语,这样的历史变迁是由国家与社会融合程度变化所引发的国家形态变化。就政治学而言,我们今天提到的国家,实际上特指现代民族国家,它在内涵和意义上都有着区别于以前人类政治共同体的特征。

当今世界所面临的诸如政治、经济、社会、文化等领域的问题,很大程度上是在现代民族国家的脉络中发生的。理论地看,基于民族国家产生了现代政治学的基本假设、概念和分析工具,根据不同的标准可以对国家类型进行多种意义的划分。以所有制形式为标准,马克思主义根据国家的经济基础和占据统治地位的阶级利益将国家划分为奴隶制国家、封建制国家、资本主义国家和社会主义国家四种基本类型;以政治治理形式为标准,可以权力集中与分散的程度将国家划分为集权主义国家和分权主义国家;如此等等。

国家的形式,既包括国家的政权组织形式即政体,国家政权组织通常指权力机关,如立法、行政、司法等的组织结构、产生方式、职权范围、运行程序等;也包括国家的结构形式,即指作为整体的国家与各个组成部分的关系,中央政权机关与地方政权机关的关系,从政治过程的角度来描述,还可将称其为国内政府间关系。对这组宏观且基础的概念进行认识是本章的关键环节。

1. 奴隶制

奴隶制,亦称"奴隶占有制",它常被用来概括人类历史上以奴隶主占有生产资料并同时占有作为生产工作者的奴隶为经济基础的社会制度。

作为一种以所有制形式为标准而进行划分的国家类型,奴隶制国家是人类历史上最早出现的国家类型。公元前40世纪初的古埃及,公元前30世纪在幼发拉底河和底格里斯河流域形成的苏美尔、古巴比伦、亚述等国家,公元前20世纪形成的古印度和古中国,公元前8世纪形成的古希腊和古罗马,都属于奴隶制国家。奴隶制国家的经济基础决定了它是经济上占统治地位的奴隶主阶级对被统治的奴隶的专政,奴隶主阶级以本阶级利益为中心,运用其垄断的政治权力实施政治统治与政治管理以维护其统治地位,统治方法主要是以极端残酷的暴力方式压迫和剥削奴隶。奴隶主在掌握政治权力的同时,还确保本阶级享有政治权利,而奴隶阶级除了被统治外毫无政治权利可言。

在具体的政治过程中,由于生产力水平不同,生产资料占有制不同,不同奴隶制国家所形成的统治形式,即政权组织形式和运作形式也不尽相同。西方的奴隶制国家,如希腊的雅典,实行的是城邦制度下的"直接民主制",主要由奴隶主和自由民参加的"人民大会"选举和抽签产生公职人员。古罗马和斯巴达实行贵族制,国家的重要权力由贵族组成的元老院(古罗马)和长老会议(斯巴达)掌握。东方的奴隶制国家则实行君主制,国家权力由世袭君主掌握,比如秦以前的中国。中华文明在国家形成阶段的早期没有经历过像古希腊时期的城邦制度或罗马人的共和制度,而是直接实行君主制,建立起王朝。

历史地看,奴隶制国家是历史上第一种剥削阶级专政类型的国家,它在当时初步建成了国家组织,各种机构职位设置及其职能划分等也已经有了相对明确的划分,国家组织体系开始形成,这是国家成长史上的一大进步。

2. 封建制

封建制常被用来概括人类历史上以封建地主占有土地、剥削农民(或农奴)剩余劳动为经济基础的社会制度。

在此制度之下,封建地主阶级拥有最大部分的土地,而农民(或农奴)完全没有土地或只有很少的土地,他们耕种地主的土地,据不同情况对地主阶级有不同程度的依附,受其剥削压迫,地主则主要通过向农民收取地租的方式来剥削农民。封建制国家的生产关系是占有生产资料的封建主和不完全地占有生产资料的农民之间的关系。在本质上,它是封建主阶级对广大农业劳动者进行剥削和压迫的工具。封建制国家在统治形式上主要以君主制和等级制为特点,然而,本质上相同的封建制国家,也会因为其生产资料占有方式上的差别而各具特征。

476年西罗马帝国灭亡,西欧开始进入封建社会,一直到18世纪,存在了十几个世纪。一般认为,中国在春秋战国之交进入封建社会,直到中华人民共和国成立后开展了土地改革运动才最终消灭了封建制度,对中国历史上社会形态进行这一划分的依据是土地所有制,即以地主占有制的废除为封建社会结束的标志。但也有观点从中央与地方关系的角度来质疑这种传统的划分,典型的封建制由最高统治者将权力分封给各地领主,并由领主来统领地方事宜,进行地方自治,中央并没有绝对权力。因此中国历史上只有实行分封制的周朝才具有典型的封建制特征,而在多数时期中国实行中央集权制,实为专制主义。

基于领主占有制和地主占有制这两种不同的土地所有制度,中国与西欧在政治国家内部的权力结构体系上存在不同特点。西欧实行等级制,中国则实行官僚制。中国官僚制内部也按照等级划分官职,但它与西欧等级制的差别在于,官僚集团内部的官员层层对上级负责,君主具有最高权力,尤其在实行郡县制之后。而西欧领主制下的等级制,领主之下的官员单独对领主负责,而无须对最高统治者负责。

在封建制度下,自然经济占主导地位。与奴隶制相比,农民由于在一定程度上享有人身自由,有自己的生产工具,工作成果关乎切身利益,因此对生产发生兴趣,推动了生产力发展,从而促进了人类社会的发展。

3. 资本主义

资本主义常被用来概括人类历史上以资本家占有生产资料、剥削雇佣劳动为经济基础,并由资产阶级掌握国家政权的社会制度。

由于封建社会内部小生产的分化,资本主义生产关系应运而生。西欧资本主义萌芽于14—15世纪的地中海沿岸城市,16世纪开始进入资本主义时期,经过17—18世纪英法资产阶级革命和18世纪后半期的机器大工业发展,资本主义制度才正式确立。作为一种新型的经济组织形式,它的出现与运作除了使用大机器生产外,还体现了以下四个核心特征:①以商品生产和交换作为基本活动,劳动产品和劳动力均成为商品;②以生产资料私有制和雇佣劳动为资本主义经济关系的本质特征;③经济活动以市场需求和供给为根本规律运作;④追求剩余价值、利益最大化是资本主义生产的根本动力。

资本主义制度的全面确立,不仅体现在经济体系上的根本变革,还体现在资本主义生产关系之上由资产阶级专政的国家的建立。资本主义国家在本质上是资产阶级维护其剥削制度,对无产阶级和广大劳动者实行专政的工具。伴随着资本主义制度的确立与发展,资本主义国家虽本质未发生改变,但在具体的统治形式与方法上却有着阶段性的变化:①自由资本主义国家。在资本主义上升时期,资产阶级主要采取"自由主义"的统治方法,主张小政府,倡导自由竞争,采用放任的经济政策。这样的政治经济生态为资本主义的快速自由发展创造了条件,国家在该时期不受重视,发挥的作用是消极的,顶多只是资本主义发展的"守夜人"。②垄断资本主义国家。19世纪末开始,自由竞争的资本主义向垄断的资本主义过渡,进入20世纪后,资本主义国家开始具有垄断性,突出表现为垄断性财团出现并与政权直接结合。该时期,国家的力量大大增强,开始积极干预国民经济和生活。资产阶级为了维护统治,还逐渐开放了民众的政治参与权,建立起福利制度,在此发展过程中,垄断资本主义国家采取了法西斯国家和福利国家等以治理形式为标准进行划分的国家类型。

资本主义在当时创造了自人类文明以来最先进的生产力,大大推动了人类社会的发展。资本主义国家在剥削阶级国家类型中建立了最发达完备的国家组织体系,国家内部权力的分配与限度规定明确,有配套的运作机制和相应的法律体系。

4.社会主义

如果把社会主义当成一种意识形态,那么与它对立的是资本主义,在海伍德看来,社会主义的核心就是将人类视为由其共同的仁爱性连接到一起的社会动物。社会主义的发展经历了从空想到科学的发展阶段,马克思在汲取了德国古典哲学、英国的古典政治经济学和法国的空想社会主义之后,将社会主义发展到科学阶段。在马克思的社会主义思想中,人类社会会经历一个从原始社会、奴隶社会、封建社会、资本主义社会到社会主义社会,最后到共产主义社会的发展过程。马克思的社会主义思想是建立在辩证唯物主义和历史唯物主义之上的,阶级分析方法是它的重要方法。

有学者将社会主义的价值描述为平等,这是因为社会主义思想家发现了资本主义社会的不平等现象,无论是政治上的还是经济上,而社会主义要建立的是人得到解放和自由发展的社会。不过在不同的社会主义流派那里,他们在对社会主义的理解上是存在很大的差别的,例如我们最为熟悉的就是科学社会主义和民主社会主义的划分。前者以马克思主义的经典思想为代表,试图通过暴力革命和阶级斗争的方式建立一个公有制为基础的,最终消灭国家,建立一个社会产品极大丰富的共产主义社会;后者则反对暴力革命和阶级斗争,而主张通过改良主义的继承资本主义基本民主制度形式,通过议会内斗争的和平形式获取政权,代表人物有伯恩斯坦等,很多认为北欧国家就是民主社会主义的典型,在共产主义国家,这被视为修正主义。此外,还有伦理社会主义、宪政社会主义等其他一些概念。

　　历史上,在建立什么样的社会主义问题上有过很多的争议和实践,十月革命发生后,很多国家包括中国都以苏联模式为蓝本,建立本国的社会主义制度,但是实践证明每个国家的历史、文化和国情是不一样的,中国为此付出了较大的代价。党的十二大以后,中国成功开创了中国特色社会主义道路,即是一种理论,又是一种制度,还是一种道路,中国特色社会主义道路还处在建构过程中,既取得了较大的成果,同时也面临着很多挑战和问题。可以肯定的是,社会主义本身同样也是多样的,结合本国实际而建构社会主义的方向应该是正确的。

5. 民族国家

　　民族国家实际上是"民族"和"国家"两个概念的结合。"民族"是人们在历史上形成的一个有共同语言、共同地域、共同经济生活以及共同心理特质的稳定的共同体,它偏重历史文化概念;"国家"则是指一种自立于其他制度之外的、独特的、集权的社会制度,并且在已经界定和得到承认的领土内拥有强制和获取的垄断权力,它是一个政治单位和政治法律概念。简言之,民族国家就是民族和政府结构的结合体。在经验生活层面,民族国家强调一种国家成长的历史形态;在理论研究层面,民族国家是现代社会科学研究的基本层次和单位,强调它的政治组织内涵。

　　一般认为,欧洲在经过三十年战争并达成《威斯特伐利亚和约》后逐渐开始建立起现代意义上的民族国家。然而纯粹意义上的"民族国家"是少见的,它意味着国家内只有单一民族,国家的领土界限与民族居住地范围相同,文化与政治相互融合,实际上大多数国家都含有某种文化或种族的混合成分,是多民族的混合体。自国家组织建立以来,世界上很多国家都面临一个共同的挑战,即如何把不同的民族整合到一个国家内部,因此民族所具有的二重性和模糊性以及人们对民族的认知影响着它与国家的融合,进而影响到整个现代国家的组织形式。民族的公民要素和领土要素越是突出,它与国家的融合难度就越大,而多数情况下民族与国家在同一个领土范围内共存,共享一套社会文化心理,其实在某种意义上是受到民族主义的影响,即认为一套强有力的国家组织能够确保民族的独立,于是达到公民性与民族性的融合。现代政治过程中逐渐开始显现"民族国家危机",它主要来自于内外两方面:在民族国家内部,民族主义既是建立独立国家的强大动力,同时也是摧毁国家的可怕力量,现当代多民族国家或多或少都面临着潜在的或是正在发生的民族分裂问题,民族问题成为许多国家亟待解决的首要问题;在民族国家外部,超国家实体和跨国公司的出现与渗透都直接威胁着民族国家的核心要素——主权。

历史地看,民族国家建立发展的巨大成就与优势在于,它提供了一种同时实现文化团结和政治统一的前景,民族与国家融合的同时,该民族能够实现种族身份与公民身份的合一,共享独立自治的权利。

6. 法西斯主义

法西斯主义最初作为一种意识形态和思想体系,早在 1914 年 8 月就已确立。经历了思想体系创立、政治运动开展和政府机构创建,它逐渐成为 20 世纪的泛欧现象。制度层面的法西斯主义,主要强调一种集权的国家类型,即法西斯主义国家。

最初的法西斯主义运动是墨索里尼于 1921 年 3 月在意大利组织起来的,但其根源则是知识分子对开始于 19 世纪后半期的自由主义思潮的反对。法西斯运动所采用的各种思想和口号对那些受到地位歧视的人群和国家有极强的号召力,该运动具有极端爱国主义、极端民族主义和疯狂军国主义性质。从历史实践来看,意大利墨索里尼的法西斯独裁与德国希特勒的纳粹独裁常被认为是法西斯主义的两种主要表现形式,但也有学者提出他们之间的差别,即认为意大利法西斯主义本质上是一种极端国家主义,而德国纳粹则本质上是一种极端种族主义。

作为法西斯主义的实践形态,法西斯主义国家是资产阶级自由民主的反动形式。法西斯主义政权首先在意大利出现,后来发展到德国、波兰、奥地利、匈牙利、保加利亚、南斯拉夫、西班牙、芬兰和日本。以德国、意大利和日本为代表的法西斯主义国家,它们极力建构一种"超强国家—极弱社会"的国家社会关系,在统治方式上均由国家以军事或准军事的方式全面控制社会,国家机器完全钳制社会,人们生活完全被政治所笼罩。这种集权主义类型的国家,其主要特征表现在三个方面:①在"国家—社会"关系层面,该类国家将强大的力量伸向社会的各个领域,极力打破国家与社会、国家与个人的界限;②通过极端激进的意识形态宣传,在思想上控制国民;③通过严密的控制网络,比如秘密警察,对社会进行严密控制。

法西斯主义从思想到行动给人类带来了深重的灾难,在现代政治文明中,它与它的实践形态——法西斯主义国家,无疑是对自由民主思想和民主制度的重创,但也终将被历史所淘汰。

7. 民主制

民主作为一种制度形式最早可以追溯到古希腊时期的雅典城邦,从类型学上与它并列的还有君主制和贵族制。按照亚里士多德的政体分类方法,在这三种正宗政体中,君主制主要指一个人的统治,贵族制主要指少数人的统治,而民主制主要指多数人的统治。雅典民主作为一种制度安排形式,其主要表现有公民大会、五百人议事会等机构,而民主的形式主要有抽签、选举、协商等。民主制的诞生是和对民主制的批评并行的,在柏拉图那里,他极力批评雅典的民主制,认为这是导致雅典城邦走向衰败的原因,同时他主张哲学家治国,即城邦的制度安排形式应该是代表智慧的哲学家来治理而非普通公民,亚里士多德虽然不像柏拉图那样极端地反对民主制,但是他看到民主制沦为平民制的潜在威胁,因此在政体类型上他更加倾向于一种寡头制和民主制的混合政体形式。

在现代政体形式中,民主制是与专制并列的,尤其在西方国家三波民主化浪潮之后,欧美等发达国家基本采用二元对立的政体分类方法,将世界上的国家划分为民主国家抑或专制国家。既然是二分,那么显然指标是极其重要的,从欧美国家所采用的指标来看,他们一般把多党制、议会制、三权分立、私有制、联邦制等和民主制联系起来,甚至有一种倾向,即把熊彼特式的竞争性选举等同于民主制,凡是不符合这些制度安排的,都被视为是不民主的。不过这种二分法也招致越来越多的批评,在研究民主化理论的学者比如林茨、亨廷顿、菲利普·施密特那里,民主制的具体制度安排形式显然是多样的,而非简单的二分的。从程度上看,除了民主与不民主之外,还有半民主、委任制民主、非自由民主、不完全民主等中间状态;从民主的模式看,有共和主义民主、精英主义民主、自由民主、多元主义民主等;从意识形态看,有社会主义民主和资本主义民主等。总之,关于民主制的研究更加多样复杂了。这就势必带来另一些问题,非西方自由主义民主的民主制算民主吗? 民主的共识底线在哪里? 不同形式的民主能够相互包容吗? 这还存在很大争议。

8. 贵族制

贵族制在不同的历史发展阶段有不同的内涵,仅就其制度价值而论,常用以描述一种由少数贤能统治的古代政体,它是亚里士多德《政治学》中政体分类的正宗政体之一。

亚里士多德在《政治学》中提出了经典的政体分类,他以统治集团的人数(一人、少数人或多数人)和体制的道德性质为标准,将政体分为三种正宗政体和三种变态政体,前三者为君主制、贵族制和共和制,后三者则对应为僭主制、寡头制和平民制(民主制)。所谓贵族制,根据古希腊时期的最初含义,实为贤能的统治,在亚里士多德和柏拉图的著作中有关于什么样的人才是贤能之人的详尽讨论。但同时,他们也意识到贵族制也很容易变成寡头制,侵夺民众的财富和自由,背弃正义。历史上,贵族制又分为两种:存在于奴隶制国家的贵族共和制和存在于封建制国家的贵族君主制。前者以公元前 5 世纪到公元 1 世纪的罗马共和国为典型,后者则主要出现在中世纪法国、德国和俄国境内的一些大公国。

尽管贵族制一词更多作为一种古典意义的政体类型出现在政治学的视野中,而且往往带有亚里士多德所强调的贤能治国之气质。但随着历史的发展,贵族制更多为人们所抵触,尤其是民主思想的广泛传播以及民主制度的建立。

9. 君主制

君主制(Monarchy)的来源可追溯到希腊文 monos(单独)和 arche(统治)。其字面意思为单一的个人行使权力而进行的统治,在惯常的用法中是指通过继承或世袭王位的方式来安排国家元首职位的一种政权组织形式。事实上,根据君主权力虚实,可将君主制进一步分为专制君主制(absolute monarchy)、等级君主制、立宪君主制(constitutional monarchy)这三类：

专制君主制指的是以君主为实际上的最高统治者,垄断了一切政治权力,且其权力的行使不受法律的限制,该制度曾在中国秦至晚清两千多年间的政府组成形式中占据主导地位。

等级君主制又名等级代表君主制,产生于中世纪的西欧,该制度的特征为：在君主之下,有一个由土地贵族、教会僧侣以及社会其他精英阶层组成的等级代表会议,该会议作为君主的立法咨询机构,既是社会精英阶层抵御王权专政的政治同盟,又是王权拉拢团结社会力量防止封建割据的武器。

立宪君主制即君主只享有象征意义上的虚权,立法和行政大权分别掌握在议会和内阁手中,议会作为国家最高权力机构和立法机关,由其中获多数席位的政党组织内阁,而内阁对议会负责行使行政权,王权既受到议会的约束,又受到宪法或法律的严格限制,实现了"王在议会"和"王在法下",英国是最早实行立宪君主制的国家。

10. 共和制

从共和制的历史来看,波里比阿较早提出古罗马的混合政体思想,近代思想家孟德斯鸠的三权分立思想也为共和制的建立发挥了重要作用,共和制集君主制、贵族制和民主制的很多制度优势于一体,尤其是美国的总统共和制成为西方世界最为成功的民主制度模式,实现了汉密尔顿精英主义和杰斐逊平民主义的良好均衡。

从类型学上讲,君主制和共和制是两大主要的政体形式。前者最大的特点是君主的存在,无论君主是实质的还是虚位的,例如绝对主义君主制、二元君主制和立宪君主制；后者的主要特点是国家的元首或政府首脑是民选的,包括议会共和制、总统共和制和人民代表大会制等。

议会共和制的制度安排特征是,国家元首即总统由选举产生,可能是直选也可能是由议会选举产生,一般没有实权；政府首脑即总理拥有实权,掌握主要行政权,一般由议会中多数党或多数党联盟的领袖担任；议会选举产生政府,议会可以对政府发动不信任投票,如果政府未获得通过信任,那么就倒阁,同时面对倒阁时,政府首脑也可以解散议会,重新大选,有新产生的议会来决定他的去留。议会共和制的典型是德国、印度等。

总统共和制的制度安排特征是,国家元首和政府首脑是总统,他可能是由选举人团间接选举产生,例如美国,也可能是由公民直接选举产生,例如半总统制的法国、俄罗斯,总统握有行政、立法、司法、外交、军事等各方面较大的权力;议会主要掌握立法权,可以对总统发起罢免案,但一般程序较为复杂;法院掌握司法权,这三权之间是一种相互制约均衡的状态。

人民代表大会制的代表就是中国,全国人民代表大会是最高权力机关,由其选举产生政府、最高人民法院、最高人民检察院、国家主席和中央军委,但是在人民代表大会制的中国,还需要尤其注意中国共产党的地位,按照现行制度安排,党领导人大,同时又要求党要依法活动,这势必牵涉到二者错综复杂的权力结构和关系。

11. 福利国家

福利国家并非一种国家类型,宏观上是国家与社会关系的一种状态,微观上是对政府一系列特定行为的描述,可以说是一种由国家通过立法来承担维护和增进全体国民基本福利职能的政府行为模式。当然,这种政府行为在历史政治过程中会逐渐形成一定的路径依赖,因此具有相对稳定性。

福利国家的建立有一定的历史背景和思想理论基础。二战以后,西方国家面临突出的贫困、失业、社会不平等矛盾,因此有思想家提出应该由国家出面,积极承担社会责任,推行增进社会福利的政策。1942 年《贝弗里奇报告》中所提出的"社会服务国家"构想和 1944 年国际劳工组织所通过的《费城宣言》,为战后大规模出现的福利国家制度提供了合法性来源与实际建构的理论基础。此外,著名的福利国家倡导者还有英国经济学家凯恩斯、美国总统罗斯福、英国首相艾德礼等。他们一致认为,共享福利是公民的基本权利,而国家应当对社会负责,尤其应当对社会中的弱势群体有所作为。因此他们主张国家应当通过立法来保障公民福利,推行广泛且实际的政策,同时要注重行政组织建设、行政官员管理和行政执行效率以确保福利制度的推行。战后欧洲福利国家建设的典型特征是,积极建立覆盖全体国民的社会保障网络。而全方位的社会福利作为一种共识或是原则,在英国和斯堪的纳维亚半岛国家中被贯彻得最为彻底。一般而言,判断福利国家的发达程度可以以该国社会保障立法的所覆盖的范围为标准,也可以实际社会过程中政府为公民医疗、社会服务、教育、养老等所支出的多少为标准。在发达的福利国家中,政府预算的主要部分用于社会福利部门,大大扩展了公共政策领域。

福利国家制度的确立及运行有显而易见的好处,它在一定条件下有助于实现社会保障、社会和谐和政治稳定,有助于普遍提高公民的生活状况,避免了社会分裂,减缓了两级分化。然而也有学者认为过于优良的福利制度有一定的反面影响:①使人们依赖福利而变得懒惰,滋生慵懒文化,使国家丧失积极工作的激情;②福利存在经济上的破坏性,因为福利开支会增加税收并引起通货膨胀;③福利可能是低效甚或无效能的,因为提供福利的公共部门具有垄断性,它们缺乏市场竞争;④在政治上,福利制度与传统会天然地为公民所拥护,而在国家面临经济危机,政府面临财政困境之时,缩减福利往往不会得到民众的认同,反而引发国内危机。

12. 单一制

单一制所描述的是一种国内政府间关系,它是指在具有统一主权的国家内,将国土按地域划分成若干行政区域,国家权力和权威合法地集中于中央机构。在一般政治过程中,地方政府虽得到中央政府授权对地方进行具体治理,但经过中央政府授权的权力随时也受其监督,甚至可以撤销这些权力。在当代西方国家,英国、法国、意大利、日本、斯堪的纳维亚半岛各国都实行单一制。

任何一个国家在其国家构建过程中选择什么样的国内政府间关系模式,既受到长时段的历史文化传统、地理状况、民族关系等因素影响,还受到当时的历史环境和国家状况的影响。总体看来,西方单一制国家的形成过程主要受到两方面的推动:①14 世纪以来,欧洲资本主义经济的出现、成长与快速发展要求统一的国家、统一的市场及其相应机制,如何将一国之内的封建割据势力整合成统一的国家力量成为历史任务;②后发民族国家的建构过程往往是一个反对殖民、要求独立的过程,为了防止国家的再度分裂与被侵略,它们常常采用由中央掌控最高权力的单一制体制。欧洲民族国家形成的一般过程就是中央集权化的过程,而在整个 18 世纪到 19 世纪,通过权力分享路径建构民族国家的是一种例外,最为典型的就是联邦制美国。

学界对单一制所具有的特点有基本的共识:①国家具有统一的宪法和基本法律、统一的国家最高权力机关,国民有统一的国籍;②地方政府隶属于中央政府,地方政府的设置与权限均由中央政府通过法律文件予以规定或改变,地方权力没有宪法保障;③由中央政府统一行使外交权,地方政府包括自治单位对外不具有独立性。如果归结为一句话,则可借用美国学者施密特的观点,即单一制国家就是"最终的政府权威掌握在全国性或中央政府手中"。

13. 联邦制

联邦制所描述的是一种国内政府间关系,它是指由若干具有相对独立性的成员国或成员州构成的统一国家。在宪法授权与保障之下,中央政府与地方政府都有各自权限,均以宪法为最高权威。世界上有二十多个国家实行联邦制,包括美国、巴西、巴基斯坦、澳大利亚、墨西哥、瑞士等。

联邦制形成于民族国家构建的历史过程中,它同样是以建立统一的民族国家为目的,是一种从分散到集中的制度安排。联邦制的共同特征是:①联邦拥有统一的宪法、法律以及最高国家行政机关和立法机关。联邦宪法对各成员州或成员国的权限有明确规定。联邦作为一个国家实体存在,在对外关系上是一个独立的国际法主体,其国民具有统一国籍。②各成员州或国均设有各自的立法机关和行政机关,拥有各自的宪法和法律,但其原则和内容不得与联邦宪法相抵触。各成员在各自管辖的区域内行使职权,管辖本地区的财政、税收、文化、教育等方面事务。此外,在联邦宪法的规定权限内,对外享有一定的外事权。③联邦制国家的最高权力来自宪法,联邦及联邦组成单位之间的关系是依据宪法而划定其不同的权限和范围的。

联邦制实现了在维护一国统一和存在中央权威的同时,还可以容纳地区多样性。正是因为这一融合"统一"与"差异"的功能,历史上一些国家由于其内部差异较大而出现分裂,最终从单一制转变为联邦制,典型的有 1889 年的巴西、1991 年的苏丹、1993 年的比利时和 1995 年的斯里兰卡。

14. 邦联制

邦联制是指由若干各自保留独立主权的国家所组建的松散联盟体,它们联合在一起一般是为了谋取共同利益或某种特定目的。邦联制实际上就是国家联盟,尽管它是单一制、联邦制以外的一种权力结构形式,但它已不属于国内政府间关系的范畴。

邦联产生于资本主义发展早期,历史上曾出现过的邦联有:1778—1789 年的美国,1815—1848 年的瑞士同盟和 1820—1866 年的德意志同盟。邦联制的主要特点有:①在一个邦联体内,各成员国都是具有国际法主体地位的实体,都具有独立主权,是互不隶属的;②邦联并不是一个具有独立主权的实体,邦联体内一般不设有统一的最高权力机关,没有统一的军队、赋税和国籍;③尽管邦联体内没有统一的最高权力机关,但一般设有由各成员国政府首脑组成的协商机关,用以协商各国所面临的共同事务。

　　近年来,因单一目的和多种目的而组建的邦联大量增加并控制着外交,如北约组织、联合国组织、欧洲联盟。尤其是欧盟,现在被看作邦联制的典型,它目前以经济货币联盟、共同外交与安全政策和加强成员国司法、内政合作为三大支柱,从经济联合逐渐走向政治联合,正在建构一个超国家联盟。欧盟的发展引发了"主权衰落"的争论,在某种意义上,欧盟已经带有介乎邦联和联邦之间的超国家性质。

二、宪法及其原则

　　该部分主要介绍西方国家的宪法及其原则。宪法在西方国家有着至高无上的地位,它是规定公权的渊源、目的、功用及其限制条件和明确公民权利义务的成文和不成文的原则及规则的集合,是国家最高权威和政府合法性的来源。

　　宪法承载着重要的政治职能,它实际上勾画了一国国家组织的整体框架,是一幅政治权力的结构图。从其制定实施的那一刻起,它便凝聚了意识形态或政治理想。宪法的制定有其遵循的各种原则,这些原则既是制定宪法的指导,更是宪法实施的指引。宪法限制政府权力、保障公民权利的核心价值为世人认可,是世界各国在国家建设中理应遵循的准则。

　　尽管宪法在本质上是相似的,但根据不同国家历史文化以及现实状况的不同,也有不同类型的宪法。要维护宪法的权威,必须有相应的制度对宪法自身进行保障,现代西方国家普遍建立了违宪审查制度,该制度的有效实施有助于维护并施展宪法权威,不至于使宪法成为“没牙齿”的宪法。

1. 宪法与宪政

宪法是一国的最高法律,在法律效力上具有至高无上的地位,所有其他次一级的规范,如法律、法规、行政规章以及各种条例等都以此为渊源,当法律法规等次一级的规范与宪法发生冲突时,相关机构(国家权力机关、法院或专门的宪法法院)就会宣布这些规范因违宪而无效。

(1)从宪法的历史演进来看,宪法一词来源于拉丁文 constitutio,本意为组织、确立,古罗马帝国用以表示皇帝的"诏令",从而和市民会议通过的法律相区别。在欧洲漫长的中世纪用它表示日常立法中对国家制度基本原则的确认,1215 年英国封建贵族联合起来逼迫英王约翰签署《大宪章》,使得王权在宪法性的文件下受到约束,随着资本主义的发端,代议制逐渐在欧美各国普及,人们把规定代议制度的法律称为宪法,即确认立宪政体的法律。

(2)从宪法的内容来看,多数宪法由四至五个关键部分组成。序言部分,对国家性质,国旗、国徽、国歌等国家象征条款做出规定;组织结构,明晰国家的各重要组成部分(立法、行政、司法机关)的职能和相互关系;公民权利和义务,对公民的出版、集会、言论、投票等公民基本权利以及依法纳税、遵守法律等基本义务做出规定;修正条款,随着经济社会与政治环境的变化,需要对既有的宪法的部分条款做出修正,如美国自 1791 年以来至今通过了 27 个版本的宪法修正案。

(3)从宪法的功能来看,宪法是统治阶级利益和意识形态的集中体现,历史上很多独裁专制都是打着宪法的旗号来实施的,但这并不等于不存在判断宪法优劣的标准。事实上,只有达成下面两个功能的宪法才能称得上是一部好宪法。一方面是"限暴君",这里的"暴君"并非仅囿于君主,而是泛指掌握公权力的机关,宪法通过法律术语的表达,对国家立法、行政、司法等机关滥用权力,从而侵害公民的基本权利的行为予以限制和约束;另一方面则是"限暴民",在提示公民言论、出版、集会等基本权利的时候,也将其所应承担的义务以法律的形式加以规范。

宪政也称"立宪政体",与"专制政体"相对称,是以宪法为中轴,依照宪法的规定建立起的一套行之有效的政治制度,在这套政治制度下实现民主与法制的结合,构成政权的组织形式。在宪政与宪法的关系上,有宪法未必有宪政,宪法是宪政的前提,宪政是宪法的具体实现过程。宪政的根本特征在于:宪政之下,国家和政府的权力受到宪法的限制,同时公民的基本权利得到保障,这是一个动态的过程。而宪法如果仅仅是从法律文本上规定了国家和政府权力受到限制且公民权受保障,但事实上却没有达到这种效果则不被称为宪政。

2.宪法分类

根据不同的标准,不同国家的宪法可划分为不同类型:

(1)以宪法是否具有统一的法典形式来分类,可将宪法划分为成文宪法与不成文宪法。前者是指法典化的宪法,后者是指非法典化、主要由单行法律和习惯构成的宪法。成文宪法的典型是美国,不成文宪法则以英国为典型。美国宪法原文由序言和七条正文组成,规定立法权属于美国国会,并规定了国会的组成;行政权属于美国总统,以及总统产生办法;司法权属于美国联邦最高法院。而英国宪法主要由各种历史文件,如大宪章、权利法案等;宪法性的判例、惯例等;含有宪法内容的议会制定法。

(2)以宪法的效力和修改程序的繁简来分类,可将宪法分为刚性宪法与柔性宪法,效力最高,且修改程序比较严格和复杂的宪法为刚性宪法;与普通法律效力相等且后法优于前法,修改程序与普通法律相同的宪法为柔性宪法。以美国为例,如果需要修宪则需参、众两院三分之二的议员提出宪法修正案或者由三分之二的州议会请求召开制宪会议,而提出的修正案又必须通过四分之三州议会或四分之三州制宪会议的批准,耗时数年才能修改成功;而英国则是典型的柔性宪法,其宪法规范散见于各种普通立法、判例或惯例中。

(3)如国家结构为联邦制,则联邦政府与州政府则实行分权原则,则与之相应就可分出联邦宪法与州宪法,联邦宪法"源于州却又高于州"。以美国为例,其联邦宪法规定,联邦的权力是各州赋予的,各州的权力是保留的,联邦地位高于各州地位,拥有各州授予的征税、发行债务与货币、建立维持陆海军权、宣战缔约和对外关系权,等等。但与此同时,宪法又以保留权力的形式,规定一切未经列举的权力均属于各州,各州宪法有权规定保留权力内的事务。州与州之间的关系是平等合作的关系,联邦宪法是全国最高法律,任何州的宪法和法律都必须服从联邦宪法,不得与联邦宪法和法律相抵触。

3.主权在民原则

主权在民原则即人民主权原则,主权是国家中最主要、最基本同时也是最高的政治权力,是最高的政治决定权,具有永恒性、最高性、独立性与不可分割性。所谓"主权在民"，实际上是针对"主权在君"提出的，即强调应由人民掌握主权的意思。

18世纪法国思想家卢梭在《社会契约论》中提出，社会契约赋予了国家权力，而国家代表着"普遍利益"与"公共意志"，所以国家主权应属于全体公民，因此提出人民主权的概念。在卢梭看来，"公共意志"为大多数人的决定，政治共同体应体现大多数人的决定，因而主权在民原则应通过直接民主来实现。但事实上，直接民主虽然能直接反映主权在民的原则，但操作起来成本过高，后继的许多政治学家都在探索通过间接民主的制度设计来实现主权在民的原则。具体而言，在政治实践中创建民治政府，可以从三个层面加以理解：①由民众选举产生国家政权机关；②建立有效的政府对民众负责的政治反馈机制；③通过制度保障与相应的机制运作实现民众对政府的有效监督。

主权在民原则的提出奠定了公民政治参与的理论基础，在不同国家的政治实践中，衍生出各种实现主权在民原则的制度，从而进一步促进了政治民主化的发展。

4. 法治主义原则

法治主义的基本含义是指崇尚法律和秩序，反对无政府状态和冲突。狭义的法治主义主要强调一种政府的治理效果，强调国家统治、政府治理须依法行事，而非"人治"。广义的法治主义更强调一种从国家到社会各个层面的法治自觉，尤其强调在限制政府权力的同时对公民权利的保障。

法治主义最早作为一种思想产生于古希腊、古罗马。亚里士多德在《政治学》中曾提出"法治优于人治"，因为人们往往会因为情感而出现偏误，哪怕是贤能之人也无法逃脱，但法律是理智的集合，是人类社会经验教训的结晶，它能协助避免此类情况的发生。直至十七、十八世纪，法治主义开始在欧洲广泛传播，不同学者留下了不同的思想理论，也阐释了不同的法治。比如霍布斯在《利维坦》中提出"国家主权"，他认为依据法律建立的政府享有绝对的政治权力，人们不能违背信约而改变、推翻和控制它；人民必须绝对服从政府制定的法律，否则就无法维持社会秩序。在他看来，法律是国家控制社会的工具。而以洛克、孟德斯鸠、卢梭和潘恩为代表的启蒙思想家则认为法律的目的不是废除或限制自由，而是保护和扩大自由。他们认为政府的权力应该受到限制。

随着时代的发展与思想理论的争辩，法治逐渐在现代国家构建中有了共识意义,它逐渐形成了适用于现代民主政治发展的基本内涵:①"法"须为"良法",良法是法治的基础,它的产生要求立法机构的产生具有合法性、立法过程合乎法定程序、有违宪审查纠错机制;②限制政府权力;③保重公民权利;④坚持司法独立。

5. 分权制衡原则

分权制衡原则是基于西方政治思想中的"规制政府权力"思想而形成的一种理论学说或行为准则。该原则强调规制政府权力需要通过不同权力之间的平衡来达到相互制约,不能使一种权力凌驾于另一种或其他权力之上。

分权制衡思想可以追溯到古希腊时期亚里士多德的政府功能分工论,他在《政治学》中认为政府在制定法律和实施法律上是有功能区别的。后来从波利比亚的著作中可以看到,古罗马的政治制度在某种意义上有分权制衡的味道:古罗马实行执政官、元老院和公民大会三者并存的混合制政体,三种权力相互牵制。波利比亚认为在这种体制中,当一种权力可能凌驾其他权力之上时,另外两种权力便会加以抑制,从而有效地防止一种权力过于强大而导致国家失败。最著名的分权学说莫过于 17 世纪英国政治思想家洛克和 18 世纪启蒙思想家孟德斯鸠分别在他们的作品《政府论》和《论法的精神》中所提出的思想。洛克认为政府的职权应该分为立法、行政和对外三权,其中立法权至高无上,但同时也要受到自己制定的法律的约束。孟德斯鸠创立了完整的分权制衡理论,基于法治原则,他认为实现法治的途径就是使政府权力能够得以限制而不至于为所欲为。他首先提出应该将国家权力分为立法权、行政权和司法权,分别由议会、行政机关和法院掌控这三权,即"三权分立"理论。接着他提出应该以权力制约权力,行政、立法权、司法三权之间应能够相互制约。

当今世界,美国是最典型的践行分权制衡理论的西方国家,其国家权力架构、权力制衡均在 1787 年宪法中明确规定,有学者将美国的分权制衡模式称之为"部门权力制衡部门权力"。英国也实现分权制衡,但因其议会至上原则,议会对内阁和法院有较强的监督权,它一般通过议会中反对党活动来体现国家权力的制衡。法国则具有行政权优先的特点,民选总统拥有实际的行政权,而且对议会有很强的制约权。

尽管不同国家践行分权制衡的方式各有不同,但基本都以明晰的权力界限与权力间的相冲指向为基本理念并得到宪法或惯例的保障。分权无疑有助于政府职权的明晰化和效率化,制衡则是防止政府权力滥用、规范权力运行的有效手段,在宪法中对国家机构及其对应掌管的权力进行分权制衡的安排体现的是至高无上的宪法保障,是现代政治发展的宝贵经验。

6. 保障公民基本权利原则

保障公民基本权利原则是宪法的核心原则,所谓公民基本权利,是指公民生存、生活、发展所必须的基础性权利。公民权利在西方国家宪法中所处的地位以及内容的扩充也是随着历史变迁一起发生变化的,如今已经普遍形成丰富、系统的公民权利体系。作为西方国家宪法中的核心原则,学者还认为,通过保障公民权利来限制国家权力,其实就是宪法的根本价值所在。

西方国家宪法中有关公民权利的内容普遍可归纳为财产权、平等权、自由权、受益权和政治参与权五方面:①财产权是指公民有权对自己的财产、收益及所得进行支配、处置;②平等权是指公民享有在法律面前人人平等的权利,同时应履行相应义务;③自由权主要分为人身自由、迁徙自由和精神自由;④受益权指公民为了自身的合法利益要求国家作为,使其能够在经济、文化、社会服务、司法等方面获得自由,或者是能够自由地寻求到帮助;⑤政治参与权主要指参政权,即指公民有参与国家政治活动的权利,主要包括选举权和被选举权、立法创制权、罢免权、全民公决权等。

保障公民权利在确立原则的基础上还需要配套的保障制度和机制,根据西方国家的实践经验,可分为"限制性保障"和"指导性保障"。前者指在有的宪法条款所规定了公民具体权利内容的情况下,对可能出现的与之相悖的立法作出限制性规定。后者则指在同样情况下,对可能出现的相关立法做出原则性的指导。

7. 违宪审查制度

违宪审查,又称司法审查,是国家赋予司法机关审查、裁决立法和行政行为是否违宪的一种权力,即对违背宪法原则与内容的一切行为实施监督与纠察。违宪内容包括国家机关、社会团体、企业及公民发生的与宪法原则相抵触的一切法律规章、行政措施与命令、个人行为等。

一般认为,该制度肇始于18世纪末至19世纪初,美国最高法院审理"马伯里诉麦迪逊案"的过程中,在最高法院是否能使用司法法授予的权力给马伯里颁发"训令书"的问题上,首席大法官马歇尔认为:"议会通过的司法法与宪法相抵触,因而它就是非法的,所以马伯里不能直接从联邦最高法院取得训令书",该判决成功地裁决了一起涉及政党关系、各国家权力机构之间复杂政治关系的案件,从而开创了由联邦法院审查国会的立法以及行政机关行政决定是否违宪的先例。

为保障宪法实施,避免与追究上述违宪行为,各国一般通过三种组织形式实现违宪监察:①代表机关,指立法机关或代议机关,其理论基础是,议会代表人民,它能制定和解释宪法,因而也能监督宪法的实施;②司法机关,其理论依据是司法机关(法院)是适用、解释法律的机关,自然可以解释法律和宪法,审查违宪的法律、规章与命令,因而法院拥有解释宪法、审查法律是否违宪的权力;③宪法法院,专门为审查法律是否违宪而设置的法院。其理论根据是,为区别宪法制定权和普通立法权,必须设置一特别机关,即宪法法院,以决定违反宪法的法律及其他行为无效。违宪审查制度最早起源于19世纪上半叶的美国。

有些国家的司法机关,特别是最高法院或宪法法院,对违反宪法的法律、法令和各种法规具有否定或撤销的权力。如日本宪法规定:"最高法院是有权决定一切法律、命令、规则或处分是否符合宪法的终审法院。"美国联邦宪法和多数州的宪法都承认法院有权否定那些违反宪法的法律。南斯拉夫宪法则把"裁决法律是否同南斯拉夫联邦共和国宪法一致"的职权赋予特设的宪法法院。此外,也有国家设立专门机构对宪法实施进行监督,如法国1958年宪法规定,由任期9年的9个委员和历届前任总统组成宪法委员会,负责审查各项法律、法令和法规是否符合宪法。

违宪审查制度的确定在很大程度上维护了宪法的权威,确保宪法作为一国之根本大法的地位,对于宪政制度的确立至关重要。它的有效运行能确保宪法限制政府权力与保障公民权利顺利实现,是现代政治良性发展的安全阀。

三、选举制度

　　该部分主要介绍西方国家的选举制度,在内容上包括对不同类型国家选举类型、方式、计票方式以及配套制度机制的介绍。

　　选举制度是西方政治制度中必不可少的一个组成部分,是民主政治的基础性制度。尤其在熊彼特的推动下,民主政治实际上被定义为选举政治,竞争性选举成为一个国家是否是民主制度的重要判断标志。现代西方国家的选举制度源于近代资产阶级反对封建专制主义的革命,它是以"人民主权""社会契约论"等政治思想理论作为基础原则,形成了以限制政府专权、实现公众政治参与为目的的官员产生任用制度。在现代政治过程中,选举的意义在于,它成为公众参与政治的最为重要且直接的途径,通过选举,公众既能够了解本国政治发展与走向,同时能够将自己的诉求表达出来。而对于被选举人而言,只有通过选举,他/她才获得了合法性。

　　选举在承载许多重要政治价值与政治理想的同时,还是一个十分讲究操作性的问题。在已经具备宏观选举制度架构的国家,要进行选举还需要相应的配套机制以及一系列繁杂的具体工作,比如选举时间的安排、选举结果的时效设定、选区的划分、选民及候选人登记制度、选举监督制度,等等。

1. 普选制

依照宪法规定的选举权和被选举权,实行公民普遍参与国家权力机关选举的形式就是普选制。通过选举,公民既可以以直接投票的方式选出担任国家权力机关职位的公职人员,也可以由选民选出代表来代表选民选举国家机关的公职人员。

普选制作为西方资产阶级革命时期所提出的口号,具有明显的历史进步性。它所表达的含义除了选民选举范围的扩大之外,还意味着西方民主制度在实践上的落实,打破了"君权神授"的神话,肯定了人在政治权力/权利中的作用和地位,推动了资本主义的发展。

当然,这种资本主义的普选制在发展过程中也逐渐产生出贿选和欺诈现象。对此,马克思与恩格斯进行了揭露和批判,并认为社会的经济基础和发展水平决定着选举的性质、结果。他们在一系列的文章中对此进行了深刻的阐述,如《英国的贿选活动》《宪章派》《路易·波拿巴的雾月十八日》等文章。这在一定程度上澄清了人们对于民主与普选/选举认识上的误区。总体而言,这种"一人一票"的原则,作为现代政治选举的一项基本原则基本上被各国广泛接受。

2. 代议制

它是指由公民选举代表,通过组成国家代议机关来行使权力的制度,公民通过这种方式来表达自己的政治意志和理念,它是间接民主的一种形式。现代国家基本上普遍都是实行代议制。西方资本主义国家代议制是以议会选举的方式体现出来的,故又称议会制。中华人民共和国实行的是人民代表大会制为体现的代议制,人民通过选举人民代表组成国家权力机关行使国家权力。

真正意义上的代议制最早产生于13世纪的英国,它是对古代城邦实行的所谓直接民主的巨大突破,它把民主与代议结合起来,使得人们可以通过选举并委托自己的代表来行使国家权力,它是人类的伟大进步。作为代议制的主要起源地,代表新兴资产阶级的著名学者约翰·密尔集代议制思想之大成而提出代议政体,并著有《代议制政府》这一西方第一部论述代议制的专著。作为实践,美国率先建立起了排除君主制的代议民主制。

代议制的主要特点为:扩大人民的参政权利,强调政治的民主性;推崇少数政治精英的作用。主要缺陷为:人民主权范围过于狭隘,人民主权性质过于片面,议会代表人民的不完全性等。尽管如此,代议制还是在历史上发挥了巨大的进步意义。

3. 直接选举与间接选举

直接选举指的是通过选民直接投票的方式来选举权力的执掌人,从而担任国家的行政、司法、立法职位以及其他职位的选举形式。当然,采取直接选举的方式需要具备一定的条件,如经济的发展程度、公民的政治素质以及政治发展的程度等。从世界各国的选举实践来看,大多数西方国家的议会下院以及实行总统制国家的总统大都由选民直接选举产生,如英国下院选举、美国国会议员选举、德国议会选举、法国国民议会和总统选举、日本国会选举、俄罗斯总统及议会选举等。

间接选举指的是担任国家行政、立法、司法以及其他职位的人员不是由选民通过直接投票选举产生,而是通过选民选出的代表(选举人或选举人团)选举上一级国家公职人员的选举。在历史上,瑞典于1969年之前实行的是此类选举方式。当代西方国家,美国总统选举、德国总统选举、法国议会参议员选举、意大利总统选举都是通过间接选举的方式产生。

我国由于经济发展水平、人口因素、政治体制以及其他因素,并不是采取单纯的直接选举或间接选举,而是采取了直接选举与间接选举并行的方式,主要是以间接选举为主,以直接选举为辅。在县级及以下的人民代表大会直接选举代表,县级以上的人民代表大会的代表实行间接选举。

4. 秘密投票

秘密投票指的是根据宪法和相关法律规定,选民根据自身的政治意愿在填写选票的过程中不署名,即选票不向他人公开,并亲自将选票投入选票箱的选举行为。秘密投票有助于选民在不受外来压力的情况下真实地表达自己的政治意愿,也有助于选民的政治权利不受侵犯,从而实现选举的公正公平和正义。

在西方资本主义发展的初级阶段,选举大都实行的是公开的投票方式,即在公开环境和场合表达政治意愿。但是这种投票方式也很容易受到某些利益集团和统治阶级的控制,从而造成选举的不公正性,而且选民的安全也得不到真实的保障,从而有损选举的民主意义。1856年,澳大利亚率先取消这种公开投票,实行不记名的投票方式。

在秘密投票的过程中,各国的做法大同小异,通过使用密封的投票箱、选票封套或专设单独的投票间等手段,来完成投票活动。当然,这种投票也存在某种缺陷。20世纪60年代,苏联政治家在研究英国投票的过程中,发现英国选票上有与选票存根编号相符的编号,而选票存根上则标有选民的姓名。所以这种所谓的秘密投票也并不真正的"秘密"。

5.竞选

竞选是一种选举担任国家公职的人员的方式,指的是可能担任国家公职的候选人或者执政的党派为了获得选民的选票,以各种方式表达自己的政治主张,并在此过程中与其他候选人或政治党派进行政治竞争。竞选在一定程度上有助于选民表达自己的政治意愿,做出自由的政治抉择。

实行竞选方式选举国家领导人的制度,需要具备各方面的条件:①一定的经济基础,②多党制的形成是政治竞选的政治基础,③社会利益阶层的多元化等。

竞选作为一种选举活动,尽管其竞选方式有着各种各样的类型,但是这当中包括一些共同的必备要素:①竞选宣传活动——候选人表达政治主张,与选民进行政治交流;②竞选班底——为候选人当选做具体的竞选工作,出谋划策,制定竞选纲领和宣传策略;③竞选所需经费——主要来自于选民捐助、国家财政拨款、候选人个人支出或利益集团的捐赠;④竞选游戏规则——保持竞选活动公平有序地进行并受到法律保护的规则。

西方国家竞选制度的产生具有其必然性,这种竞选制度为选民提供了进行政治选择的机会。但是还必须看到政治竞选中所浮现的一些问题,如竞选费用高涨、消极竞选、候选人政治"作秀"等。

6.大选、中期选举

大选指的是通过竞选方式选举出国家权力机关的代表或国家最高领袖,这通常也意味着党派是否能够成为执政党。大选是西方国家选举活动的一种类型。在西方国家,大选可以说是国家最为重要的选举,因为它关系到一国最高领袖、执政集团或执政党花落谁家的问题,不同的选举结果很可能会造成该国整体发展方向的变化,甚至有可能影响到国际关系、国际格局的变化。大选可谓意义非凡。

当然,不同国家由于政体不同,大选所体现的内容也会有所不同。在实行议会制的国家中,大选主要是选举产生议会代表,并由在议会内占据多数席位的党派负责组织内阁并执政,比如英国大选是指每五年举行一次的议会下议院议员选举,日本大选是每四年举行一次的众议院选举;而在实行总统制的国家中,大选则指的是通过选举以产生国家领导人,比如美国大选即指四年一度的总统选举,法国、俄罗斯等国的大选也指总统选举。

美国每两年会举行一次国会议员选举,其中一次选举正值两届大选中间,因而得名"中期选举"。根据美国宪法规定,国会众议院议员的法定任期为2年,每次到期须全部重新选举;参议员议员任期为6年,每两年改选三分之一。

7. 预选

作为西方国家选举活动的一种类型,预选指的是每四年一次举行的美国总统大选中的一个特定环节。通常在州的层面上,共和党和民主党分别举行选举活动,并选举出参加全国大选的总统候选人。由于预选活动的重要意义,它又被称为美国总统的第一轮选举。

这种预选行为最早出现在19世纪中期,此前一般是由政党领袖挑选本党内的总统候选人,所以也被称为"密商会议制度"。这种方式强化了政党、政客对总统候选人和选举活动的掌控。

在美国,由于各个州的具体情况有所不同,预选制度也有所区别,大都是由各州按照宪法和相关法律自行组织。就预选的具体形式而言,有关门预选(选民表明自己的党派属性,并投票给本党内的候选人)、开门预选(选民不表明党派属性,按照自己的意愿支持候选人)、全开放性预选(选民可以支持多个政党候选人)等。

总体而言,预选制度是美国选举制度的一大特色,它避免了选举沦为政党控制的工具,使得选民可以充分表达自己的政治意愿。

8. 总统选举

所谓总统选举,指的是在实行总统制的国家,通过选民直接投票或间接投票的方式来产生国家总统的选举制度。总统选举是国家重要的大选活动,不仅决定着候选人能否成为国家领导人,也决定了候选人所属党派能否成为执政党。当前,像美国、法国、俄罗斯等主要国家实行的都是总统选举,其中美国总统是由间接选举产生的。

在设立总统制的国家中,目前总统选举制度又可划分为三种类型:①选民直接选举总统,②选民间接选举总统,③直接选举与间接选举结合选举总统。

美国是现代政治史上第一个设计总统制且实行总统选举制度的国家,并在1787年宪法中进行了阐述。美国总统选举每四年举行一次,通过大选产生的"选举人团"投票选举总统。根据美国宪法规定,总统候选人获得270张"选举人团"的选票/超过半数即可当选总统。而在法国,总统则是选民直接选举产生。但是我们还应该看到,除美国等少数国家外,很多国家的总统是虚位元首而不兼任行政首脑。1919年,德国魏玛宪法就首次设计产生了世界上第一位只具有象征性权力的总统。

9.选民资格及选民登记制度

选民是指按照国家宪法和相关法律享有选举权和被选举权的公民。在现代政治生活中,各国都设立了相关法律和制度对选民的资格作了诸多限定。除了具备该国国籍的合法公民外,还要具备其他相关条件,而这些条件就构成了选民的选举资格。主要包括:①自然资格(年龄限制、性别限制等),②社会资格(国籍资格、选举国居住年限资格、职业资格等),③政治资格(意识形态取向),④财产资格,⑤教育资格(公民的受教育程度)。

选民登记制度于19世纪末在美国建立。选民登记制度指的是在选举过程中,选民需要进行登记以便确认自己的选民身份。只有通过选民登记并得到身份核实的公民,才能够参加投票活动。不同的国家进行选民登记的方式也不同,有的国家是通过人口普查的方式进行选民资格登记,有的国家则是由选民本人向有关机构自行登记。但是选民登记制度容易产生对少数种族、移民等人群的影响,妨碍了选举活动的公平公正性原则。

总体而言,只有具备了选民资格,并进行选民登记的公民才能有权利进行投票,在完成了这些法定的程序并进行投票后,选民才真正地履行了投票的权利。

10.候选人资格及候选人提名制度

候选人指的是政治生活中投票前被正式提名以供选民投票的公民。而候选人资格则是指具备何种条件可以被选举的资格。各国宪法和相关法律都对候选人的资格有着严格的限定。在某种程度上,候选人资格也受到未来其担任职位的发展的约束。与选民资格相对应,候选人资格(包括总统候选人和议员候选人)也包括:①自然资格(年龄限制、性别限制、种族限制等),②社会资格(国籍资格、选举国居住年限资格、职业资格、宗教资格等),③政治资格(意识形态取向),④财产资格,⑤教育资格(候选人的受教育程度)。

候选人提名制度,就是具备了候选人资格后,还要按照宪法和相关法律接受提名的一套程序手续。从确定方式来看,候选人提名可以分为单独提名、联合提名、个人提名、政党提名以及社团提名等。当然,不同的国家、不同的职位,候选人的提名方式也是不同的。在总统制国家里,参加总统竞选的人,需要获得党派的正式提名。在议会制国家中,有的议员候选人只需要获得党派提名,而有的议员候选人则需要政党获胜后从内部分配名额。此外,被提名的候选人还需要缴付一定数额的保证金,以视为参与竞选活动的某种承诺。

总之,候选人资格及其提名制度的设立是为了提高候选人对自身行为的负责程度,确保候选人能慎重地对待选举。

11. 选区

选区,即组织选民进行选举的基本单位。所谓选区划分,是指国家按照宪法以及相关的法律规定,为了方便国家治理以及相关职位的选举而人为地划分片区,并作为选举单位,选民在该片区内投票选举代表。选区划分通常是议会选举中的重要步骤,选区划分的合理与否将直接影响到选举活动的顺利进行和选举活动的有效性。

影响选区划分的因素主要有:①一国内部的地理环境,②国家的人口规模,③一国的经济发展程度,④政党的利益诉求,⑤行政区域划分等。选区划分一般在遵循公平、公正原则的基础上还遵循的原则有:①"一人一票"原则,即每个选区同等数量的代表必须由同等数量的选民选举产生,且每个选民拥有平等投票权;②自然界限划分选区原则,按照国家自然地理条件或行政区域划分选区;③随人口变动适时改划选区原则,区域人口是不断变动的,因此选区也需要随之作出调整。

根据每个选区所选出的议员数目不同,可分为"大选区制"和"小选区制"。大选区制,又称多人选区制或多名选区制,它是指在划定的各个选区内选出2个或2个以上的可能担任国家公职的人员的一种选区选举的类型。该种选举方式较为适合实行多党制的国家。大选区制对于选举活动而言,其作用不仅体现在选区划分工作简便,还能使得政权不容易被少数几个政党长期控制,而且还能产生激烈竞争,有利于新生政治力量的出现,从而形成政党间的制约和平衡。

小选区制,又称单名选区制,它是指在划定的各个选区内只能选举出一名将来可能担任国家公职的政治代表的选举方式。目前,采取小选区制的典型国家主要有英国、美国、法国等。这种制度较为适合两党制的国家。小选区制对于选举活动而言,有利于政治局势的稳定,也便于政党选举的操作,同时这种方式程序简单,耗费小。

总体上,大选区和小选区的划分都是以地域为基础的选区划分方式,它与选举权的普遍性和平等原则有着非常密切的关系。当前,大多数国家都实行选区划分进行选举的方式。对于国家的选举来说,选区的划分有着重要意义,它不仅便利了选举活动的顺利进行,还保证了选举相对的公正和公平,能够便利选民进行投票。目前,我国由于人口因素和地区差异等原因,采取了直接选举和间接选举并用的方式,在划分标准上,主要有人口规模、地区差别、特殊标准(如少数民族聚居地等)等方式。

12. 多数代表制

多数代表制,又可称为多数当选制、多数选举制,它是以选区为基础,候选人只要在该选区内获得一定的多数票即可当选的制度。多数代表制又可分为绝对多数代表制和相对多数代表制。

绝对多数代表制,是指候选人在选举过程中获得选区内所有票数一半以上即可当选的制度。在这种制度下,如果选举中获得有效票数的候选人超过所应当选人数,则根据当选人的所得选票的多少来确定当选人。这种制度的好处在于其有着很强的权威性、合法性;但缺点是耗时长,程序过多,而且它有利于实力强大的政党。

相对多数代表制,又称简单多数代表制,是指候选人在选举过程中候选人获得选区内的选民投票高于/多于其他候选人票数即可当选的制度。这种制度的好处在于省时省力,简化了很多程序,但代表性不足。目前,美国、加拿大、英国、日本等主要国家实行的就是该制度。

总之,多数代表制和比例代表制一样,都是选票计算不同方法。在多数代表制下,绝对多数和相对多数代表制只是计算标准不同而已,孰优孰劣很难加以判断,多数情况下,多数国家都会采取两者结合的方式运用。

13. 比例代表制

比例代表制是指在选举过程中,尽量使得政党获得议席与选票比例相当的一种选举制度,即政党根据其所获选票多少按比例分配席位。它是目前较为普遍的一种选举制度类型,体现着政党或各派政治力量分享权力的"民主"模式。在制度安排上,比例代表制表现为:第一,各个选区可产生一名以上的代表,选区越大越好;第二,议席的比例分配体现着政党地位和作用。

比例代表制经过长期的发展,但由于各国的具体情事不同,以及在实行比例代表制的过程中因当选基数、选举门槛、选票结构和计票方法的差异,从而有着不同的表现形式。传统上,大多数学者根据政党内部候选人获得选票可否转让而将比例代表制划分为政党名单比例代表制和单记名可让渡投票制。又由于比例代表制是按选票比例分配席位,需要有一定的计票方式。但是不同的国家因政治情况不同采用不同的计票方法,主要包括托马斯·黑尔计算法、德鲁特计算法以及德杭特计算法等。

由于比例代表制的复杂性,除了计票方式以外,影响比例代表制的变量还包括选区层次、选举门槛、政党列名方式等。

14. 混合代表制

混合代表制,又称混合选举制,它是将比例代表制和多数代表制相混合的一种选举制度。混合代表制的首次使用出现在二战后初期的联邦德国,它的广泛采用,主要是在 20 世纪 90 年代。日本于 1994 年后开始实行混合代表制,俄罗斯也于 1993 年独立后在国家杜马的选举上实行混合代表制。

根据不同学者们的分类,混合代表制可分为:①联立制与并立制,②偏向多数、偏向比例与平衡的混合制,③偏向多数与偏向比例的混合选举制等。从这些分类方式来看,它们基本上都是按照多数代表制和比例代表制相结合的方式进行分类,只是侧重点不同,有的偏向比例制,有的偏向多数制。

采用混合代表制的国家在选举之后,出现了一种情况,即在议会内逐步形成两大政党相互制衡的情势,不管是议席分配还是选票数的差异都相对较小。特别是那些采取混合代表制和议会/总统选举的国家,竞争则围绕着议会席位和总统的分配展开。对于那些处于民主转型或民主实践历程较短的国家而言，选举的激烈竞争和僵局则非常不利。

总的来看，西方国家的选举程序和方式经过数百年的争论后，逐渐走向严格和公正，混合代表制的试图弥补多数代表制和比例制的缺陷，则表达着一种有益的尝试。

15. 选举监督制度

选举监督制度指的是在选举过程中，对选举的参与者及其行为等进行监督的制度，目的在于预防、惩罚选举过程中的违法行为，保障选举活动的公正性和公平性。虽然选举监督并不是整个选举中的独立一环，但却贯穿于整个选举活动的始终。选举监督制度包括了监督的主体和监督的客体/对象。

选举监督制度创立于 19 世纪后期，旨在通过立法手段规范选举过程中出现的不法行为。西方国家的选举监督制度首先是从立法规范开始，并设立了国家选举监督机构，如美国的联邦选举委员会、英法等国的选举办公室等。同时，作为选举过程中的重要内容，选举监督的特征主要有：附属性特征（不构成选举的独立环节）、长期性特征、原则性特征（公正性和公平性）等。在选举的各个环节中，选举监督的内容包括：选举经费的监督、选举程序的监督、选举行为的监督、选举参与者资格的监督以及选举结果的监督，等等。选举监督的方式主要有：社会监督、舆论/大众媒体监督、司法监督、国际监督等。但是由于各国社会政治经济和文化因素的差异，具体选举监督的本质和内容也不尽相同。

大体上，选举监督制度对于选举活动的正常顺利进行有着非常重要的意义。它是国家选举活动的重要组成部分，不仅能促使选举的公正公平，也能有助于实现选民的政治利益。

四、政党制度

　　该部分介绍西方国家的政党制度,主要包括政治制度的类型、西方国家主要政党、政党组织等。

　　一个国家的政党制度是伴随着政党的产生、发展而逐渐形成的。世界各国政党制度可以主要政党的数目划分为不同类型,比如多党制、两党制、一党制等,每一种类型在不同的国家因政治制度和国情的差别又呈现多种模式。西方国家的政党之间主要为竞争性政党关系,一般而言,不同政党代表着不同的利益诉求,有着不同的政治纲领,尤其在选举期间,竞争的政党会提出各自的治国政策,在选民面前一较高下。

　　无论是总统制国家还是议会制国家,议会政治的运转都离不开政党,尤其离不开各政党在议会中组建的组织,比如议会党团。因此,分析政党制度,除了分析政党制度与政治制度之间关系、政党与政党之间关系,还要重视政党在议会中的活动。

1. 一党制

根据不同的标准,可将政党制度分为多种类型,以最基本的"计数原则",即按照在特定的政治体制内存在并活动的政党数量来划分不同类型的政党制度,由此得出的分类结果为一党制、两党制和多党制。

一党制是指只有一个政党在国家政治生活中占统治地位,或指一个国家中执政党是唯一合法的政党,其他政党根本没有存在和活动的机会,或者即使有存在的机会,也只能起陪衬点缀之用,永远没有能力上台执政。因此,一党制属于非竞争性的政党制度。

按照萨托利在其著作《政党与政党体制》中对一党制的分类,根据一党制政体在镇压的烈度、压迫性统治的烈度上的不同,可以进一步细分为:①极权主义一党制,其特点是试图全面影响、全面渗透和政治化,它致力于破坏不仅仅是次体系而且是任何次集团的自主权;②独裁主义一党制是指既没有力量也没有野心要渗透到整个社会的这样一种统治体制,因此其特点是由"排他性"来决定的,是由通过限制"异己"的政治活动来确定的;③实用主义一党制缺少某种意识形态的合法化,和上述两种类型相比具有更少强制性潜能。此外,按照意识形态和政党属性的不同,一党制又可分为法西斯政党一党制、民族主义政党一党制、苏联等社会主义国家一党制、发展中国家一党制。

无论如何对一党制进行更多划分,其本质是既定的,即它属于非竞争性的政党制度,在一定程度上该政党制度下的国家受到一个强力政党的掌控。

2. 两党制

两党制是指在一国之中,两个基本同等规模的政党为执政政权参与政治竞争,双方各有几乎相等的机会赢得足够的选民支持以取得垄断性执政权力的体制。两党制是两大政党通过规范化、制度化的相互轮替的机制,使得整个国家政治体系得以规律性运转的政党制度。目前实行两党制的西方国家主要有美国、英国、加拿大、澳大利亚和新西兰等。

一般而言,两党制具有如下共同特点:①两大党具有近乎同等的实力,都具备单独执政的能力,其他政党与之竞争处于绝对劣势;②根据规则,两党轮流执政,享有同等的执政权利与机会;③一党一旦成为执政党,另一政党则为在野党,在一定程度上承担反对党的功能,两党之间就政策执行与效果相互攻击,但两党之间的争斗是在宪政框架与规则之下,并不会破坏政治制度和危及整体政治秩序;④两党轮替执政是通过制度化选举来实现政权交接的。

如果说一党制常常会为人诟病,被指责为独占权力、破坏民主的制度,那么两党制则常常赢得美誉。一般认为,两党制有以下优点:①两个势均力敌的政党在选举过程中让选民处在较为公平的角度去选择,不至于因某一政党处于绝对优势而先入为主地选它,这样可以使选举更为负责;②两党制鼓励政府轮替,因而可以防止任何一个政党或政党集团无限期地垄断行政权力;③两党制被看作是鼓励温和政治活动的体制,因为两大党都是为了赢得中间选民而展开竞争的。

3. 多党制

多党制是指一个国家中由多个政党竞争国家政权,多党轮流或联合执政的政党制度。多党制源于法国大革命,1870 年法兰西第三共和国建立后,多党制在法国正式确立。

世界上绝大多数国家实行多党制,根据各国具体情况的不同,多党制可以具体分为三种基本类型:①左右翼政党多党制,简言之,即为意识形态联合或是强强联合的执政模式,在某程度上也是政党间妥协的结果,比如法国;②政党联盟主导型的多党制,比如德国;③碎分化的多党体制,主要指一国内多个政党势均力敌,无一政党能在选举中长期保持绝对优势,因此往往由其中某大党牵头来联合不固定的小党联合执政,比如意大利、俄罗斯。

多党制所具有的特征是:①一个国家内存在三个以上的政党,这些政党均在议会中拥有议席,且相对活跃;②根据相关法律和制度规定,多党制国家政党可以单独或联合参加竞选并在占议会多数席位的情况下单独或联合执政;③在多党制中,政党联盟是一种常见的执政形式;④由政党联盟执政的联合政府往往缺乏稳定性,经常出现政权更替的情况;⑤选民在决定由哪个党来组成政府上没有直接决定权,如何执掌政权往往是政党之间博弈的结果。

相比于两党制,人们普遍认为多党制有以下弊端:①选民不能直接决定由谁来执掌政府,政党之间的博弈或者说艰难的讨价还价会在一定程度上不利于国家的政治生活;②多党制国家政府容易发生更替,导致政局动荡;③多党制被认为鼓励激烈的意识形态竞争,不利于趋中的妥协和竞争。

4. 工党

工党是英国的主要政党,但"工党"这个称谓是到 1906 年才被正式采用的,它的前身可以追溯到 1900 年的劳工代表委员会。1899 年召开的英国职工大会年会是劳工代表委员会的奠基性会议,在会上,有着共同需求的众多有识之士认为有必要成立一个专门会议,就协调统一工会和社会主义团体之间的相互行动做出安排,目的是向议会输送更多劳工代表,以便通过议会立法活动为广大劳工争取更多利益。经过数月的筹备工作,会议最后于 1900 年 2 月 27 日和 28 日在伦敦的鲁德盖特广场附近的纪念馆举行。会议共 129 名代表,他们来自于 62 个工会和一些社会主义团体,此次会议一直被视为"工党的奠基会议"。大会通过哈第等人提出的议案,即"在议会中建立一个独特鲜明的工人团体,它要有自己的督导员和统一的政策,它应当准备同当前从事促进劳工直接利益之措施的党派合作,并准备联合任何党派的群众反对与之相背的措施"。大会选举拉姆齐·麦克唐纳为委员会书记。

劳工代表委员会作为一个联盟组织,它包括各工会和社会民主联盟、独立工党、费边社等社会主义团体。目的是通过选举竞争向议会输送更多劳工代表,以便凭借议会立法活动为广大劳工争取更多利益。劳工代表委员会一经成立,便立即投入到实现自己历史使命的斗争之中。1906 年选举刚过,为更好地以政党形式参与选举竞争,劳工代表委员会正式改名为工党。实际上,工党在成立初期只有集体党员,即人们先加入各工会和社会主义团体,这些工会和社会主义团体再以集体名义加入工党。1918 年通过的新党章规定允许工党招收个人党员,这对工党的发展产生了重大影响,从此,工党由个人党员和集体党员组合而成。工党前后过奉行多种主义,包括成立初期的劳工主义、以韦伯夫妇为主所倡导的费边社会主义、二战后以盖茨克尔等右翼领导人发起改革的"修正主义"和布莱尔时期的"第三条道路"。但总体来看,他们都属于改良主义,拥护现有政治体制,倡导议会斗争,反对马克思主义的暴力革命。

近年来,工党更倾向于保障中产阶级的利益,提出"新工党、新英国"的口号,取消党章中有关公有制的条款,主张减少政府干预,严格控制公共开支,保持宏观经济稳定增长,建立现代福利制度。

5. 社会党

社会党,也被称为社会民主党,是指抛弃科学社会主义,而以社会民主主义或民主社会主义为宗旨,提倡以民主和平方式过渡到社会主义的马克思修正主义政党的统称。社会党反对通过暴力革命方式夺取政权,主张通过以民主选举方式进入立法机构,对资本主义采取逐步改良的姿态。这类政党如美国社会党、法国社会党、德国社会民主党、英国工党等。

社会党的雏形来源于早先的社会党国际,即成立于 1889 年的第二国际。经过两次世界大战的逐步发展,民主社会主义于二战后被正式确定为国际社会党人所主张的理论观点体系的统称。整个社会党的政治理念呈现如下三个特点:

(1)社会党发展了社会改良主义的非马克思主义化倾向。早在二战前,"修正"和"超越"马克思主义的说法已在社会党人中间颇为盛行,表现了他们背弃马克思主义基本原理和革命原则的发展倾向。战后,社会党国际重建时期提出了"意识形态中立化原则",提出社会党既不能割断历史,完全抛开马克思主义,同时又要为自己的改良主义实践寻找更加适当的理论依据,表现了非马克思主义化倾向。

(2)社会党在重申改造资本主义社会的同时,着重强调了反对共产主义的立场。作为信奉社会主义的政党,首先同现存的资本主义社会之间划出一条界限,表明自己不同于全力维持资本主义生存的保守党人和右翼政治势力。但与此同时,社会党也强调自己的理念不同于共产党人所向往的共产主义。在思想理论方面,社会党认为共产主义歪曲了社会主义的传统,使之建立了一种僵硬的学说。在政治制度上,社会党认为共产党人只是要在军事官僚和警察恐怖的基础上建立一党专政。而在经济方面,社会党认为共产党采取的是强迫劳动的手段,其最终结果是创立了一种新的阶级社会。

(3)社会党强调民主是民主社会主义的核心原则。第二国际后期的中右派已开始将民主问题置于一切问题的首要地位,他们推崇资产阶级的民主制并由此构想其改良主义道路。在社会党看来,社会主义"是民主的最高形式",两者之间是等同的关系,即社会主义只有通过民主制才能完成,而民主制也只有通过社会主义才能完全得到实现,两者又互为前提条件。

6. 自由党

自由党,通常指政党理念中带有古典自由主义的自由放任元素,主要维护资产阶级利益的保守型政党,分布于英国、美国、澳大利亚、加拿大、哥伦比亚、巴西等国家。其中,又以英国自由党最具代表性。当然,需要注意的是,历史上不同时期、不同国家的自由党的政党理念也并不是完全统一的。在此,仅以英国自由党为例进行简要介绍。

自由党是英国乃至世界上历史最为古老悠久的现代政党之一。自由党及其前身辉格党诞生于17世纪,辉煌于19世纪中期,衰落于19世纪末与20世纪初。曾与另一古老政党托利党(保守党)在一战之前构成经典两党制。起初,"自由党"是一个外来词,源于西班牙语。1808—1822年,西班牙数次发生资产阶级革命,在这次革命中行动最为坚决的一个派别被称为自由党人。1822年,为反抗"神圣同盟"对这场斗争的镇压,英国志愿兵纷纷渡过海峡到西班牙援助"自由党"。自此,"自由党"一词进入了英国社会。1831年,英国议会改革进入高潮,以格雷为首的辉格党政府,接连几次提出议会改革案,使托利党人大为恼火,从此,托利党开始以"自由党"一词贬称辉格党。

自由党是在工业革命与自由贸易的背景中产生和发展的,因此自由党自认为它是工业阶级(无论是工业中产阶级还是工人阶级)的代表。但这本身就是一种矛盾,从政党所代表的阶级、派别属性来讲,自由党本身成分变得复杂起来。1832年以来,就党的内部结构而言,由于其坚信的"自由主义",使得国内政坛上希望改革的力量都聚集到了自由党内,造成党内一直存在多种派别,其中,既有代表中产阶级下层和工人利益的激进派左翼,也有代表中产阶级上层,且同门阀贵族联系密切的激进派右翼。当然,这些派别的利益都与自由党主流并不完全一致,留下了以后分裂的隐患。随着资本主义的发展,工人阶级的队伍不断壮大,工人组织力量也开始进入英国政治舞台。可是在这一过程中间,自由党从来没有真正地将劳工力量纳入自己的基本组织,显然最终也就失去了在政治上"代表"劳工的可能性。随着工党的崛起和壮大,与其有类似价值观的自由党的衰落势成必然,它夺走了自由党的选民,使自由党成为无本之木。在工党彻底壮大后,自由党就再也没能成为英国政坛上的一支重要力量,1988年,自由党和社会民主党合并,新党取名为自由民主党,自此,英国自由党彻底从英国政坛消失。

7. 保守党

保守党是英国两党制中的主要政党之一,是奉行传统资产阶级意识形态,坚持自由资本主义制度,且具有保守倾向的政党。保守党其前身为英国最古老的政党——托利党。"保守党"一词衍生于法语,最初以形容词形式传入法国。后转化为名词,意为"保护人"或"守旧者"。该词的英文形式"保守党"最早见于1830年1月号的大型刊物《季度评论》。在英国,"保守党"一词最初用来称谓以威灵顿为首的托利党人。

到了1832年英国议会制度改革前后,保守党一词开始被广泛使用。之所以称他们为保守党,不仅仅因其反对议会改革,还因为他们继承了老托利党人的保守主义传统。这种保守主义在哲学和政治上的基本特征是:只承认渐变,不承认突变;只承认进化,不承认革命;墨守陈规,"对现状进行毫无思想原则的赤裸裸的辩护"。然而尽管保守党脱胎于托利党,但与托利党有着重要区别。从成分上看,托利党严格代表着英国封地贵族的利益,强调区别于市民阶级、资产阶级新观念的贵族传统;而由之进化而来的保守党的骨干分子则在代表地主阶级利益的同时,也审慎地开始接受工业革命所带来的社会结构变化,而且开始承认并代表资产阶级的利益。

在此之后,保守党逐渐演变为资产阶级的代言人,强调自由民主、有限政府、个人自由、与社会传统的有机结合,反对民主社会主义提倡的福利国家、经济民主及国有化等战略,意图建立自由、正义、开放和民主的社会,反对第三条道路。经济上主张实行有竞争的市场经济,支持经济全球化进程。

8. 左、中、右派政党

根据政党的意识形态立场和价值原则以及相应的政策主张,可以将西方国家政党大体上分为左、中、右派政党。

"左""右"之分起源于法国大革命时期,在法国大革命时期,国王召开三级会议,属于第一、第二等级的贵族和僧侣坐在国王右边,第三等级坐在国王的左边。在召开国民会议时,赞成革命的成员坐在讲台左边,反对革命的成员坐在右边,从此便形成了一种左派支持,右派反对的习惯。直到19世纪后半叶,欧洲工业化开始之后,这两个术语被用来表示相对于劳工利益和私人资本利益的支持或反对态度,左派支持工人阶级的利益,右派则支持企业主和资本家的利益。左派追求社会公平,强调社会平等重于经济增长,在政策制定上强调干预经济发展和重新分配社会财富;右派则追求经济增长,认为经济增长重于社会公平,追求总体经济成就和个人自由的最大化。

在现代政治中,左翼政党主要指共产党等,这类政党主张实现主要产业的国有化以消除经济剥削和阶级差别。中左政党主要指社会党和社会民主党,它们主张扩大福利国家,但并不完全支持生产资料国有化。中间政党主要有德国和意大利的自由党,这类政党在经济问题上持保守立场,主张自由市场经济,但在社会问题上持自由主义立场,主张实行政府干预。中右政党如德国基督教民主联盟等,它们在主张限制福利国家的同时又支持自由市场。右翼政党,典型的有撒切尔时期的英国保守党,它们主张实现国有企业的私有化,同时尝试消除福利国家,打破工会的权力。

9. 政党法

政党法是指由国家立法机关针对政党而制定的基本法律,是对一国所有政党作出的一般性规定,是宪法中关于政党规定的具体化。

从世界范围的政党政治发展史来看,对政党进行法律规范,是在政党制度的发展过程中逐步产生发展的。19 世纪后期,少数国家开始对政党参与选举的条件和程序做出特别规定,这可以视作早期的政党立法。二战之后,由于政党在国家社会发展中所产生的作用日益增强,政党成为国家政权运作的动力来源,对政党及其行为进行规范显得日益迫切,许多国家都将政党与一般社会组织区别开来,并赋予其特殊的法律地位。21 世纪后,包括我国在内已经有 124 个国家的宪法中出现了专门对政党在政治生活中的地位及行为进行规范的规定。此外,还有国家专门制定了政党法,据不完全统计,制定或曾经制定过专门政党法的国家遍及欧、亚、非、南美、北美四洲共计 47 个,德国在 1967 年 7 月颁布《政党法》,是实际上最早制定颁布政党法的国家。

一般而言,政党法的基本内容包括政党的地位、宗旨、作用、组织原则与活动原则,还包括政党的建立条件、组织建制、权利和义务、政党经费、政党中止或终止、违宪政党的惩处等方面。当然,各国根据本国的不同情况,其政党法也会在内容上有不同侧重。总体而言,政党法是"程序法"与"实体法"的统一,既规定政党成立、取消的程序,也规定政党权利与义务,是"预防制"与"追惩制"的统一。

10. 议会党团

议会党团是同一政党议员在议会内形成的党派组织,一般指议会中通常由同一政党议员组成,以统一本党议员在议会中的行动为目的的政党机构。除此之外,也有同一政党的议员分别组成几个不同的议会党团,或几个政纲相近的政党的议员联合组成一个政党联盟的议会党团。

一般来说,议会党团的主要职能是:参加选举议长,选举或分配各常设委员会委员;协助议长确定议会议事日程;提出立法议案;研究并决定本党重要投票立场;统一本党议员的立法思想和活动等。议会党团在党内的地位受政体的影响而有所不同。在议会制国家中,议会党团在党内的作用非常大,地位重要,党的领袖借助该组织来控制整个议会,比如英国。而在美国,全国性的政党只是一个权力分散的50个州政党的松散政治联盟,美国的议会党团同全国代表大会及党的中央委员会不会发生任何联系,完全独立行事,两党议会党团及其领袖对总统有相当大的独立性。

在美国,两党在两院还设有一些重要的组织机构,如党团会议、指导和政策委员、人事委员会等。党团会议是两院政党组织的基础和政党领袖权力的来源,它选举党领袖,党督导,通过党的规则,确立本党的立法立场。因此,理论上看,党团会议是国会中政党的最高权力机构。然而实际政治过程中,议员所在选区的选民比党组织更有影响力。尤其在美国政治生态下,利益集团活动会对选举产生重要影响。

五、议会制度

　　本部分主要介绍西方国家的议会制度,包括立法机关的组成结构、立法机关内的制度安排、工作机制、工作程序等。

1. 一院制、两院制

一院制、两院制分别表示拥有一个议院与两个议院的立法机关组成结构。二者代表了西方国家议会的主要组成类型。

从世界范围内看，采用一院制的国家居多；但在资本主义发展较早、资产阶级民主发展较充分的西方国家中，采用两院制的居多；在联邦制国家中，采用两院制的居多。一院制立法机关有以色列议会、新西兰议会和丹麦议会等，两院制立法机关有英国议会（下议院和上议院）、美国国会（众议院和参议院）、法国议会（国民议会和参议院）等。一个国家立法机关采取的组织形式是该国占主导地位的政治思想理论与历史现实共同作用的结果，例如美国实行两院制的主要原因是：①适应联邦制国家结构的需要，②制约民选议院代表的民选激情，③实现立法机关内部相互制衡，④保持中央政府稳定与政策的连续性。

两院制总体而言可以反映联邦制国家结构，并以一种划分议政力量的方式实现了立法权内部的制衡，力图结合多种美德与规范价值，某种程度上继承了古典政治哲学传统。采用一院制的国家往往也有着一些共同因素，如采用两院制不利于控制和稳固政权、有利于维护政治稳定和提高立法行政效率等。

2. 三读

三读是西方国家议会立法和审议议案所经过的三个程序。其源于中世纪的英国，当时每个法案在最终表决之前要宣读三次，故称三读，后为许多国家的议会仿效，如美国、加拿大、印度、德国、意大利等。三读程序一般为：一读是宣布法案的名称或要点，然后将法案送有关委员会审查；二读是宣布法案内容，对委员会提交议院大会的审议报告或修正案进行辩论；三读是对法案或修正案进行文字修改和正式表决。

三读程序在各国的做法不尽相同。如在英国下院，一读是宣布议案的名称，规定二读的日期，将议案分发给议员；二读是全院就法案的一般内容和原则展开辩论，提出修正意见；三读是法案经二读后分别送达有关的委员会审议，委员会只能根据议员辩论的意见进行修正而无权搁置议案，审议后交全院大会表决通过。

三读作为议会审议法案的稳定程序，表现了议会运行机制的公正与成熟。除了三读之外，也有一读、二读程序，目前只有法国、挪威、日本等少数国家采用一读程序，也只有如荷兰、希腊等少数国家采用二读程序。中国也有审议法案的三审制度,与三读有所差别。

3. 委员会制度

委员会制度指在议会内部设立各种不同类型的委员会,以完善议会职能的制度。首创于英国,后普通应用于各国立法机关中。随着委员会在议会议案的审议、修改和通过中发挥重要作用,其地位已被比作"行动中的议会"或"议会中的议会",是议会的核心部分。

各国设立的委员会种类不一,主要有以下四种类别:①常设委员会或常务委员会。一般与议会任期同步,任务主要为审议议案,对政府行政部门的活动进行监督,以及对议院本身的事务进行管理,分为专门委员会和非专门委员会两类。②临时委员会或特别委员会。这是议会为处理某一具体问题或突发事件而特别成立的委员会,作用仅限于某一专门议题或案件,任务完成后随即解散。③两院联合委员会。当议会需做出与两院有关的决定或审议与两院意见不一致的议案时,往往需要成立此委员会。④全院委员会,即由议会某一院全体议员组成的委员会。

此外,还有"委员会批准制度",它也是监督的另一种重要形式,指一个行政部门在采取行动之前必须得到主管委员会的批准。当然,这样的制度设置很容易在国会、政府部门和利益集团之间形成"利益关系"。

在近代西方国家建立议会制之初,一般只在议会内设置少数几个委员会。随着社会经济技术的发展,立法事务日益增多,而与之响应的专门知识与技能的需求也增加,同时随着政府部门职能的扩大,需要议会对其进行经常有效的监督,这些都使得议会委员会制度得到充分发展。

4. 听证制度

听证本意为诉讼上应听取他方当事人意见的制度,即法院在审查事实或法律问题时,要以公开举行的方式听取证人和当事人的意见,以保证审判的公平,最初仅用于司法权的行使,作为司法审判活动的必经程序,谓之"司法听证"。随着司法听证的广泛应用和不断发展而移植到决策方面,形成了"决策听证制度",主要表现在行政领域。

行政听证制度是行政机关在做出影响行政相对人合法权益的决定之前,由行政机关告知决定理由和听证权利,行政相对人陈述意见、提供证据以及行政机关听取意见、接纳证据并做出相应决定等程序所构成的一种法律制度。行政听证制度一般包括以下内容：告知和通知、公开听证、委托代理、对抗辩论、制作笔录。

听证制度起源于以美国为代表的西方国家，美国对听证制度做出以下分类：①正式听证与非正式听证。正式听证指行政机关在制定法规和做出行政裁决时，举行正式的听证会，使当事人得以提出证据、质证、询问证人，行政机关基于听证记录做出决定的程序，也被称为"基于证据的听证""完全的听证"；非正式听证指行政机关在制定法规或做出行政裁决时，须给予当事人口头或书面陈述意见的机会，以供行政机关参考，行政机关不需基于记录做出决定的程序，也被称为"陈述"的听证。②事前听证、事后听证、混合听证。③书面听证和口头听证。

建立系统有效的听证制度对政府决策科学化和民主化具有重要促进作用。

5. 公民复决制度

狭义上的公民复决为全民公决的一种重要形式。作为直接民主的手段，公民复决可以就政府提交给他们的公共措施进行表决，或者就国际组织提出的措施进行表决。现代公民复决制度始于 16 世纪的瑞士，当时瑞士议会的代表们在一些重大问题上通常被要求和他们的选民进行商议，这一商议程序是在一个叫"ad audiendom et referendum"的委员会中进行的。

作为全民公决的一种形式，公民复决与公民创制（initiative）直接对应，或称为公民倡议权与公民复决权的对应，二者的区别在于：复决的宪法案或法律案是由议会提出或通过的，而创制的宪法案或法律案是由公民草拟提出的；复决只是对议会已经通过的议案表示赞成或否定，创制是指公民自己提出关于宪法或法律的建议案，要求付诸全民投票表决，并在达到法定人数时，该建议案必须辅助全民公决；复决的目的在于防止议会违反民意而制定恶宪或恶抉，创制的目的在于防止议会违反民意而不指定某种法律或不修改宪法。

使用公民复决或公民创制最普遍的常常是那些曾经有其他直接民主形式经验的国家。公民复决在某种程度上分割了立法权，使选民得以同立法机关分享这一权力，是现代代议制度不能有效运转的补充。

6. 质询

质询是议会制度中用以使行政机构负其责任的手段之一，一般指议员采用口头或书面形式向政府首脑或政府部长就内阁的施政方针、行政措施及其他事项进行质疑并要求解释、说明和答辩。

质询由英国在18世纪首创。19世纪中期以后，随着议会内阁制的形成，英国议会的质询事项日益增多，逐渐形成了质询制，并为其他议会内阁制国家所采用。质询权是非总统制国家议会对政府实行监督的一种重要权力。质询可以分为两类：①询问。多为议员对个别行政官员所掌握的事项的询问，其只构成质询者和被质询者之间的回答和补充回答，不构成议会的议题。②质询，指议员对内阁施政方针、政府重要政策与措施的质询，往往构成议会的议题，产生议会辩论，并可能导致议会对政府提出不信任案，进而导致政府危机或内阁改组。在总统制国家中，议会在审议立法草案或就某一事项进行调查而举行的听证会上，可以要求政府官员到会作证并接受询问，作用与质询相似。

质询权往往代表了立法机构的成员要求政府机构成员对其所在的部门的行为或政府的政策事务做出解释，是议会监督权的重要组成部分。然而它也常常引起辩论，并最终进行信任投票。在法兰西第三和第四共和国时期，议会经常使用质询。这也是1871年至1958年期间法国政局不稳的原因之一。

7. 倒阁

倒阁也属于议会制度中用以监督政府的手段之一，被认为是内阁制国家议会监督政府最具有威胁性的权力，指在议会内阁制国家，内阁必须得到议会的支持和信任，若议会对内阁表示不信任，内阁必须总辞职或提请国家元首下令解散议会，重新举行大选，由新议会决定内阁的去留。

一般而言，西方国家中议会对政府(内阁)表示不信任可以采用五种不同的方式：①议会拒绝通过政府提出的某一重要政策的议案，②议会否决政府就某一政策向议会提出的要求信任案，③议会通过对政府的"谴责决议案"，④议会通过对内阁或内阁中某一成员的不信任案，⑤议会通过一项反对政府提案的反提案。

不同国家实行倒阁权的方式有所差别，并往往与政党制度相连。如在法国第四共和国时期，国民议会的倒阁权与多党制结合，国民议会经常使用不信任投票来监督政府，致使政府更迭频繁，内阁危机不断。在英国，由于议会制政体和两党制相结合,内阁通常由下院中的多数党议员组成,执政党通过党纪控制着议会的多数,因此除非执政党内部分裂或执政党在下院的稳定多数受到威胁,否则议会不可能通过对内阁的不信任案。倒阁是内阁制下议会的重要监督手段,但其运用必须控制在一定限度范围内。

8. 弹劾权

弹劾一般指西方国家的议会对政府高级官员犯罪或严重失职行为进行控告和制裁的一种制度。其起源于中古时期的英格兰,并在 17 世纪国王与国会的交锋过程中得到了长足的发展。自 18 世纪中叶以后,随着英国责任内阁制的逐步确立,弹劾这种形式逐渐被议会对内阁提出不信任案的形式所取代。但弹劾制度的精神却传播开来,许多西方国家以及亚洲的日、韩等国都相继建立了弹劾制度。

弹劾的对象在各国情况有所不同。一般而言,在内阁制国家,议会进行弹劾的对象限于总统和最高法官;在总统制国家,弹劾的对象包括一切高级联邦官员,如总统、政府部长、最高法院法官、州长等。此外,许多国家规定弹劾不适用于军官和议员。关于构成弹劾的罪行,各国的规定也不尽相同,例如:①英国,包括刑事犯罪也包括非刑事犯罪;②美国,包括叛逆罪、贿赂罪或其他重罪及行为不检罪;③法国,叛国罪;④德国,蓄意破坏基本法,或蓄意破坏联邦的其他法律;⑤俄罗斯,总统犯有叛国罪或其他重罪。

在西方各国的实践中,议会行使弹劾权是十分慎重的,它是立法机关驾驭政府公职人员的重要缰绳。

六、行政制度

这一部分主要介绍国家权力的组织方式以及政府形式等制度设计。

1.集体元首制

集体元首制意指国家元首的职务由两人或两人以上共同担任,由两人以上组成合议制机关,其全体成员共同担任元首职务和行使元首职权,集体合议,共同决定和处理国事的一种国家元首制度的形式,是"单一元首制"的对称。

集体元首制最早可上溯至公元前7世纪雅典共和国的九人执政官制度,罗马共和国的元首则是由百人团会议选举出的两名执政官。当代的集体领导制是苏联等社会主义国家的领导据以处理问题的权力分配原则,多数社会主义国家实行集体元首制,例如苏联的最高苏维埃主席团和铁托逝世后的南斯拉夫社会主义联邦共和国主席团。中国也实行集体元首制,由中华人民共和国主席同全国人民代表大会选举出的常务委员会结合起来行使国家元首的职权。瑞士的联邦委员会也是一种集体元首制,圣马力诺也是由两人共同担任国家元首。

在集体元首制下,构成集体元首的各成员之间,基本上地位平等,拥有同等的权力;他们中虽可能有一人作为形式上的首领,但只是对外的代表或在内部集会时充任主席,并不具有超乎其他成员之上的权责。

2.元首世袭制

凡担任国家元首职务,不经选举而按照血缘关系依法世代相传,属于元首世袭制。

世袭或世袭制度是指某专权一代继一代地保持在某个血缘家庭中的一种社会概念。世袭君主制是元首世袭制的最常见形式,世界上大多数现存及曾经存在的君主制国家采用这种政体。世袭的必然是终身任职的,所以世袭制是同终身制联系在一起的。

在世袭君主制制度中,所有君主来自同一个家族,王位在家族内部从一个成员传给另一个成员(通常是父传子,也有可能是兄传弟、叔传侄等)。世袭系统有政权稳定、延续性好和可预测的优点,这来源于家族成员之间的忠诚和亲和力。为了维持这种体系,世袭君主制常常需要以法律形式制定明确的继承顺序,以决定一位君主去世之后,谁有最优先的继承权。现代的世袭君主制国家所采用的继承顺序通常基于长子继承权,但也存在着其他的继承体系,如最年长男性亲属继承、在世君主指定继承和交替继承,这些体系在以前的君主制政体中应用得更为普遍。

3. 元首选举制

元首选举制,指通过选举而非世袭或指定的方式产生下一任国家元首的制度。进行选举的方式,候选人资格、选举者的资格,则依每个国家不同的情况而定,大致可分为君主制国家元首选举与共和制国家元首选举两类。

选举君主制在欧洲历史上的典型案例是神圣罗马帝国。梵蒂冈的教宗选举则是另一个例子,后者延续至今。现代国家已很少实行选举君主制,除了教宗外,现时马来西亚最高元首也是在统治者会议中选出的。虽然他们现已按照1957年至1994年形成最高元首轮任次序,顺序推选最高元首,并不是有竞争的选举。同时,马来西亚森美兰的最高统治者是由四位酋长从四位王子中选出。

共和制国家的国家元首都是由选举产生的,并有一定的任期。依据各国宪法规定的不同,国家元首的组成人员、实际职权、产生方式和名称各有不同,其选举产生方式大致可分为直接选举和间接选举两类。法国、俄罗斯等国的总统作为国家元首,由全民直选产生;美国总统则由选举人团间接选举产生。

4. 内阁(影子内阁)

内阁,中央政府的代称,18世纪初始于英国,由枢密院的外交委员会演变而来,"内阁"(cabinet)一词的含义是"密室"或"密议室"。英王威廉三世在位时,选拔少数议员,在他的领导下秘密商讨和决定国家大事,日久形成组织,被称为内阁。一般认为,正规的内阁制始于英国1721年成立的以罗伯特·沃波尔为首的内阁,但直到1900年英国议会的布告中才第一次出现"内阁"一词,1937年通过的《国王大臣法》,内阁这一名称才正式有了法律依据。

内阁一般由获得议会多数席位的政党(一个政党或几个联合政党)组成。议会中的多数党就是执政党。执政党领袖由国家元首任命为内阁首相或总理。首相是内阁的中心人物,有任免内阁成员和所有高级政府官员的权力,制定并执行国家内外政策。通常在法律上规定内阁对议会负责,受议会监督,但实际上由于议会的多数席位是执政党的议员,故议会常被内阁操纵,但当议会通过对内阁不信任案时内阁必须全体辞职。同时内阁也可以进行反限制,提请国家元首(女王、总统)下令解散议会,进行改选,以待新议会决定内阁的去留。内阁在英国、日本、德国等国是国家最高行政机关,对议会负责,称为责任内阁;在美国、巴西等国,内阁只是总统的辅助机关,其决定对总统不具有约束力,称为总统内阁;在约旦、沙特等国,其内阁为国王的辅政机构,称为辅政内阁。朝鲜民主主义人民共和国1972年以前的中央政府也称为内阁,1972年后改称政务院。

影子内阁亦称"在野内阁"或"预备内阁"。议会中的在野党在其议会党团内部按照内阁的组织形式,组成一个准备上台执政的班子。这一组织形式1907年始于英国,当时英国保守党领袖奥斯汀·张伯伦首先使用了"影子内阁"一词,后被广泛采用。影子内阁通常由在野党的领袖指定有影响力的该党议员组成,也有采取由在野党全体议员选举的方式产生。它的任务是负责领导在野党在议会下院内的一切活动,在议会进行政策辩论时,影子内阁的各部大臣(部长)就各自有关问题质询内阁对应的部长。一旦该在野党变为执政党,影子内阁就转为正式内阁。

5. 内阁制政府

内阁制政府是政府组织形式的一种。政府由议会产生,向议会负责,以议会信任与否作为存在前提的一种政治体制,又称议会内阁制、议会制、责任内阁制。

内阁制政府的特点是:国家元首只作为国家的代表和象征,不具备实际权力,不负实际责任;政府首脑不作为一个专门职位由选民选举产生,而是由国家元首任命,原则上是在议会中占多数席位的政党领袖为当然的政府首脑;政府向议会负责,如果议会对政府表示不信任时(包括否决或不通过政府提出的重要议案如预算案、通过对政府的不信任案),政府即应全体辞职。与此相应,政府也可以提请国家元首解散议会,重新举行大选,以诉诸选民。这种政府体制最早产生于英国,是目前世界上最为普遍的政府体制。

一般认为,这种体制的优点在于:这是一种负责任的政府,议会通过质询、不信任投票等办法,严格监督政府行为;这种体制要求政府与议会通力合作,一旦发生摩擦,不是政府辞职便是解散议会。而一般来说,占多数席位的政党控制着议会和政府,以保证二者的通力合作。

这种体制的不足,一般认为在强党制、两党制国家,实际上议会听命于政府;而在多党林立的国家,政府地位极为不稳,更迭频繁,影响政局稳定。

6. 总统制政府

总统制政府是政府组织形式的一种。它是由国家元首同时兼任政府首脑,掌握行政权的体制。其主要特点是:总统和国会议员分别进行选举,由大选中获胜的总统候选人组织政府;总统是国家元首,同时又是政府首脑,一切行政大权均集中于总统之手,政府成员作为他的僚属,向总统负责;政府与议会分立,政府成员不得同时兼任议员;政府和议会分别向选民和宪法负责,政府不向议会承担责任,议会不能对政府提出不信任,只要不触犯法律,议会不能要求政府成员辞职;与此对应,政府也无权解散议会。这种政府体制最早产生于美国,以美国最为典型,此后在拉丁美洲国家影响较大。

一般认为,这种体制的优点在于:由总统一人掌握行政全权,决策迅速,效率较高;政府不向议会负责,地位稳固。其不足之处在于,易于形成总统个人专断;总统以国家元首兼任政府首脑,地位不超脱。

7. 混合制政府

混合制政府又称半总统制政府、双首长制,以法国为代表的总统制特殊形式。总统作为国家元首,掌握行政控制权,但又不兼任政府首脑,另设以总理为首的政府在总统指挥下负责行政管理的体制,即为半总统制。它兼有总统制和内阁制的特点,介乎二者之间。

混合制政府的特点是:作为国家元首的总统由普选产生,不向议会负责,但有权解散议会、任免总理;总统不是政府首脑,政府由总理和行政各部首长组成,组织政府的权力归属于总统;政府在总统命令下工作,同时政府向议会承担责任。

这种体制下,总统处于超然地位,大权在握,但又不向议会负责,而且负责协调议会和政府间的关系;政府向总统和议会负责,实际上是代总统承担政治责任,必要时,总统通过更迭政府的办法来消除不满情绪。由于总统处于政治权力的中心地位,政府的更迭不影响政局的稳定。

一般认为,混合制政府的不足之处在于总统掌握行政权却不负政治责任;总统和作为政府首脑的总理的职权不易划清,议会中的多数党领袖出任总理,依靠议会的支持,会架空总统的行政权,而大多数情况下则是总统权力过大,指挥各部,总理既无权指挥行政,却又要向议会承担责任,地位尴尬。

8. 文官制度

文官制度又称为人事行政制度或公务员制度。在中国,文官制度是指国家对国家行政机关工作人员(不包括工勤人员)实施管理的各种行为规范和工作准则的总和。

现代国家文官制度始建于19世纪50年代的英国文官制度,但其历史渊源则可追溯至中国古代官员管理制度。现代文官制度是建立在公开考试择优录用、公平竞争功绩晋升、分类定位职务常任,以及政治中立等原则的基础上。

在各国的具体实践中,文官(公务员)包括的范围不尽相同。在联邦制国家和有些实行地方自治的国家,国家公务员仅指联邦行政机关或国家行政机关的工作人员,而不包括地方自治行政机关的工作人员。一些将地方自治行政机关工作人员纳入这一范围的,也另立地方公务员系统以示区别。

公务员由于其产生方式和权力来源不同而分为政务类和事务类两种。凡经权力机关选举、任命的公务员属政务类公务员,有固定任期,不能终身任职,在多党制条件下,与执政党共进退;由行政机关任命的为业务类公务员。行政机关任命的公务员主要通过考试录用,但也有少数职位的公务员基于政治上或技术上的理由,采用聘用、雇用的办法。

文官制度包括两大部分:人事分类和人事管理。人事分类制度通常有两种类型:职位分类与品位分类。职位分类系统将各种职位按工作性质、工作种类、难易程度、责任大小,以及职位所需工作人员的资格条件,加以分类整理,确定职位等级,制定职级规范,作为管理的依据。职位分类是以"事"为中心,美国、日本采用这种分类制度。品位分类又称等级分类,是以"人"为中心的人员分类制度,侧重于人员的职务、身份、地位、资历、待遇诸因素,确定人员的等级,以此作为管理依据。中国古代采用这种分类制度。在当代,由于职位分类较为繁复,工作量大,不易推行,不少国家常以两种分类之一为主而兼采另一种分类办法。

公务员管理包括以下内容:录用、培训、考核、奖惩、晋升、回避、任用、工资福利、退职退休等。通常各国都以法律形式对公务员管理加以规范。在具体做法上有两种情况:仅有各种单项的管理法规(如英国);存在公务员总法规,又有各种补充法规、条例和实施细则(如日本、德国、法国等)。总法规由国家权力机关(或议会)制定,补充性的法规、条例则由相应的人事行政管理机关制定。

各国人事行政管理机关的设置分为三种体制:部外制、部内制、折衷制。部外制系在行政组织系统外,设置独立的人事机构管理人事行政,美国的文官委员会、日本的人事院属这类体制。部内制系在行政系统内设置人事机构,主管人事行政。法国的行政和公职总局(隶属于总理府总秘书处)、瑞士的人事局

（隶属于财政部），属这类体制。折衷制则参酌部内制、部外制的利弊，以这种办法建立人事机构。英国采用折衷制，设文官委员会行使考试录用权，不合格者不能混入公务员队伍；任职后的各项管理则归财政部编制及机关组织署负责。

七、司法制度

这一部分主要介绍法制与司法体系的原则与制度设计。

1. 司法独立原则

司法独立是指司法权由司法机关依法独立行使,不受立法机关、行政机关及政党的干涉。司法独立的核心是法官独立,它来源于立法、行政、司法三权分立的学说。

17世纪,英国确立的君主立宪制,在国家管理方面就进行了立法、行政、司法的权力划分。法国启蒙思想家孟德斯鸠在此基础上建立了三权分立理论。他在《论法的精神》一书中阐明了三权分立与司法独立的优越性,认为立法权和行政权若集中在同一人或同一机关手中,自由便将不复存在;如果司法权不与立法权和行政权分立,则一切都完了;主张司法权的行使要独立于立法权和行政权之外,并且与两者平行,其目的是使这三种权力互相制约,防止独裁专横,反对行政干预司法。孟德斯鸠的三权分立学说,为以后的国家建立司法独立的原则奠定了理论基础。1787年美国联邦宪法和1791年法国宪法都是按照孟德斯鸠创建的三权分立理论以及司法独立原则,确立国家机构的。此后,越来越多的国家采取了司法独立原则。

许多国家都采取法律形式将司法独立原则固定化。司法独立原则的内容主要表现在三个方面:①法院行使审判权独立。这首先意味着审判权只能由法院行使,其他任何机关不得行使;其次,它还表明法官行使审判权是独立的,只服从宪法和法律,不受来自立法机关、行政机关以及上级法院等任何方面的干涉。如日本宪法规定:一切司法权属于法院,行政机关不得行使此种权力;所有法官依良心独立行使职权,只受宪法和法律的约束。②司法机关的组织机构独立。即行使司法权的法院,与立法、行政机构分开,单独组成体系,从组织机构上保证其独立行使审判权。如美国,行政机构由总统及直属各部组成,立法机构为国会,司法机关由联邦各级各类法院组成。③法律对法官的身份地位特设保障条款,建立法官的任免、高薪、退休等制度,来实现法官行使审判权的独立。如美国宪法规定,法官如忠于职守,可终身任职,对联邦法官实行高薪制。

2. 司法公正原则

司法公正,是指司法机关严格按照法律规定的程序,准确地将法律适用于对诉讼案件的审理的裁判之中,使审理的过程和结果体现法律的公平、正义精神。

司法公正,或曰公正司法,是司法权运作过程中各种因素达到的理想状态,是现代社会政治民主、进步的重要标志,也是现代国家经济发展和社会稳定的重要保证。司法公正的基本内涵是要在司法活动的过程和结果中体现公平、平等、正当、正义的精神,其主体是以法官为主的司法人员。司法公正的对象包括各类案件的当事人及其他诉讼参与人。司法公正包括实体公正和程序公正,前者是司法公正的根本目标,后者是司法公正的重要保障。整体公正与个体公正的关系反映了司法公正的价值定位和取向。

3. 陪审制度

陪审制度是从公民中产生陪审员,参与法院审判案件的制度。西方国家的陪审制度,于公元6至8世纪就已产生,11世纪末、12世纪初盛行于英国。14世纪中叶,陪审团分为验尸陪审团、大陪审团和小陪审团。验尸陪审团的主要任务是调查有关死亡可疑情况,于确定致死原因后提出控诉状;大陪审团的主要任务是在刑事案件庭审前,确定被告是否有犯罪嫌疑,是否要向法院起诉;小陪审团的主要任务是参与民事和刑事案件的审理。资产阶级革命后,西方各国普遍推行陪审制度,并以法律形式予以确认。

现代各国的陪审制度日趋衰落,不仅普遍取消了大陪审团制度(美国除外),而且尽量缩减小陪审团参加审理案件的范围。英美法系国家和地区至今仍使用陪审制度。

中华人民共和国自1951年起开始实行人民陪审员制度,1983年《中华人民共和国法院组织法》规定,人民法院审判第一审案件,实行合议制的,由审判员组成合议庭,或者由审判员和人民陪审员组成合议庭进行。

陪审员,是从法院工作人员以外的公民中产生出来参加法院审判活动的人员。其资格、职权和产生办法,各国法律都有不同的规定,一般要受到财产和教育程度的限制。在中国,则被称为人民陪审员,由公民依法选举产生,有选举权和被选举权的年满23周岁的公民,可以被选举为人民陪审员。人民陪审员在人民法院执行职务期间,是其所参加的审判庭的组成人员,同审判员有同等的权利,有权审阅案卷,调查研究案情,讯问当事人、证人、鉴定人,审查各种证据,参加对案件的评议,提出处理意见,并在判决书、裁定书上签名。

陪审制度被认为反映公民的常识或价值观,能够对公权力或体制进行一定限制,是参与性民主的主要表现,能起到教育公民和提高审判效率的功能。但由于陪审员带有的偏见、对于法律适用能力的质疑、审判的戏剧化、陪审审理产生的经济成本,以及陪审团对法律的无视等诸多问题而遭到了普遍批评,因此其适应范围和权限都被大大限制了。

4. 审级制度

审级制度是指法律规定的审判机关在组织体系上设置的等级,当事人可以上诉几次或者检察机关可以抗诉几次,一个案件经过多少级法院审判后,判决、裁定即发生法律效力的一种诉讼法律制度。

审级制度的基本内容包括:①法院的设置问题(主要是上下级法院的纵向设置);②当事人的上诉权与检察机关的抗诉权(除特别必要外,以下统称当事人上诉或当事人的上诉权)问题,以及与此紧密相关的案件可经历的审级次数问题;③上诉审法院的审理范围与审理方式问题。其中,第二项内容是审级制度的核心内容,因为任何一级的上诉审程序的启动都依赖于当事人上诉权的合法行使,案件经过几级法院审理,判决或裁定才能确定,也取决于法律允许当事人上诉的次数。

法院审级可分为单一审级制与多重审级制。单一审级制实行一审终审,不允许上诉,它可以及时终结审判程序,但不利于保证审判质量,因此现代各国都不采用单一审级制而普遍实行多重审级制,在法院级别上一般设置为上下三级或四级法院,当事人不服下级法院作出的尚未确定的判决、裁定,可以提起上诉。

目前,我国法院共有四级设置,实行"两审终审制"。两审终审制是指一个案件最多经过两级人民法院的审判即告终结的一种审级制度。这一制度为1954年9月通过的人民法院组织法明确规定,虽然人民法院组织法和刑事诉讼法被先后修改,但这一制度一直未被触动。根据刑事诉讼法的规定,被告人等依法享有上诉权的人不服地方各级人民法院的第一审判决、裁定可以向上一级人民法院提出上诉,人民检察院也有权提出抗诉。案件经第二审法院审理后,即告终结,当事人不得再就第二审判决、裁定上诉,人民检察院也不得再按上诉程序抗诉。

占主流的传统观点认为两审终审制是最适合于我国刑事诉讼需要的审级制度,但由于在司法实践中暴露出公正与效率的问题,也有呼吁我国采取三审终审制的主张。

5. 法官制度

法官,是法院审判人员的通称。法官职务,古已有之。在西方,罗马法中称审理诉讼案件的人员为裁判官,现代法院的审判人员一般称法官。在中国,秦时称廷尉,汉景帝时改称大理,但不久又复称廷尉,北齐时又改称大理。自清末至国民政府时期法官习称推事。中华人民共和国成立后,人民法院的审判人员有时也被称为法官。

法官制度是审判制度的重要组成部分,是指关于法官的选任资格、选任方式、任职期限、奖励惩处、物质待遇等方面的规章制度的总称。我国于 1995 年 2 月 28 日颁布的法官法共 17 章 42 条对此作了较全面规定。

法官一般在任期届满前非经弹劾不得被免职、撤职或令其提前退休,以保证司法独立。多数国家实行法官终身制,有些国家法官有一定任期,但一般都比较长,如日本法官任期十年。法官的产生形式多种多样,多数国家的最高法院法官由国家元首任命,也有的国家由议会选举产生。各国还普遍规定法官不得兼任议员及其他营利的职务,也不得有政党身份或从事政治活动,以保证审判独立与司法独立。

法官是依法行使国家审判权的审判人员,包括各级法院的院长、副院长、审判委员会委员、庭长、副庭长、审判员和助理审判员。法官的职责是参加合议庭和独任审判案件。中国最高人民法院院长是由全国人民代表大会选举产生,审判员由全国人大常委会任免;地方各级人民法院院长是由地方各级人民代表大会选举产生,审判员由地方各级人大常委会任免。

根据法官法规定,法官履行职责受以下保护:①职业保障。履行法官职责应当具有相应职权和工作条件;依法审判案件不受行政机关、社会团体和个人的干涉;非因法定事由、法定程序,不被免职、降职、辞退或处分。②工资保障。法官按规定获得劳动报酬,享受保险、福利待遇。③人身保障。法官的人身、财产和住所安全受法律保护。④其他保障。法官有辞职、提出申诉或控告、参加培训等权利。

6. 律师制度

律师,亦称"辩护士",是指接受当事人委托或法院指定,依法协助当事人进行诉讼及处理有关法律事务的专业人员。律师制度是国家规定的有关律师、律师组织和律师活动的法律制度。它是国家司法制度的重要组成部分。

　　律师制度的最初形态,出现于古罗马共和国初期。当时,社会上出现了一些帮助他人打官司的人,被称为"保护人",为"被保护人"在法庭上进行代理和辩护,成为一种"自由职业"。除奴隶以外的人,都可以申请"保护人"给予法律上的帮助。公元前3世纪,平民也可以大教侣的身份替他人解答法律问题,出庭辩护,成为民间诉讼代理人或辩护士。罗马帝国时期,这种形式逐渐形成制度,"辩护士"被称为律师。国家还对律师的资格、收费限额等作了明确规定。这在世界历史上就产生了最古老、最原始的律师制度,是律师制度的雏形。应当指出,古罗马后期形成的这种律师制度的最初形态,只是奴隶制社会特殊的个别的历史现象,在封建社会没有得到发展。因此,在奴隶社会和封建社会没有形成近代意义上的律师制度。资产阶级革命胜利后,根据启蒙思想家所提出的"人权""民主""自由""平等"等主张以法律的形式确立了"被告有权获得辩护""自由辩护"等原则,近代意义上的律师制度也得以相应地建立。因此,律师制度是民主政治的产物,也是司法制度的一个发展。

　　中国的律师制度从民国时开始建立,中华人民共和国初期建立了社会主义律师制度并且初具规模,在维护公民合法权益,保障法律的正确实施方面起了很大作用。后由于历史的原因一度被废除。1979年,司法部发出了《关于律师工作的通知》,明确宣布恢复律师制度。1980年10月,全国各地相继恢复成立了律师协会,建立了法律顾问处,至此,律师制度才算恢复。

　　我国现行的律师制度,对律师的性质、资格、职务、权利、义务、活动原则和机构设置等都作了明确的规定。只有大专以上毕业文凭的人,并且参加全国统一考试合格,经省级司法部门考核批准后,才能取得律师资格,但只有专职人员和法学教师才能领取执照执行律师职务。律师职务分为一级、二级、三级、四级及律师助理。律师的工作机构为法律顾问处和律师事务所。中华全国律师协会为群众性的社会团体,受司法部的指导。

参考书目:

1.[英]戴维·米勒、韦农·波格丹诺:《布莱克维尔政治学百科全书》,邓正来主编,中国政法大学出版社,2002年。

2.唐晓、王为、王春英:《当代西方国家政治制度》,世界知识出版社,2005年。

3.杨光斌主编:《政治学导论》(第三版),中国人民大学出版社,2007年。

4. 景跃进、张小劲主编:《政治学原理》,中国人民大学出版社,2006 年。

5. 王浦劬:《政治学基础》,北京大学出版社,2006 年。

6. 王邦佐、浦兴祖等主编:《政治学词典》,上海辞书出版社,2009 年。

第三章　中国政治思想

本章主要释义中国政治思想史中著名的思想人物、思想观点、思想著作和其他有关中国思想发展的一些名词和概念。

一、人物类

　　这一部分主要分析解释在中国政治思想史上提出过重要观点,对中国政治思想发展做出重大贡献的三十余位思想家。

1. 周公

周公姓姬,名旦,亦称叔旦。西周时期杰出的政治家、思想家、军事家、教育家,被尊为"元圣",儒学先驱。他是周文王姬昌的第四子,周武王姬发的同母弟。因采邑在周,称为周公。周武王死后,其子成王年幼,由周公旦摄政当国。周公旦当国共七年,至第六年时,制定了一整套政治经济制度,在第七年时还政于成王。

周公旦作为杰出的思想家、政治家,根据周初的政治形势,他系统地阐发了以"明德慎罚、敬天保民"为主要内容的政治思想,要求统治者要遵从天命,从民情中知天命,体察民情,做到敬天保民。这为后世的民本思想、重民思想开启了先河。为了进一步巩固周朝政权,周公旦还"制礼作乐",制定和推行了一套维护君臣宗法和上下等级的典章制度。主要有"畿服"制、"爵谥"制、"法"制、"嫡长子继承"制和"乐"制等,其中最重要的是嫡长子继承制和贵贱等级制。在殷商时,君位的继承多半是兄终弟及,传位不定。周公旦确立的嫡长子继承制,即以血缘为纽带,规定周天子的王位由长子继承。同时把其他庶子分封为诸侯卿大夫,他们与天子的关系是地方与中央、小宗与大宗的关系。周公旦还制定了一系列严格的君臣、父子、兄弟、亲疏、尊卑、贵贱的礼仪制度,以调整中央和地方、王侯与臣民的关系,以加强中央政权的统治,这就是所谓的礼乐制度,这也是后来孔子一直推崇和向往的制度。其言论见于《尚书》诸篇,被后世尊为儒学奠基人,他是孔子最崇敬的古代圣人。

周公旦在巩固和发展周王朝的统治上起了关键性的作用,其"明德慎罚""敬天保民"等思想开启了中国民本思想的先河,其礼乐制度不仅有效地巩固了周王朝的统治,而且成为儒家思想的重要来源,其思想对儒家以及后来的历史发展都产生了深远影响。

2. 孔子

孔子(前551—前479年),春秋末期思想家、政治家和教育家,儒学学派的创始人。因父母曾为生子而祷于尼丘山,故名丘,字仲尼。鲁国陬邑(今山东曲阜东南)人。孔子父亲早死,家道中落,降为士。孔子一生仕途不顺,大约在20岁时,担任管理仓库、管理牛羊的小官吏。50岁后,孔子做了鲁国的中都宰、小司空和司寇。这一时期是孔子最得意的时期,但因与执政的大夫无法共事,孔子不久便辞去官职。之后,孔子以教书为业,广招门徒,同时也开始周游列国,以求实现自身抱负,但始终未能如愿。

孔子是一个伟大的教育家,他开创了私人办学之风,冲破了上周以来学在官府的格局。他广收门徒,据说他有"贤人七十,弟子三千"。在教学过程中,孔子还编写修定了《诗》《书》《礼》《乐》《易》《春秋》,这六部经典著作被后人称为六经。孔子的思想主要反映在他与其弟子及时人的谈话记录《论语》一书中。

孔子是一个伟大的思想家,在礼崩乐坏的春秋时期,他以其敏锐的观察力,对社会动乱的原因进行了分析,并提出了"仁""礼"学说,主张实行"德治",力图解决社会问题。作为儒家学派的创始人,孔子的思想、学说给我们留下了珍贵的思想财富。

孔子还是一位富有社会批判精神的思想家,他十分清醒地认识到,春秋时期社会动乱的责任主要归咎于列国的统治者。他不只一次地指责那些掌握权力的列国之君是一群能力与道德品质低下的小人:"斗筲之人,何足算也。"他想通过改良,改变无道的社会现实。孔子经世致用的思想方式,对于其后的思想家也产生了巨大影响。

3. 孟子

孟子(前 372—前 289 年),名轲,字子舆(待考,一说字子车或子居。按:车,古文;舆,今字。车又音居,是故,子舆、子车、子居,皆孟子之字也)。战国时期邹国人(今山东邹城人),鲁国庆父后裔。他是我国古代著名思想家、教育家,战国时期儒家代表人物。孟子著有《孟子》一书,他继承并发扬了孔子的思想,成为仅次于孔子的一代儒家代表,有"亚圣"之称,与孔子合称为"孔孟"。

孟子曾仿效孔子,带领门徒游说各国。但是不被当时各国所接受,退隐与弟子一起著述,有《孟子》七篇传世。孟子的思想博大精深,包含了众多内容,在哲学上,孟子提出了"性善论"。他认为人的本性是善良的,侧隐之心、不忍之心、善恶之心、辞让之心、是非之心等品德是人性为善的基础,是与生俱来的,但后来人们受外在物质、名利等诱惑,渐渐丧失了这些品德,所以要不断地加强道德修养,不让美好心灵被玷污,以永葆"赤子之心"。在政治上,他极力主张推行"仁政"。孟子将孔子的"仁"扩展为仁政,并将其作为一种政治理想提出,引申到社会政治制度层面。他提出了民贵君轻的民本思想。在经济上,他重视发展生产,给人民以实际利益,并提出了可持续发展的思想。他认为发展生产应"不违农时,谷不可胜食也;数罟不入洿池,鱼鳖不可胜食也;斧斤以时入山林,材木不可胜用也"。在教育上,孟子特别重视个人的道德修养和意志的磨炼。他认为,一个人若想担当重任,必须"苦其心志,劳其筋骨,饿其体肤,空乏其身,行拂乱其所为,所以动心忍性,曾(增)益其所不能",还要"善养浩然正气",勇于"舍生而取义",这样才能成为"富贵不能淫,贫贱不能移,威武不能屈"的"大丈夫"。

孟子是我国古代著名的思想家,他极大地发展了孔子的思想。他一生为自己社会政治理想的实现到处奔波并广收弟子、培育人才;在与诸侯王公交往中不卑不亢,表现出高度的原则性和气节。他的民本思想至今仍闪耀着民主政治理念的光华。他对个人道德修养的重视与强调在今天看来依然有着重要的人文价值。当然,对孟子不能全盘肯定,对他学术思想中那些唯心主义先验论的观点,我们应当抛弃。

4. 荀子

荀子(约前313—前238年),名况,时人尊而号为"卿",西汉时因避汉宣帝刘询讳("荀"与"孙"二字古音相通),故又称孙卿,汉族,战国末期赵国人。他是我国著名的思想家、政治家和文学家,儒家代表人物之一。荀子一生游历了齐、燕、秦、楚等国,曾三次出任齐国稷下学宫的祭酒,后为楚兰陵(今山东兰陵)令。楚国春申君死后荀卿丢掉官职,开始著书教学,韩非、李斯都是他的入室弟子,亦因为他的两名弟子为法家代表人物,使历代有部分学者怀疑荀子是否属于儒家学者,荀子也因其弟子而在中国历史上受到许多学者猛烈抨击。今存《荀子》32篇,其中大部分是其本人所作,另有数篇是其学生记录的荀子言行录。

荀子在先秦儒家中自成一派,其思想学说不仅仅拘泥于儒家,对于当时各家各派的思想,特别是法家思想和道家思想,荀子都加以批判和吸收。荀子的主张主要集中在《荀子》中,荀子思想涉及哲学、逻辑、政治、道德许多方面。在自然观方面,他反对信仰天命鬼神,肯定自然规律是不以人的意志为转移的,他曾说"天道有常,不为尧存,不为桀亡"。他认为人必须要顺应自然,尊重自然规律。人性问题上,他提出"性恶论",主张人性有"性"和"伪"两部分,性(本性)是恶的动物本能,伪(人为)是善的礼乐教化,否认天赋的道德观念,因此,他强调后天环境和教育对人的影响。在政治思想上,他坚持儒家的礼治原则,同时重视人的物质需求,主张发展经济和礼治法治相结合。在认识论上,他承认人的思维能反映现实,但有轻视感官作用的倾向。

尽管荀子在历史上受到了许多抨击,但是其深刻而独到的思想为我们留下了宝贵的精神财富,他的人性恶论、自然观、重视教育等思想对当前我们的建设与发展仍具有启迪意义。

5. 老子

老子(约前571—前471年),字聃,谥号伯阳,又称李耳(古时"老"和"李"同音;"聃"和"耳"同义),楚国苦县历乡曲仁里(今河南省鹿邑县太清宫镇)人。他曾做过周朝"守藏室之官"(管理藏书的官员),是我国古代伟大的哲学家和思想家,是道家学派创始人,被唐朝帝王追认为李姓始祖。老子乃世界文化名人,世界百位历史名人之一,存世有《道德经》(又称《老子》),其作品的精华是朴素的辩证法,主张无为而治,其学说对中国哲学发展具有深刻影响。在道教中老子被尊为道教始祖。

老子的思想主张是"无为",老子以"道"解释宇宙万物的演变,"道"为客观自然规律,同时又具有"独立不改,周行而不殆"的永恒意义。《老子》书中包括大量朴素辩证法观点,如认为一切事物均具有正反两面,并能由对立而转化,是为"反者道之动","正复为奇,善复为妖","祸兮福之所倚,福兮祸之所伏"。又认为世间事物均为"有"与"无"之统一,"有、无相生",而"无"为基础,"天下万物生于有,有生于无"。他关于民众的格言有:"天之道,损有余而补不足,人之道则不然,损不足以奉有余"、"民之饥,以其上食税之多"、"民之轻死,以其上求生之厚"、"民不畏死,奈何以死惧之?"

老子的哲学思想和由他创立的道家学派,不但对中国古代思想文化的发展做出了重要贡献,而且对中国两千多年来思想文化的发展产生了深远的影响。

6. 庄子

庄子(前369—前286年),名周,字子休,战国时期宋国蒙(今安徽蒙城)人,是道家学说的主要创始人之一,我国著名哲学家、思想家、文学家、辩论家。庄子祖上系楚国贵族,后因楚国动乱,迁至宋国,并在宋国与老乡惠子结识。庄子生平只做过地方漆园吏,几乎一生退隐。因崇尚自由而不应同宗楚威王之聘。庄子是老子思想的继承者和发展者,后世将他与老子并称为"老庄"。他们的哲学思想体系,被思想学术界尊为"老庄哲学"。庄子主张"天人合一"和"清静无为"。代表作《庄子》(《庄子》是庄子和其弟子所著)被尊崇者演绎出多种版本,名篇有《逍遥游》《齐物论》等。

庄子的思想较为复杂:在政治上,他激烈而深刻地抨击统治阶级,赞同老子的"无为而治",主张摒弃一切社会制度和文化知识;在思想意识上,他片面夸大一切事物的相对性,否定客观事物的差别,否定客观真理,属于主观唯心主义思想;在生活态度上,他顺应自然,追求绝对的自由。

庄子一生隐默无闻,却著述甚丰,作为道家思想的集大成者,他在中国哲学史、文学史以及艺术领域都有极大的影响。同时我们也应看到,庄子的人生哲学的重要特点是消极遁世,甚至有些颓废,这也具有很大的消极影响。

7. 韩非

韩非子(约前281—前233年),战国末期韩国人(今河南省新郑)。韩非为韩国公子(即国君之子),与李斯同为荀子的学生,是我国古代著名的哲学家、思想家、政论家和散文家,法家思想的集大成者,后世称"韩子"或"韩非子"。韩非是中国古代著名的法家思想的代表人物。

韩非子所处的时代正值战国末期,秦国势力日益强大,其他六国日益削弱,秦统一中国已成不可阻挡之势。目睹韩国的衰落,韩非子曾经上书韩王安,谏其修明法制,"执势以驭其臣下,富国强兵而以求人任贤",但未被采纳。于是韩非作《说难》《孤愤》《五蠹》等十余万字。韩非子这些作品传到秦国,秦王嬴政读后,十分欣赏,迫切想得到韩非子。于是,秦国发兵攻打韩国,韩国被迫把韩非子交给了秦国。但是韩非到秦国以后,并没有得到秦王的信任。后来因李斯、姚贾陷害,韩非子在狱中自杀而亡。

韩非子作为战国法家的集大诚者,他继承了法家前期思想成果,创立了法、术、势兼用的君子专制理论,也明显地接受了荀子和老庄的影响。直到韩非子时法家才建立起完整的理论体系。今存《韩非子》55篇,完整地保存了韩非子的政治思想。韩非子政治思想的理论基础是历史进化论和人性好利论。在国家的权力结构上,韩非子主张实行绝对的君主专制制度,君主操法术势三柄,以之驾驭臣下和统治人民。

韩非子极大地发展了法家思想,他的思想主张符合了君主专制制度发展的需要,对秦朝产生了深远的影响。同时我们也应看到,韩非子的思想从本质上是为君主服务,如果按照其主张实行必然产生暴政,这是人民的灾难。

8. 李斯

李斯(约前284—前208年),李氏,名斯,字通右(先秦男子称氏,女子称姓),战国末期楚国上蔡(今河南上蔡)人,秦朝丞相,协助秦始皇统一天下。他是秦代著名的政治家、文学家和书法家,也是法家的代表人物之一,其成功地将法家思想全面地付诸实践,对秦朝以及我国古代社会的发展产生了深远影响。

李斯早年为郡小吏,后从荀子学帝王之术,学成入秦。初被吕不韦任以为郎,后劝说秦王嬴政灭诸侯、成帝业,被任为长史。秦王采纳其计谋,遣谋士持金玉游说关东六国,离间各国君臣,又任其为客卿。秦王政十年(前237年),由于郑国间谍入秦,秦王下令驱逐六国客卿。李斯上《谏逐客书》阻止,被秦王所采纳,不久官为廷尉。在秦王政灭六国的事业中起了较大作用。秦统一天下后,与王绾、冯劫议定尊秦王政为皇帝,并制定有关的礼仪制度。他建议拆除郡县城墙,销毁民间的兵器;反对分封制,坚持郡县制;又主张焚烧民间收藏的《诗》《书》等百家语,禁止私学,以加强中央集权的统治。他还参与制定了法律,统一了车轨、文字、度量衡制度。秦始皇死后,他与赵高合谋,伪造遗诏,迫令始皇长子扶苏自杀,立少子胡亥为二世皇帝。后为赵高所忌,于秦二世二年(前208年)被腰斩于咸阳闹市,并夷三族。

李斯因其政治主张的实施对中国和世界产生了深远的影响,奠定了中国两千多年政治制度的基本格局而闻名于世。

9. 贾谊

贾谊(前200—前168年),世称贾太傅、贾长沙、贾生,洛阳(今河南洛阳东)人。西汉初期著名的政论家、文学家,年少即以诗文闻于世人。后见用于汉文帝,力主改革,被贬,改任梁怀王太傅。梁怀王堕马而死,自伤无状,忧愤而死。

其时西汉立国已经二十余年,国力渐强,但同时也出现了诸侯坐大、土地兼并等新的社会政治问题。贾谊清醒地认识到当时的政治形势以及黄老道家"无为而治"政治思想的局限,为此进行了深入的思考。他力主采用儒家的"礼治教化"政治思想,名礼仪、定制度,完善政治意识形态,加强中央集权,以弥补黄老"清静无为"政治思想之缺失。贾谊作为青年新进,不能见容于朝廷守旧势力,也有违于汉文帝、汉景帝推崇的黄老思想,故而受到排斥,被冷落贬斥,英年早逝,年仅33岁。贾谊著述今存《过秦论》《治安策》《新书》等。

他对强秦二世而亡教训的总结和重民思想,在中国传统政治思想上具有重要影响,其中有关重民思想的认识则是中国古代社会重民思潮认识的顶峰。

10. 董仲舒

董仲舒(前179—前104年),汉代杰出的思想家、哲学家、政治家、教育家,汉广川郡(今河北景县广川镇大董古庄)人。汉武帝元光元年(前134年)任江都易王刘非国相10年;元朔四年(前125年),任胶西王刘端国相,4年后辞职回家。此后,他居家著书,朝廷每有大议,令使者及廷尉就其家而问之,仍受武帝尊重。

董仲舒以《公羊春秋》为依据,将周代以来的宗教天道观和阴阳五行学说结合起来,吸收法家、道家、阴阳家思想,建立了一个新的思想体系,成为汉代的官方统治哲学,对当时社会所提出的一系列哲学、政治、社会、历史问题,给予了较为系统的回答。他在著名的《举贤良对策》中系统地提出了"天人感应""大一统"学说和"罢黜百家,表彰六经"的主张。董仲舒认为:"道之大原出于天",自然、人事都受制于天命,因此反映天命的政治秩序和政治思想都应该是统一的。

董仲舒的儒家思想大大维护了汉武帝的集权统治,为当时社会政治和经济的稳定做出了一时的贡献。从长远来看,他提出的"天人感应,君权神授"几乎影响了整个封建社会,历朝历代都贯彻这一思想,直到辛亥革命结束帝制。"罢黜百家,独尊儒术"对中国文化的影响尤其深远,以儒家思想为代表的文化思想,一直是中国的主流文化,直到新文化运动。"大一统"思想则到现在还影响着整个中华民族,而且还将一代代长期影响下去,成为中华民族团结巩固的纽带。

11. 韩愈

韩愈(768—824年),字退之,河内河阳(今河南孟州)人。唐朝文学家、思想家、政治家,唐宋散文八大家之一,唐代古文运动的倡导者。苏轼称他为"文起八代之衰",明朝的人列他为"唐宋八大家"之首。自谓郡望昌黎,世称韩昌黎。晚年任吏部侍郎,又称韩吏部。谥号文,又称韩文公。他是中唐古文革新运动的主将,他与柳宗元同为"古文运动"倡导者,故与其并称为"韩柳"。著有《昌黎先生集》《外集》(十卷)等。

他的文章最受后人推崇,常和杜甫的诗相提并论;他的诗想象奇特,气势宏伟,追求散文化的语言风格,而且韩愈有"文章巨公"和"百代文宗"之名,提出了"文以载道"和"文道结合"的主张,反对六朝以来的骈偶之风,推崇先秦两汉的散文,文学上主张"辞必己出","惟陈言之务去"。

韩愈在政治上主张天下统一,反对藩镇割据。唐宪宗时,曾随同裴度平定淮西藩镇之乱。韩愈仕途不顺,从35岁起到长庆四年(824年)56岁病逝,仕经唐中期德宗、顺宗、宪宗、穆宗4个皇帝。在为官的22年中,屡遭抑退,颇为坎坷。其政治倾向基本上是保守的,他对当时的"永贞革新"等政治改革持否定态度。此外,唐代中期以来,佛教盛行,韩愈力主维系儒学正统,是反佛的代表人物。

12. 柳宗元

柳宗元(773—819年),字子厚,唐代河东郡(今山西永济县)人。著名杰出诗人、哲学家、儒学家,亦是成就卓著的政治家,唐宋八大家之一。其著名作品有《永州八记》等六百多篇文章,经后人辑为30卷,名为《柳河东集》。因为他是河东人,人称柳河东,又因终于柳州刺史任上,又称柳柳州。柳宗元与韩愈同为中唐古文运动的领导人物,并称"韩柳"。在中国文化史上,其诗、文成就均极为杰出,可谓一时难分轩轾。

柳宗元出身于官宦之家,21岁中进士,初授校书郎,后任蓝田县尉、监察御史。唐顺宗时期,王叔文、王伾发起"永贞革新",柳宗元积极参加。这一革新运动旨在削夺宦官兵权、裁制藩镇、打击贪官、革除弊政,因遭到宦官、藩镇政治利益集团的激烈反抗,最终失败。柳宗元等8人全部被贬为"边州司马",柳宗元被贬至永州(今湖南零陵)。故永贞革新又被称为"二王八司马"革新。10年永州司马期间,柳宗元写了大量揭露社会弊端、抨击时政的文章。元和十四年(819年)十月,死于柳州刺史所任,年仅46岁。其著作由刘禹锡编为《柳河东集》。柳宗元的《天说》《天对》和《封建论》等都是中国政治思想史上的著名篇章。

13. 李觏

李觏(1009—1059年)字泰伯,北宋建昌军南城(今江西抚州资溪县高阜镇)人。北宋儒家学者,我国著名的思想家、哲学家、教育家、诗人。他一生以教学为主,40岁那年由范仲淹荐为太学助教,后为直讲,所以后人称他为"李直讲"。李觏家在盱江边,他创办了盱江书院,故又称"李盱江",学者称其为盱江先生。

李觏在政治上积极支持以范仲淹为代表进行的"庆历新政",他的政治思想大都是在这种政治影响下形成的。其特点是注重功利,具有改革时弊的政治倾向。具体来说,在政治思想方面,他提出了功利主义的理论,反对道学家不许谈"利""欲"的说教,认为"人非利不生","治国之实,必本于财用",提出了一些发展经济的办法,对王安石变法有直接影响;在哲学上持"气"一元论观点,认为事物的矛盾是普遍存在的;在认识论上,承认主观来自客观。他还具有进步的社会历史观。李觏在功利理论基础上认识到物质财富多寡不均的症结所在是土地占有的不合理,为了解决土地问题,他专门写了一篇《平土书》,提出"均田""平土"的主张,煞费苦心地为统治者提供解决土地问题的历史借鉴。为了拯救北宋积弱的局面,缓和社会矛盾,他提出富国、强兵、安民的主张,写了《富国策》《强兵策》《安民策》等10篇文章,阐述自己的见解。

李觏哲学上的观点和政治上的革新思想,在当时是独树一帜的,为稍后于他的王安石实行变法进行了哲学理论上的准备。同时,他的一些主张对后世乃至当今都具有深刻的借鉴意义。

14. 张载

张载(1020—1077年),又称张子。字子厚,祖籍大梁(今河南开封),后迁凤翔郿县(今宝鸡眉县)横渠镇,人称横渠先生。北宋哲学家,理学创始人之一,程颢、程颐的表叔,理学支脉——关学创始人,封先贤。与周敦颐、邵雍、程颢、程颐合称"北宋五子"。其著有《崇文集》十卷(已佚),《正蒙》《横渠易说》《经学理窟》《张子语录》等,后世编为《张载集》。

张载作为理学的代表人物,他对理学的发展做出了巨大贡献。他认为宇宙的本原是气,气有聚散而无生天,气聚则有形而见形成万物,气散则无形可见化为太虚。他认为宇宙是一个无始无终的过程,在这个过程中充满浮与沉、升与降、动与静等矛盾的对立运动。他还把事物的矛盾变化概括为"两与一"的关系,认为两与一互相联系、互相依存,"有两则有一","若一则有两"。在认识论方面,他提出"见闻之知"与"德性之知"的区别,见闻之知是由感觉经验得来的,德性之知是由修养获得的精神境界,进入这种境界的人就能"大其心则能体天下之物"。在社会伦理方面,他提出"天地之性"与"气质之性"的区别,主张通过道德修养和认识能力的扩充去"尽性"。他主张温和的社会变革,实行井田制,实现均平,"富者不失其富"贫者"不失其贫"。在教育思想上,他强调"学以变化气质"。

张载还提倡"民胞物与"思想,认为天地是万物和人的父母,天、地、人三者混合,处于宇宙之中,因为三者都是"气"聚而成的物,天地之性,就是人之性,因此人类是我的同胞,万物是我的朋友,万物与人的本性是一致的。他严格地区分了天、道、性、心等概念,准确地表达了理学的基本宗旨和精神。

15. 二程

中国北宋思想家、教育家程颢(1032—1085 年)、程颐(1033—1107 年)的并称。两人为嫡亲兄弟,均出生于黄州黄陂县(今属武汉市黄陂区)。程颢字伯淳,又称明道先生,官至监察御史里行。程颐字正叔,又称伊川先生,曾任国子监教授和崇政殿说书等职。两人都曾就学于周敦颐,他们创立心学思想,并同为宋明理学的奠基者,世称二程。二程的心理学思想主要见于《遗书》《文集》和《经说》等,均收入《二程集》中。

二程的心理学思想较为丰富,在他们的思想体系中的地位也至关重要,因此后世称为"身心之学"或"心性之学"。他们的最高哲学范畴是"理",理作为绝对本体而衍生出宇宙万物;他们的最高心理范畴是"心",心作为"理"的等同物而产生人的形体:"有是心,斯具是形以生。"

二程的理学思想对后世有较大影响,我们要客观评价其影响。在学风上,两程提出了"穷经以致用"的主张,突破了汉学不敢独立思考的墨守成规的治学方法,不失为一大进步。但是在理学后来被定为属于支配地位的意识形态以后,就长期束缚了人们的思想,妨碍了知识分子的思想开放,阻碍了自然科学的发展,故其消极面仍然是不可忽视的。

16. 朱熹

朱熹(1130—1200 年)中国南宋思想家、哲学家、教育家、诗人、闽学派的代表人物,世称朱子,是孔子、孟子以来最杰出的弘扬儒学的大师,徽州婺源(今属江西)人。一字仲晦,号晦庵,晚称晦翁,又称紫阳先生、考亭先生、沧州病叟、云谷老人、逆翁、谥文,又称朱文公。他承北宋周敦颐与二程学说,创立宋代研究哲理的学风,称为理学。其著作甚多,主要有《四书章句集注》《周易本义》《诗集传》《楚辞集注》,及后人所编纂的《晦庵先生朱文公文集》和《朱子语类》等。

朱熹的思想博大精深,不仅对哲学有深刻的研究,而且对于教育学、经学、史学、文学、佛学、道教以及自然科学,都有所涉及或有著述。在理气论上,他继承周敦颐、二程,兼采释、道各家思想,形成了一个以"理"为核心的庞大的哲学体系。他阐释了"理""气"之间关系,认为天下万物都是理和质料相统一的产物,理生气并寓于气中,理为主、为先,是第一性的;气为客、为后,属第二性。在人性论上,朱熹发挥了张载和程颐的天地之性与气质之性的观点,认为"天地之性"或"天命之性"专指理言,是至善的、完美无缺的;"气质之性"则以理与气杂而言,有善有不善,两者统一在人身上,缺一则"做人不得"。朱熹以此为基础提出了"道心"与"人心"学说,探讨了天理人欲问题。他认为人心有私欲,所以危殆;道心是天理,所以精微。因此朱熹提出了"遏人欲而存天理"的主张。在认识论上,他提出了"格物致知",认为知先行后,行重知轻。从知识来源上说,知在先;从社会效果上看,行为重。而且知行互发,"知之愈明,则行之愈笃;行之愈笃,则知之益明"。除此之外,朱熹还提出了其著名的"小学""大学""朱子读书法"等教育思想。

朱熹极大地发展了程朱理学,逐渐使其成为封建官方哲学,为巩固封建统治秩序提供了强大的精神支柱。朱熹的学说不仅成为中国的国学,而且从 14 世纪开始,相继流传于朝鲜、日本等国家,产生了深远影响。同时我们也应看到,朱熹的学说强化了"三纲五常",遏制人欲,在一定程度上严重束缚了人们的思想,其消极作用不容忽视。

17. 王守仁

王守仁(1472—1529 年),幼名云,字伯安,号阳明,封新建伯,谥文成,人称王阳明。浙江承宣布政使司绍兴府余姚县(今浙江省余姚市)人。明代最著名的思想家、教育家、文学家、书法家、哲学家和军事家,官至南京兵部尚书、南京都察院左都御史,因平定宸濠之乱等军功而被封为新建伯,隆庆年间追封侯爵。王守仁是陆王心学之集大成者,非但精通儒、释、道三教,而且能够统军征战,是中国历史上罕见的全能大儒。王守仁留有三本传世之作《传习录》《阳明全书》《大学问》。

王守仁是我国宋明时期心学集大成者与心教者。他发展了陆九渊的学说,用以对抗程朱学派。他说:"无善无恶心之体,有善有恶意之动,知善知恶是良知,为善去恶是格物。"并以此作为讲学的宗旨。他断言:"夫万事万物之理不外于吾心",否认心外有理、有事,有物。认为为学"惟学得其心",要求用反求内心的修养方法,以达到所谓"万物一体"的境界。他的"知行合一"和"知行并进"说,旨在反对宋儒如程颐等"知先后行"以及各种割裂知行关系的说法。他论儿童教育,反对"鞭挞绳缚,若待拘囚",主张"必使其趋向鼓舞,中心喜悦",以达到"自然日长日化"。

王守仁学说以"反传统"的姿态出现,他以心学作为政治思想的理论基础,在当时具有积极意义,他的很多思想,比如"人人皆可以成为尧舜"、人人心中具有天理良知、以心的是非为是非,等等,对于反对专制权威、追求个性解放、发挥主观能动精神都具有重要的启蒙作用。其学术思想在中国、日本、朝鲜半岛以及东南亚国家乃至全球都有重要而深远的影响,因此,王阳明和孔子、孟子、朱熹并称为孔、孟、朱、王。同时,我们也应看到,其"心学"主张是一种主观唯心主义,因而也有不可克服的局限性。

18. 李贽

李贽(1527—1602 年),明代官员、思想家、禅师、文学家,泰州学派的一代宗师。初姓林,名载贽,后改姓李,名贽,字宏甫,号卓吾,别号温陵居士、百泉居士等。福建省泉州晋江县人,回族。嘉靖三十一年(1552 年)中举,后历任共城(今河南辉县)教谕、南京国子监博士等职。在 40 岁时经友人介绍接触王阳明学派,对王阳明的见解很是钦佩,开始潜心研究王阳明学说。隆庆四年(1570年)后,历任南京刑部主事、员外郎、郎中等职,与王学"泰州学派"的王畿、罗汝芳、耿定理、焦竑、王襞等人交游,深受泰州学派的影响。万历五年(1577 年)出任云南姚安府知府,认识到社会的虚伪和丑恶,不愿同流合污,于 3 年后弃官,隐居大理的鸡足山,读《藏经》不出。后至黄安(今湖北红安)耿定理家寄居,不久又徙居麻城龙潭湖芝佛院,以读书、著述为事近二十年。后受官方迫害,被捕入狱,于 1602 年自刎于狱中。著作有《焚书》《续焚书》《藏书》《续藏书》《李温陵集》等。

李贽以孔孟传统儒学的"异端"而自居,对封建的男尊女卑、假道学、社会腐败、贪官污吏,大加痛斥批判,主张"革故鼎新",反对思想禁锢。在文学方面,李贽提出"童心说",主张创作要"绝假还真",抒发己见。在哲学思想方面,李贽主张宇宙的万物是由天地(最终是阴阳二气)所生,否定程朱理学理能生气、一能生二的客观唯心主义论断。在民本思想上,李贽大胆提出"天之立君,本以为民"的主张,表现出对专制皇权的不满,成为明末清初启蒙思想家民本思想的先导。他在社会价值导向方面,批判重农抑商,扬商贾功绩,倡导功利价值。在教育方面,提倡自由,反对尊孔读经;反对"师道尊严",主张互教共学;反对男尊女卑,主张教育平等。

李贽的思想主张极大地批判和讽刺了君主专制制度,这对冲破传统观点,解放人们思想起到了巨大的促进作用,其思想反映了明末清初资本主义萌芽的社会现实,对后世思想也产生了重大影响。

19. 黄宗羲

黄宗羲(1610—1695 年)明末清初思想家、文学家。字太冲,号梨洲,又号南雷。余姚人。父黄尊素,东林党中重要人物,因揭露魏忠贤罪恶,被阉党诬陷,冤死狱中。黄宗羲深受家庭影响,重气节,轻生死,严操守,辨是非,磨砺风节,疾恶如仇;反对宦官和权贵,成为东林子弟的著名领袖。清兵南下,黄宗羲组织同志,起兵抗击,不利,走入四明山,结寨自固,又依鲁王于海上。抗清斗争失败后,从事著述。他坚决反对明末空洞浮泛的学风,倡言治史,开浙东研史之风,为清代史家之开山祖。史学之外,对经学、天文、历算、数学、音律诸学都有很深造诣。清廷多次企图罗致他,威逼利诱,终不为所动,坚不赴征,表现了坚定的民族气节。他为保存史料而编选的《明文海》,600 卷,未及刊行。

黄宗羲多才博学,于经史百家及天文、算术、乐律以及释、道无不研究。尤其在史学上成就很大。而在哲学和政治思想方面,更是一位从"民本"的立场来抨击君主专制制度者,真堪称是中国思想启蒙第一人。他的政治理想主要集中在《明夷待访录》一书中。在书中他突出地批判专制制度,带有鲜明的民主思想色彩。书中明确指出:"为天下之大害者,君而已矣。"他揭露皇帝以天下为私产,"屠毒天下之肝脑,离散天下之子女",以博其"一人之产业";"敲剥天下之骨髓,离散天下之子女",以奉其"一人之淫乐",并"视为当然"。

黄宗羲生活在一个明末清初社会政治剧烈变动的时代,他亲身遭受了官僚大地主阶级腐朽势力的政治迫害,对封建专制怀有强烈的不满,产生了具有进步意义的反专制思想。他是明末清初最具启蒙意义的思想家。

20. 顾炎武

顾炎武（1613—1682 年），原名绛，字忠清。明亡后改名炎武，字宁人，亦自署蒋山佣。学者尊为亭林先生。江苏昆山人。明末清初著名的思想家、史学家、语言学家。他为国家做出了巨大贡献。他曾参加抗清斗争，后来致力于学术研究。晚年侧重经学的考证，考订古音，分古韵为 10 部。著有《日知录》《音学五书》《天下郡国利病书》，其中《日知录》以"明学术、正人心、拨乱世，以兴太平之事"为宗旨，是一部重要的政治著作。

顾炎武学术的最大特色，是一反宋明理学的唯心主义的玄学，而强调客观的调查研究，提出经世致用思想，指出"君子为学，以明道也，以救世也。徒以诗文而已，所谓雕虫篆刻，亦何益哉？"顾炎武强调做学问必须先立人格："礼义廉耻，是谓四维"，提倡"国家兴亡，匹夫有责"。在政治思想上，顾炎武强烈批判君主个人独裁和专断，认为专制君主集权于一身，无法胜任治天下的重任。认为独裁君主专制是民众困苦、国家贫穷的根源，并主张"寓封建于郡县之中"，分割中央、君主的权力，实现分权众治。

顾炎武一反唯心主义玄学，以"经世之治"反对君主专制，不仅极大解放了人们的思想，而且鞭挞了君主专制制度。其提倡"国家兴亡，匹夫有责"对培养中华民族性格，激励中华儿女不懈奋斗产生了深远的影响。

21. 王夫之

王夫之（1619—1692 年），字而农，号姜斋，衡州府城南王衙坪（今衡阳市雁峰区）人。世界上著名的思想家、哲学家、史学家、文学家、美学家之一，为湖湘文化的精神源头，与黑格尔并称东西方哲学双子星座、中国朴素唯物主义思想的集大成者、启蒙主义思想的先导者，与黄宗羲、顾炎武并称为明末清初的三大思想家。晚年居南岳衡山下的石船山，著书立说，故世称其为"船山先生"。一生著述甚丰，其中以《读通鉴论》《宋论》为其代表之作。王夫之一生主张经世致用的思想，坚决反对程朱理学，自谓："六经责我开生面，七尺从天乞活埋"，著作经后人编为《船山全书》16 册。

王夫之治学领域极广，学术成就宏富，尤以哲学、史学、文学最为卓著，总结和发展了中国传统的唯物主义，批判了程朱理学的唯心主义。比如在政治思想方面，提出"循天下之公"，"不以一人疑天下，不以天下私一人"。主张选贤任能，"以天下之禄位，公天下之贤者"。在哲学思想上，避朱程"理在气先""道在器先"和陆王"心学良知"之说。提出"天下唯器","理不先而气不后"的理论,而归于躬行实践,强调知行统一。其诗文亦自成家,于言意、情景、内外等深入研讨,颇富新意,对近代思想均有重大影响。

22. 唐甄

唐甄(1630—1704 年),中国明末清初的思想家和政论家,与王夫之、黄宗羲、顾炎武同称"四大著名启蒙思想家"。初名大陶,字铸万,号圃亭。四川省达州(今通川区蒲家镇)人,出身于官僚地主家庭。清顺治十四年(1675 年)中举人,曾在山西长子担任过 10 个月的知县,因与上司意见不合被革职。后曾经商,因赔本乃流寓江南,靠讲学卖文维持生活。著作主要有《潜书》。

唐甄的社会启蒙思想,主要表现在他对封建专制制度的深刻批判,以及由此出发提出的具有初步民主意识的政治主张。他不仅继承发扬了明清之际启蒙思想家的经世传统和批判精神,而且具体提出了救治社会弊端的实际措施。如提出"凡为帝王者皆贼也"的反封建专制思想,并提出"治道贵致其实""立国惟在富民"等富民思想。在哲学方面,他提出了尽性与事功相互统一的心性学说。继承发扬了从孟子到王守仁的尽性事功的心学思想,尖锐地批判了程朱理学末流只谈心性不重事功的空疏陋习。

唐甄在继承前人思想的基础上,在封建专制占绝对统治地位的时代,以进步思想家的胆略卓识,敏锐观察时政,以无谓精神,提出了很多进步思想,对后世产生了重大影响。

23. 林则徐

林则徐(1785—1850 年),福建侯官人(今福建省福州),字元抚,又字少穆、石麟,晚号俟村老人、俟村退叟、七十二峰退叟、瓶泉居士、栎社散人等;是清朝后期政治家、思想家和诗人,是近代中国"开眼看世界的第一人",是中华民族抵御外侮过程中伟大的民族英雄,其主要功绩是虎门销烟。官至一品,曾任江苏巡抚、两广总督、湖广总督、陕甘总督和云贵总督,两次受命为钦差大臣;因其主张严禁鸦片、抵抗西方的侵略、坚持维护中国主权和民族利益而深受全世界华人的敬仰。

林则徐从政 40 年,历官 13 省,是著名的封建王朝政治家和地主阶级改革派的代表人物。虽然作为封建官吏,存在"忠君"思想,镇压过少数民族起义,但在中华民族面临沦入半殖民地的紧要关头,他挺身而出,"置祸福荣辱于度外",坚决实行禁烟,抵抗外国武装侵略,捍卫了国家主权和领土。他还主张学习西方先进技术,发展民族工商业。这是林则徐一生活动和思想的主流,他不愧是中国近代第一位民族英雄。林则徐生平爱好诗词、书法,著有《云左山房文钞》《云左山房诗钞》《使滇吟草》和《林文忠公政书》《荷戈纪程》等著作。所遗奏稿、日记、公牍、书札、诗文等,后辑为《林则徐集》。

24. 龚自珍

龚自珍(1792—1841 年),字璱人,号定庵,后更名易简,字伯定;又更名巩祚,号定庵,仁和(今浙江杭州)人。出身于世代官宦学者家庭。清代思想家、文学家及改良主义的先驱者。龚自珍是鸦片战争时期地主阶级改革派的主要代表,他同魏源一起,并称为"龚魏"。其极力主张革除弊政,抵制外国侵略,曾全力支持林则徐禁除鸦片。他的诗文主张"更法""改图",揭露清统治者的腐朽,洋溢着爱国热情,被柳亚子誉为"三百年来第一流"。著有《定庵文集》,留存文章三百余篇,诗词近八百首,今人辑为《龚自珍全集》。著名诗作《己亥杂诗》共315 首。

龚自珍的成就主要体现在诗文上,他以诗文为载体,极力主张社会变革,以求图存。在学术上,龚自珍自幼受到外祖父段玉裁的指导,奠定厚实的朴学基础;后又面对社会变迁日剧,西方势力侵入,转而致力经世之务。他弃绝考据训诂之学,转而讲求经世之务,志存改革,追求"更法",在许多方面产生了有益的影响。他的思想为后来康有为等人提倡变法图强开了先声。在哲学上,他持"性无善与不善"之说,反对孟子性善论和荀子性恶论;认为"自古及今,法无不改,势无不积,事例无不迁,风气无不移易",强调万事万物都处于变化之中。

龚自珍思想的主要贡献在于立足于今文经学,开启了晚清经世致用的学风。他以"衰世"看待晚清世道,揭露了君主专制的种种弊端,他的改革呼声虽无创见,却很好地继承和发扬了传统士大夫以天下为己任的思想品质,在万马齐喑的思想环境中,坚定地向前走了一步,给近代世风和思想以深刻启迪。

25. 魏源

魏源(1794—1857 年),清代启蒙思想家、政治家、文学家,近代中国"睁眼看世界"的先行者之一。名远达,字默深,又字墨生、汉士,号良图,湖南邵阳隆回人,道光二年举人,二十五年始成进士,官高邮知州,晚年弃官归隐,潜心佛学,法名承贯。

魏源早年潜心研究阳明心学,后从刘逢禄学习今文经学,奠定了之后经世致用的治学风格。在鸦片战争爆发后,他一度参与筹划浙江前线的抗战,并发奋作《圣武记》激励朝廷振兴武备,抵御外侮。战后十年,魏源著述集中于《海国图志》。1841 年,受林则徐之托,他在林则徐编《四洲志》的基础上,征引历代史志、中外各家著述,扩充且详细介绍了西方各国的政治、经济、军事、历史和风土人情,并正式提出了"师夷长技以制夷"的观点。

魏源作为鸦片战争时期地主阶级改革派的代表,阐释了一系列救亡图存的观点,对当时开阔国人眼界,挽救民族危机,发挥了重要作用,是值得后人敬重的民族爱国人士。

26. 冯桂芬

冯桂芬(1809—1874 年)晚清思想家、散文家。字林一,号景亭,吴县(今江苏苏州)人,曾师从林则徐。道光二十年取进士,授编修,咸丰初在籍办团练,同治初,入李鸿章幕府。少工骈文,中年后肆力古文,尤重经世致用之学。在上海设广方言馆,培养西学人才。先后驻讲金陵、上海、苏州诸书院。冯桂芬为改良主义之先驱人物,最早表达了洋务运动"中体西用"的指导思想。著有《校邠庐抗议》《说文解字段注考证》《显志堂诗文集》。

冯桂芬是从地主阶级改革派向洋务派过渡的中间人物,他的思想带有过渡性的特点和承上启下的作用。地主阶级改革派的"经世致用"思想在他这里得到继承和充分发展,同时,随着对西方的认识加深,冯桂芬又发展了魏源的"师夷长技以制夷"的主张,并初步提出了"中学为体,西学为用"的思想,希望以此来巩固专制主义和清政府的统治。与此同时,冯桂芬还提出了"采西学、制洋器、筹国用、改科举"等一系列主张,这些观点多被李鸿章采用,作为兴办洋务的措施。后来,冯桂芬还积极投入到具体的洋务实践中,对洋务运动提出了许多具有建设性的建议。

27. 洪仁玕

洪仁玕(1822—1864 年),太平天国运动后期主要领导者。字益谦(一作谦益),号吉甫,广东花县(今花都市)人,洪秀全族弟。1843 年(道光二十三年)参加拜上帝会。金田起义后，1852年(咸丰二年)曾被捕，脱险后转至香港，直至1860年4月辗转到达天京。5月，被洪秀全封为精忠军师、干王，总理太平天国朝政。执政之年，作《资政新篇》，提出一套统筹全局的革新方案。主张向西方学习，在中国发展资本主义。经洪秀全审批，旨准刊刻颁布。但由于客观条件限制，所以没有也不可能付诸实施。他又策划和组织了东征和西征，虽取得某些进展，但终未成功。他资历不深，骤膺高位，难以取得众将领的支持；又因与洪秀全的观念颇有不同，引起洪秀全的猜疑。洪秀全死后，他虽辅佐幼天王，却已无力回天。1864年7月，天京陷落。他迎突围的幼天王辗转于安徽、浙江、江西，拟与待王李世贤会合。10月兵败石城，与幼天王等人相继被俘。11月23日于南昌就义。

在政治思想方面，洪仁玕主张加强中央集权。建议天王多与众人商量："恳自今而后，可断则断，不宜断者付小弟掌率六部等议定再献，不致自负其咎。"反对人治，讲求法治。"有法制而后有国家，此千秋不易之大经。"要求官员带头执法。学习西方经济和福利政策。

虽然洪仁玕的政治思想、向西方学习的方案难以实现，但是在当时也反映了中国志士向西方学习，探求救国救民之路的强烈愿望。

28. 康有为

康有为(1858—1927年)，又名祖诒，字广厦，号长素，广东佛山市南海丹灶苏村人，人称康南海或南海先生。中国政治家、思想家、教育家。他信奉孔子的儒家学说，并致力于将儒家学说改造为可以适应现代社会的国教，曾担任孔教会会长。主要著作有《康子篇》《新学伪经考》(陈千秋、梁启超协助编纂)《春秋董氏学》《孔子改制考》《日本变政考》《大同书》《欧洲十一国游记》等。

康有为出生于封建官僚家庭，祖父康赞修是道光年间的举人，父亲康达初做过江西补用知县。康有为自幼学习儒家思想，1879年开始接触西方文化。1882年，康有为到北京参加顺天乡试，没有考取。南归时途经上海，购买了大量西方书籍，汲取了西方传来的进化论和政治观点，初步形成了维新变法的思想体系。

清光绪十四年(1888年)十二月十日，康有为第一次上书光绪皇帝，主张变法。中日甲午战争结束后，清朝政府被迫签订《马关条约》。翌年，康有为利用进京会试时机，奋笔撰就1.8万字的《上今皇帝书》，要求废除《马关条约》，并联合赴京会试的各省一千三百多名举人共同签名,成为轰动一时的"公车上书"。之后多次上书,渴盼光绪审时度势,尽弃旧习,发愤更始,走日本明治维新的道路。其政治主张成为指导后来"百日维新"的变法纲领。与此同时,组织保国会,积极推动变法。1889年6月,光绪皇帝正式宣布实行变法维新,史称"戊戌变法",后遭慈禧太后镇压。变法失败后,康有为流亡国外。在海外流亡的16年里,到过三十多个国家。辛亥革命后回国组织保皇会。1917年鼓吹并参与复辟,反对共和。

康有为晚年始终宣称忠于清朝,溥仪被冯玉祥逐出紫禁城后,他曾亲往天津,到溥仪居住的张园觐见探望。1927年,康有为病死于青岛。

29. 严复

严复(1854—1921年)原名宗光,字又陵,后改名复,字几道,福建侯官人,曾担任过京师大学堂译局总办、上海复旦公学校长、安庆高等师范学堂校长,清朝学部名辞馆总编辑。他是清末很有影响的资产阶级启蒙思想家,翻译家和教育家,是中国近代史上向西方国家寻找真理的"先进的中国人"之一。

1866年,严复考入了家乡的马尾船政后学堂,主要学习驾驶专业。1877年到1879年,严复等被公派到英国留学,在留学期间,严复对英国的社会政治发生兴趣,涉猎了大量资产阶级政治学术理论,并且尤为赞赏达尔文的进化论观点。回国后,严复长期在天津水师学堂任总教习、会办总办。并积极倡导西学的启蒙教育,完成了著名的《天演论》的翻译工作。在《天演论》中,严复以"物竞天择""适者生存"的生物进化理论阐发其救亡图存的观点,提倡鼓民力、开民智、新民德、自强自立、号召救亡图存。严复的政治思想在当时引起了极大的反响,极大地激发了国人自强保国的爱国热情,为维新变法运动确立的理论依据。但是严复只将热情投入到介绍西方学术思想上,在政治活动上,趋于保守,仅主张靠教育途径救国,并没有更加进步的主张。戊戌变法失败后,严复更加保守,只专心于译著,甚至反对革命派的革命活动。

严复是一位有爱国主义情怀的思想家,他对西方的介绍主要是基于国富民强,从挽救民族危亡的需要出发的,他的翻译涉及的领域繁多,包括进化论、经济学、哲学、政治学和逻辑学等,使中国知识界深受震动。他是中国第一个系统介绍西方科学文化思想的启蒙思想家。其译著有《侯官严氏丛刊》《严译名著丛刊》等,今有《严复集》。

30. 章太炎

章太炎(1869—1936年),原名学乘,字枚叔,以纪念汉代辞赋家枚乘,后易名为炳麟。因反清意识浓厚,慕顾绛(顾炎武)的为人行事而改名为绛,号太炎,世人常称之为"太炎先生"。中国浙江余杭人,清末民初思想家、史学家、朴学大师、民族主义革命者。章太炎一生著书多种,在经学、史学、文字音韵等方面多有建树。著作有《章氏丛书》《续编》《章氏丛书三编》等。

章太炎政治思想比较复杂,这是与其人生经历密切相关的。章太炎出身于一个世代的书香门第之家。在诂经精舍学习七年后走出书斋,进时务报馆,投入维新变法的宣传活动。戊戌变法失败后,章太炎避于台湾,对改良道路产生了怀疑。赴日本后,他发表《菌说》,对谭嗣同《仁学》中的形而上学的唯心论进行了批驳。他还批评堕落为保皇派的康有为新党与顽固派旧党是一丘之貉。回到上海,他参加《亚东时报》的编辑工作,发表诗文反对康有为支离破碎的瞎说,痛斥顽固派把学术问题和政治问题混为一谈。1900年,章太炎与唐才常决裂,完成了从改良到革命的飞跃。1901年,章太炎针对梁启超的《积弱渊源论》发表了批驳资产阶级改良派政治主张的第一篇论文《正仇满论》,强调挥舞革命大扫帚,"以扫除其故家污俗"。1902年,章太炎修订《訄书》,强调反满反帝,宣传唯物主义和进化论思想。1903年,他执教爱国学社,发表《序〈革命军〉》和《驳康有为论革命书》,对清朝专制满腔仇恨,对保皇派无比蔑视,表示了鲜明的民主主义立场。因"苏报案"被监禁出狱后,章太炎加入同盟会,主编《民报》,开展了对改良派的大论战。但这时他的思想发生剧变,开始鼓吹"万法唯识"主观唯心主义理论。《民报》被禁后,章太炎专事讲学和著述。辛亥革命前后,尽管章太炎主观上还是想沿着革命的道路前进,但在客观上有许多言行不利于革命队伍的团结,削弱了革命力量,助长了袁世凯的反革命气焰。宋教仁被刺后,章太炎被袁世凯软禁,他与专制独裁的袁世凯进行了不屈不挠的斗争。1917年,章太炎参加护法运动。在20世纪初历史发生转折,革命出现崭新局面的时候,章太炎反对孙中山的新三民主义,反对新文化运动,宣传军阀割据,"既离民众,渐入颓唐"。但九一八事变后,章太炎力主抗日,抨击蒋介石"攘外必先安内"的反动政策,受到人们称赞。1936年病逝于浙江。

二、思想观念类

　　这一部分主要分析解释在中国政治思想史上的一些著名的观点和学术流派。

1. 天命不常

所谓天命,即是上天受命之意。天命不常,意思是上天所授予的天命不是固定的,并不是永远地保佑某一个国家或某一个王朝。周公在执掌周王室政权期间,详细阐明和解释了夏商周的更替是天命不常的表现,他认为周人之所以能取代商王朝的统治,是因为周文王明德慎罚,怀保小民,因而感动了上天,上天才转而降天命保佑周王朝。周公的说法有两方面的用意:一是要求周王朝的各级统治者谨慎地治理国家,以免失去天命的保佑;二是告诫被征服的殷商遗民敬从天命,服从周王朝的统治。

周公的天命不常说,是我国古代的政治家和思想家第一次在理论上用发展变化的观点对朝代更替的社会事实所作的解释。通过天命去解释社会历史的变革,试图把以往发生的社会历史的变革归结于某种规律性的东西。这一思想反映了商周之际人们认识水平的进步,对于强化周王朝的政治统治起了很大的作用。一方面,它从天命角度论证了周灭商的合理性;另一方面,周公也提出了各级统治者要从民情中知天命,做到敬天保民,只有这样才能巩固统治。

2. 以德配天

"以德配天"是西周时期的神权政治学说,是指君主的权力是"天"授予的,是"天命"但不是固定不变的,只有有德者才可承受天命,失德就会失去天命。"以德配天"是以周公旦等人为代表的西周奴隶主贵族在总结并吸取了夏代、商代灭亡教训的基础上提出的君权神授说。他们认为"天"或"上帝"不是哪一族独有的神,而是天下各族共有的神;"天命"属于谁,就看谁有能使人民归顺的"德"。"上天"只会把统治人间的"天命"交给那些有"德"者,一旦统治者失"德",也就会失去上天的庇佑,新的有德者即可以应运而生,取而代之。因此,作为君临天下的统治者应该"以德配天"。

"德"的要求,主要包括三个基本方面:敬天、敬宗、保民,也就是要求统治者恭行天命,尊崇天帝与祖宗的教诲,爱护天下的百姓,做有德有道之君。在"以德配天"的基本政治观之下,周初统治者具体提出了"明德慎罚"的法律主张,要求统治者首先要用"德教"的办法来治理国家,通过道德教化的办法使天下人民臣服,在适用法律、实施刑罚时应该宽缓、谨慎,而不应一味地用严刑峻罚来迫使臣民服从。

"以德配天,明德慎罚"的主张代表了西周时期统治者的基本政治观念和基本治国方针。这种主张的提出，不仅解决了商汤可以伐桀、武王可以伐纣的逻辑问题，而且也为西周社会的发展确定了基本的方向。这种法律思想的形成，说明当时的统治者在政治上已趋成熟。同时这种"礼""刑"结合的法制特色，深深扎根于中国政治理论中，被后世奉为政治法律制度理想的原则与标本。

3. 敬天保民

"敬天保民"是周公政治思想的核心内容，周公认为"上天"只把统治人间的"天命"交给那些有"德"者，一旦统治者"失德"，也就会失去上天的庇护，新的有德者即可以应运而生，取而代之。因此，作为君临天下的统治者应该"以德配天"。同时，如何知道天命，周公认为天的意志是可以从民情中反映出来的，只有保民才能做到敬天。因此，"敬天保民、怀保小民"则成了统治者必须遵循的准则。

如何做到"敬天保民"，周公认为统治者必须做到：要恭行天命，尊崇天帝与祖宗的教诲，爱护天下的百姓，做有德有道之君；要明德慎罚，即用"德教"的办法来治理国家——通过道德教化的办法使天下人民臣服，在适用法律、实施刑罚时应该宽缓、谨慎，而不应一味地用严刑峻罚来迫使臣民服从；实行"礼"治，要求君臣上下父子兄弟都按既有的"礼"的秩序去生活，从而达到一种和谐安定的境界，使天下长治久安。

"敬天保民"思想成为周初期统治的基本政治和基本的治国方针，这对巩固周朝统治具有重大作用，同时"敬天保民、明德慎罚"也以"礼法结合"为特征的中国传统法制奠定了理论基础。另外周公强调从民情中知天命的观点，也表明他对民众力量以及民众在社会政治生活中的作用予以高度的重视，这一思想实际上开启了后代重民思想的先河。

4. 仁者爱人

"仁者爱人"是孟子《仁者爱人》中的一句，其基本意思是指：仁者是充满慈爱之心、满怀爱意的人；仁者是具有大智慧、人格魅力、善良的人。孟子曰："君子所以异于人者，以其存心也。君子以仁存心，以礼存心。仁者爱人，有礼者敬人。爱人者，人恒爱之；敬人者，人恒敬之。"

何为"仁"？一是以协调人与人、人与社会之间的相互关系为旨归；二是重视发挥人的主观能动性，强调人的内在道德修养。孔子言"仁"从"爱人"为核心，包括恭、宽、信、敏、惠、智、勇、恕、孝、悌等内容，而以"己所不欲，勿施于人"和"己欲立而立人，己欲达而达人"为实行的方法。所谓"仁爱"就是：要想自己立得住，同时也要使别人立得住；自己要行得通，同时也要别人行得通。凡事都能推己及人，就可以说是实行仁爱的方法。"仁者爱人"，这是孔子思想也是儒家学说的最高道德概念，是儒学所主张的爱的方式。这种爱的基本原则，就是根据血缘关系的远近，决定爱的程度。

儒家学说提出的"仁者爱人"思想对后世产生了重要影响，无论是对个人的道德修养还是对国家治理都提出了标准。但是我们也要看到孔子提出的"仁者爱人"是以血缘关系来决定爱人与否，所谓的仁者爱人主要是指社会地位高的人去爱社会地位低的人。

5. 克己复礼

"克己复礼"，儒家指约束自己，使每件事都归于"礼"（西周之礼）。"克己复礼"是达到仁的境界的修养方法。"克己复礼"，出自《论语·颜渊》："颜渊问仁。子曰：'克己复礼为仁。一日克己复礼，天下归仁焉！为仁由己，而由人乎哉？'"这段话的意思是说，有一次孔子的弟子颜回请教如何才能达到仁的境界，孔子回答说：努力约束自己，使自己的行为符合礼的要求。如果能够真正做到这一点，就可以达到理想的境界了，这是要靠自己去努力的。

由此看来，"克己复礼"是达到仁的境界的方法。历代学者都认为，这是孔门传授的"切要之言"，是一种紧要的、切实的修养方法。这里说的"礼"，就是指当时社会生活中实行的各种礼仪规范，而学习各种礼仪，正是孔子教学的重要内容。"克己复礼"反映出孔子早年的政治追求中，他一直以恢复周礼为己任，并把"克己复礼"称之为仁，这也是孔子早年对仁的定义。

孔子以恢复周礼（社会行为准则）为人生目标，对形成中国人特有的人生观、价值观起到了重要作用。它主张当个人的欲望和社会公允的行为规范发生冲突的时候，应该克制个人欲望，而选择社会规范。这具有积极意义。但是我们也应该看到，当时孔子把周礼视为天下公允的行为规范，认为应该被广泛遵循，这显然过于主观了。社会历史是不断发展的历史，"礼崩乐坏"是历史的必然趋势，周礼被社会所抛弃具有历史的必然性。

6. 内圣外王

"内圣外王"是儒家的思想观点。"内圣外王"最早出自道家典籍《庄子·天下》第三十三"是故内圣外王之道,暗而不明,郁而不发,天下之人各为其所欲焉,以自为方"。后被儒家所继承,其含义指的是个人修养与政治主张。"内圣",即将道藏于内心自然无为;"外王",即将道显示于外,推行王道。"内圣外王",意谓内有圣人之德,外施王者之政,即人格理想以及政治理想两者的结合。其中,"内圣"是基础,"外王"则是目的。其内涵通俗地讲,"内圣"就是修身养德,要求人做一个有德性的人;"外王"就是齐家、治国、平天下。"内圣外王"的统一是儒家学者们追求的最高境界。

"内圣外王"作为一种人格理想和政治理想,其强调的是在既定的社会体制下的自身修行,并不对外部社会制度有所诉求,要求制度的建设与改善,即要求完善自己的精神层次,但不要求外部制度对肉身的保障。"内圣外王"中的通过内修的济世功用,以实现个人理想和达济社会,进而达到王道社会这一中国传统政治理想。在中国封建社会,由于专制皇权导致人治而法治不及,加上其思想主张缺少分权制衡、社会制度建构的非正义性而导致其实施起来较难,常常出现"内圣不外王,外王不内圣"的局面,这是一种政道有余但治道不足的表现。

7. 弱用之术

这是老子思想中的一个重要观点。我国古代著名的思想家老子,通过对宇宙万物的观察,提出了新的宇宙本原——"道"。道的运动规律是"反",道的基本特征是"弱",即"反者道之动,弱者道之用"。老子以"弱"为道之"用",其最终目的在于"强"。根据"反者道之动"的原则,他认为刚强在发展中会走向自己的反面,柔弱则是使事物达到目标的绝妙手法。所以老子采取逆向思维的方法,提出用"弱用之术"来解决世间矛盾,确定了"柔弱胜刚强"的论点。老子通过对事物发展规律的洞察,推断出"坚强者死之徒,柔弱者生之徒";同时他认为"物壮则老",事物壮大了就会走向衰老和死亡。所以强者将死,弱者将生,只有"贵柔"才能胜强。

"弱用之术"是老子通过对世间万物的洞察,提出的一种与儒家思维方式背道而驰的方法来解决世间矛盾,这为世人开辟了一条截然不同的思维之路,对中国古代辩证法和思维方式的发展无疑有重大贡献。

8. 道法自然

"道法自然"是老子著名的哲学思想。这个词的读法是"道·法·自然"，而非"道法·自然"，其中法字为动词，意为效法，遵循。道法自然的意思就是大道以自然为纲，遵循其规律。"道法自然"语出老子《道德经》第二十五章，"人法地，地法天，天法道，道法自然。"这里的"自然"是自然而然的自然，即"无状之状"的自然。其意思是，人受制于地，地受制于天，天受制于规则，规则受制于自然。老子认为，"道"虽是生长万物的，却是无目的、无意识的，它"生而不有，为而不恃，长而不宰"，即不把万物据为己有，不夸耀自己的功劳，不主宰和支配万物，而是听任万物自然而然发展着。

"道法自然"是老子为我们提供的最高级的方法论。"道法自然"即道效法或遵循自然，也就是说万事万物的运行法则都是遵守自然规律的。最能表达"道"的一个词就是自然规律，同样我们可以反过来说与我们这里所说的自然规律最相近的一个字就是"道"，这包括自然之道、社会之道、人为之道。对待自然、对待社会、对待个人我们都应该从事物本身出发，遵守其规律，这里包含了我们对待世界最基本的认识论和方法论。这对后世我国的国民性格以及治国理念都产生了深远影响。但是道法自然也反映出来老子过于顺从，有消极避世之嫌，忽视了个人奋斗的重要作用。

9. 小国寡民

小国寡民是老子最主要的政治思想。老子在《老子》第八十章中对自己的理想社会描述道："小国寡民。使有什伯之器而不用；使民重死而不远徙；虽有舟舆，无所乘之；虽有甲兵，无所陈之。使人复结绳而用之。至治之极。甘其食，美其服，安其居，乐其俗，邻国相望，鸡犬之声相闻，民至老死不相往来。"老子所设想的理想社会主要有以下四个特征：①国家规模小，人口少；②人们生活在极其原始的社会中，社会生产力水平极低；③人们没有知识、没有欲望，对原始生活非常满足；④国与国、人与人之间交往非常少，过着十分封闭的生活。

老子将小国寡民作为其理想中的社会，从根本上是由其社会认知所决定的。老子将"道"作为价值评判的标准，并根据道的精神来设计理想中的社会。他认为，现实生活中的一切都不符合"道"的原则，都是人类社会从最理想的时代逐渐衰败的结果。实际上老子是在用倒退的观念理解人类社会的历史，在老子看来，人类社会不是进化，而是不断倒退的。他强烈地批评了社会各种现象，向往着那种小国寡民的理想社会。

老子对社会现实的批判是深刻的,但是他的政治理想与社会发展的历史趋势是相违背的。老子将原始蒙昧的状态作为理想社会的样本,这就决定了其政治思想必然带有浓厚的复古倾向。

10. 无为而治

"无为而治"是老子最主要的政治主张。在老子看来,无为是最高的境界,他说:"为学日益,为道日损。损之又损,以至于无为。无为则无不为。"在老子看来,"道"是人类社会最理想的状态,而无为正是达到道的境界的最直接的途径。因此,老子在政治上主张以无为治国,以达到无不为。他认为实行无为政治是最符合道的原则的政治。老子的无为政治主张主要包括以下四个方面:①不尚贤,使民不争;②不贵难之祸,使民不为盗;③绝圣弃智,绝仁弃义;④慎征伐。

老子"无为而治"的政治主张,具有一定的积极意义。比如,他反对战争、反对专制国家的横征暴敛,这些都反映了老子是一个十分关注社会下层民众疾苦的思想家。同时,无为而治思想也成为后世特别是汉代的治国理念,对后世产生了深远影响。但是我们也要看到老子无为而治思想在本质上是站在统治者的立场上为专制国家的统治者着想的,按照老子的观点,无为仅仅是治理国家的手段,而"无不为"才是目的。他主张通过统治者的无为,使民众变得无欲无知,而无欲无知的民众最有利于专制国家的统治。从这个角度来看,无为而治是一种比较高明的统治术:一方面,统治者要清静无为;另一方面,被统治的民众也要无欲无知,安于被统治的地位。这也就决定了,老子的无为而治思想从根本上是为专制主义政治服务的。

11. 道

"道"是中国古代道德哲学中的基本范畴,也是哲学基本范畴。道包含天道、人道、地道。古初之义指道路,后用以指事物的根本法则和总规律。"道"的概念是老子首先提出的,用以说明世界的本原、本体、规律或原理。在不同的哲学体系中,道的涵义有所不同。

老子所说的"道"有以下三层意思:第一,世界的本原(本体),世界由以出发、由以产生的基础;第二,世界的本质或世界之所以然,也即世界面貌(世界的具体现实性)的决定或主宰力量;第三,世界形成、产生和发展全部历史的述说,也即对道以自身为本原、以自身为本质的自我产生、自我发展、自我表现、自我完成的全部历史述说。

儒家也讲道,其道有二义。一指伦理法则,如仁、忠、恕。孟子说:"仁也者,人也,合而言之,道也。"《中庸》说:"率性之谓道。"其中又可分为圣人之道、君子之道、小人之道、妾妇之道、子道等细目。如《易传·泰卦·彖传》说:"内君子而外小人,君子道长,小人道消也。"一指政治法则,如《礼记·杂记下》说:"张而不弛,文、武弗能也;弛而不张,文、武不能也;一张一弛,文、武之道也。"又有王道、霸道、君道、臣道等细目。后儒对道多有解释。

佛家所说的"道",是"中道",它是佛家的最高真理。所述道理,不堕极端,脱离二边,即为中道。佛家的道是中观的思想,中观思想涉及"中道"和"空"。"空"的思想似空非空,不能著空相求空。

道在中国古代道德哲学中,是一个规范诸具体道德范畴的总概念。道的概念的提出,表明古代道德思想的发展和成熟。

12. 至德之世

至德之世是庄子心目中的理想社会,出自《庄子·外篇·马蹄》:"故至德之世,其行填填,其视颠颠。当是时也,山无蹊隧,泽无舟梁;万物群生,连属其乡;禽兽成群,草木遂长。是故禽兽可系羁而游,鸟鹊之巢可攀援而窥。夫至德之世,同与禽兽居,族与万物并,恶乎知君子小人哉!"其主要意思是:山上没有人为的路径,河上没有船只和桥梁,万物和生命一起和谐相处,不分彼此,禽兽成群,草木茂盛。与禽兽在一起生活,与万物共存,哪里有什么君子小人啊!

庄子在提出其政治理想的同时,分析了造成社会混乱的原因,他认为当世社会的纷争动乱都源于所谓圣人的"治"。他认为一切从政者治理天下的规矩和办法,都是羁绊,直接残害了事物的自然和本性;后代推行所谓仁、义、礼、乐,摧残了人的本性和事物的真情,并直接指出这就是"圣人之过"。在此基础上,庄子提出了达到至德之世的途径:摒弃仁义和礼乐,取消一切束缚和羁绊,让社会和事物都回到它的自然和本性上去。

庄子提出的至德之世,抨击了那些烦琐苛政、严刑峻法,以及当时的为政者扰民乱民、坑害百姓,反而得意洋洋、吹嘘叫卖、欺世盗名的行径。他反映了百姓渴望平静、舒适、顺其自然生活的强烈愿望,给人们描绘了一个理想、安逸的社会图景。但是这种向往一切平等、一切"齐物"的思想,脱离了社会现实。同时,庄子将原始、蒙昧与自然为一的状态作为理想社会,他否认有史以来人类一切文明成果的价值,其结果,庄子的政治理想必然与人类社会的发展方向相违背。

13. 兼爱

兼爱,指同时爱不同的人或事物。兼爱一说是春秋战国之际,墨子提倡的一种伦理学说。他针对儒家"爱有等差"的说法,主张爱无差别等级,不分厚薄亲疏。墨子以兼爱为其社会伦理思想的核心,认为当时社会动乱的原因就在于人们不能兼爱。他提倡"兼以易别",反对儒家强调的"爱有差等"的观点。他提出"兼相爱,交相利",把兼爱与实现人们物质利益方面的平等互利相联系,表现出对功利的重视。墨子尚贤、尚同、节用、节葬、非攻等主张均以兼爱为出发点,他希望通过提倡兼爱解决社会矛盾。

墨子认为,兼相爱、交相利,就是取消人我之间的界限,使人与人之间的感情不受任何社会关系的束缚,达到视别的国家如自己的国家、视别人的家如自己的家、视别人的父亲如自己的父亲的境界。这种兼爱与儒家的"仁者爱人"有很多相似之处,他们都是想通过人与人之间的"爱",解决社会问题。只是儒家的爱是有差别的,以血缘和等级来确定爱的程度。而墨子的兼爱则是无差别的、无等级的。从理论上说,墨子的兼爱比儒家的仁爱更高尚,但是墨子的兼爱却很难真正地实现,因为世界上没有无缘无故的爱。这就表明墨子并没有真正地找到解决社会矛盾的办法。

14. 尚贤

尚贤是中国战国初期墨子关于用人的政治主张,《墨子·尚贤》上、中、下三篇阐述了这一观点。墨子从治国安民的目的出发,提出了"尚贤"是"为政之本"的观点。他指出,国家之所以"不得富而得贫,不得众而得寡,不得治而得乱",原因在于"王公大人为政于国家者,不能以尚贤事能为政也"。他认为当政急务在"众贤",即搜求大量人才,以适应时代的需要。墨子反对儒家"亲亲有术,尊贤有等"的看法,主张"不党父兄,不偏富贵,不嬖颜色","有能则举之,无能则下之"。他强调,国家用人应打破等级身份,"官无常贵,民无终贱","虽在农与工肆之人,有能则举之,高予之爵,重予之禄",让其有职有权,发挥作用。

墨子尚贤的主张反映了小生产者要求改变自身经济政治地位、参与政权的强烈愿望,对以血缘为基础的贵族等级制度造成了一定的冲击,在当时具有进步意义。同时墨子尚贤主张对后世治国理念、选人观念都有重要的影响。但是墨子尚贤主张也有一定的局限性,他只提出了尚贤的重要性,但没有提出贤能的标准,也没有提出如何培养、选拔、使用贤能的制度设计,因此,墨子的尚贤使能的思想主张也只能流于空谈。

15. 性善论

性善论又称性善说,它是由战国孟子所创立的人性论。孟子认为,人生来就有善性("人无有不善")。善性包括"恻隐之心""羞恶之心""辞让之心""是非之心"。他将这四者称为"四端",即仁、义、礼、智等美德的开端,认为它们是人性中固有的,就像人体生来就有的四肢一样,是不学而能的"良知""良能"。能充分发挥四端的人为"圣人",不能保持以致丧失四端的人为"小人"。

孟子的性善论为仁义礼智的天然合理性及人从本性上应该恪守这些规范提供了人性论的根据。孟子以后,儒家人性论一直以性善论为正宗,性善论是儒家人性论史上最有影响的人性学说。孟子的性善论也有一定的局限性:①孟子的性善论完全忽略了社会实践对人性的决定作用。孟子将人性完全归结为先天的良知良能,事实上,人性的善恶,很大程度上决定于人的后天习得,孟子显然忽略了这一点。②孟子所说的人性是抽象的人性。由于人们的社会实践于后天社会习得是千差万别的,人性也必然因此而存在差别。孟子用抽象的人性代替具体的人性,抹杀了人在人性上的差别,实际上并没有准确地说明人性。

16. 性恶论

性恶论是中国战国末期荀子的人性学说。荀子提出"人之性恶,其善者伪也"的著名论点,即性恶论。认为"好利""疾恶""好声色"是人的自然情欲,即人的天性。善的道德意识是后天人为加工的结果。他著有《性恶》等篇阐述这一论点。他反对孟子所提出的性善论、反对天赋道德论,认为人的自然本性就是"好利"而"恶害"。比如他说:"好恶、喜怒、哀乐,夫是之谓天情。"同时他指出人性只限于食色、喜怒、好恶、利欲等情绪欲望,不论"君子""小人"都一样。并认为如果人们顺从这种性恶的自然本性,"必出于争夺"。因此,他强调必须通过后天的教化,主张"化性起伪"用"师法之化""礼义之导"使人改造为善。

荀子的这种经验的道德论比孟子先验的道德论更加深刻、更加合理。荀子敢于说出尧舜和桀跖的本性都是相同的。圣人也是性恶的，圣人之为圣人，只是后天努力的结果，这等思想不能不说是当时思想的一大解放。

17. 法术势

法、术、势相结合，是韩非最主要的政治理论。韩非以君主利益至上为出发点，主张君主应该实行法术势兼用。在战国前期的法家中，慎到重于势，申不害重于术，商鞅重于法，而韩非则兼取三家之长，同时也指出了三家不能兼用法术势的缺陷。韩非认为，法术势三者是相辅相成的，"人主之大物，非法则术也"，"势者，胜众之资也"。也就是说，法和术是人主统治臣民的工具，而势则是运用法术的前提和条件。

关于法，韩非认为必须要实行法治，实行依法治国，并主张法不阿贵，用法律来维护统治。对于术，韩非认为，术的对象是群臣，术是君主驾驭群臣、考察群臣的手段，为君主独有。君主用术的秘诀在于"运用之妙，存乎一心"。关于势，韩非认为，势是君主所掌握的生杀予夺的权力，是君主运用法和术的前提。势的内容，是刑与德。君主只有掌握了刑、德二柄，才能制服臣下。总之，韩非认为，对于一个君主来说，只要能够灵活运用法、势、术，这三大要素，就可以劳心而不劳力，治人而不治于人，成为国家最高权力的拥有者和运用者，这样的君主就是"明君"。

韩非别具匠心地将"法""术""势"进行了有机的结合，并始终坚持将这三者放到社会背景、人性特点和其他相关的习惯、制度中加以考察——这使得他的理论获得了持久的生命力，在中国历史上发挥了巨大的作用，直到今天，仍有许多值得学习和借鉴的地方。但是必须承认，韩非法术势兼用的政治理论是以加强君权、维护君主利益为出发点的极端专制理论。这一理论一旦被付诸实践，必然出现苛政、暴政，给人民带来灾难。

18. 刑无等级

刑无等级是商鞅提出的法治原则之一。商鞅认为，法律的基本精神是公，不以私害法是专制国家达于治的根本保证。由于法律的至公性质所决定，法律必须为全体臣民所共同遵守。

商鞅强调"刑无等级"。"壹刑者，刑无等级，自卿相将军以至大夫庶人，有不从王令者、犯国禁、乱上制者，罪死不赦。"刑无等级，就是在执行法律的过程中，除君主外，任何人都不能逃脱法律的制裁，爵禄不得抵刑，功不得抵过，善不可抵恶。社会中的伦理原则也不得与国家的法律相违背，道义上的楷模，同样不能逃避法律，如果国家的执法官吏在执法过程中也犯法，更要严加处罚。

商鞅提出的刑无等级思想，一断于法的思想较之以往具有进步意义。刑无等级，破除了贵族在法律上的特权，在当时具有积极意义。同时，刑无等级具有强调法律面前人人平等的意味，这对后世依法治国思想产生了重要影响。同时我们也要看到，商鞅的刑无等级是除君主之外的，它是以维护君主专制为最终目的的，这实际上与现代法治思想有着根本性的区别。

19. 以刑去刑

以刑去刑是商鞅法治思想的重要内容，其主要意思是用刑罚遏止刑罚，意指从重量刑，使百姓畏惧而不敢犯法，以收到不用刑的效果。以刑去刑出自于《商君书·靳令》："行罚，重其轻者，轻其重者，轻者不至，重者不来，此谓以刑去刑，刑去事成。"

在中国法律思想史上，商鞅是第一个系统提出"禁奸止过，莫若重刑"的重刑论思想家。他的重刑理论，建立在性恶论的基础上，以达到"以刑去刑"的目的。商鞅的"以刑去刑"是针对仁君"以德去刑"的观点而提出的。该理论主要包括刑主赏辅、不赏善、轻罪重刑等内容。

商鞅的以刑去刑思想，从表面上来看不无辩证的意味，强调用刑法来杜绝违法乱纪之事，维护君主专制统治，具有一定的道理，同时这也对后世的法治思想产生的重要影响。但是也要看到，商鞅以刑去刑思想是以维护君主专制为最终目的。另外，这一思想一旦被用于社会实践，必然不可避免地出现暴政酷吏、民无宁日的悲惨局面。事实上，任何时代，民众违法犯罪的原因是多方面的，特别是在社会矛盾错综复杂的战国时代，刑轻绝不是民众犯法的主要原因，刑重也无法制止民众的犯罪。

20. 儒家思想

儒家思想也称为儒教或儒学，由孔子创立，最初指的是司仪，后来逐步发展为以尊卑等级的"仁"为核心的思想体系，是中国影响最大的流派，也是中国古代的主流意识。儒家学派对中国、东亚乃至全世界都产生过深远的影响。

儒家思想起源于春秋时期,到秦朝由于秦始皇以法家思想作为统治思想,实行焚书坑儒,导致儒家思想几乎消失。直到汉武帝实行"罢黜百家,独尊儒术",儒家思想逐渐成为显学。此后的历朝历代,四书五经被无数次修订,孔子原作已面目全非。儒学在魏晋时期演变成玄学。唐代政权基本上以儒家思想为主导,但是也渗透了道教和佛教。宋代时发展为理学,尊周敦颐、程颢、程颐为始祖,朱熹为集大成者。现在所说的儒家思想,绝大部分来自宋朝的文献。元明清时期,科举考试都以朱熹的理学内容为考试题目,对思想产生了很大的束缚。直到新文化运动时期才改变了儒学的统治地位。

儒家基本上坚持"亲亲""尊尊"的立法原则,维护"礼治",提倡"德治",重视"仁治"。儒家思想对封建社会的影响很大,被封建统治者长期奉为正统思想。这一方面对于维护社会稳定,实现我国古代长期的"大一统"、长治久安局面有着巨大的积极意义,同时,儒家思想对我国国民性格、人性修养也产生了巨大影响。但是我们也应看到,儒家思想长期以来,以维护君主专制为目的,束缚人们的思想,其消极意义也是不可忽视的。

21. 墨家

墨家为中国古代春秋战国时期的诸子百家之一,创始人为墨翟,世称墨子,墨家之名从创始人而得。墨家被视为中国最早的民间结社组织,有着严密组织和严格纪律,其最高的领袖被称为"巨子或钜子",墨家的成员都自称为"墨者"。可以说墨家是一个有领袖、有学说、有组织的学派,他们有强烈的社会实践精神。墨者们吃苦耐劳、严于律己,把维护公理与道义看作义不容辞的责任。墨者大多是有知识的劳动者。

前期墨家在战国初即有很大影响,成为显学,有非儒即墨之说。它的社会伦理思想以兼爱为核心,提倡"兼以易别",反对儒家所强调的社会等级观念。它还反对当时的兼并战争,提出非攻的主张。它主张非命、天志、明鬼,一方面否定天命,同时又承认鬼神的存在。后期墨家分成两支:一支注重认识论、逻辑学、几何学、几何光学、静力学等学科的研究,是谓"墨家后学"(亦称"后期墨家"),另一支则转化为秦汉社会的游侠。前者对前期墨家的社会伦理主张多有继承,在认识论、逻辑学方面成就颇丰。之后由于汉武帝的独尊儒术政策、社会心态的变化以及墨家本身并非人人可达的艰苦训练、严厉规则及高尚思想,墨家在汉武帝在位之后基本消失。

战国时期,墨家思想代表了新兴的地主和平民等阶级的利益,提倡爱好和平和宽厚待人,尤其是主张爱所有的人和重用贤能,不仅在当时有很大的积极意义,而且对现在的和谐社会建设都具有积极的借鉴意义。同时,在重人伦轻自然科学的传统中华文化背景下,墨家重视自然科学,在力学、光学、几何学、逻辑学等广泛的知识领域都颇有建树,为我国古代的科技发展做出了巨大贡献。

22. 道家

道家,又名道教、玄门、玄学、道学,是先秦时期的一个思想派别,也是后世道教理论的重要基础之一。道家以老子、庄子为主要代表。道家以道、无、自然、天性为核心理念,认为天道无为、道法自然,一切事物都有对立面等,据此提出无为而治、以雌守雄、以柔克刚等政治、军事策略,同时主张清静无为,反对斗争,对中国乃至世界的文化都产生了较大的影响。主要著作除了《老子》《庄子》外,还有《淮南子》《黄帝四经》《列子》和《管子》中的《内业》《白心》《心术》上下等。

道家学派形成并兴盛于春秋战国时期,到秦统一中国,实行焚书坑儒,道家与其他学派都遭到了严重挫折。到汉初黄老学派盛行,道家思想处于鼎盛阶段。随着汉武帝罢黜百家,道家思想就一直受到压制。在魏晋南北朝时期,谈玄之风兴起,道家思想重新复活,并且逐渐树立起老庄在道家中的正统地位,一直延续至今。道家学派主要分为老庄派、黄老派、杨朱派三派,其中老庄派以大道为根、以自然为伍、以天地为师、以天性为尊,以无为为本,主张清虚自守、无为自化、万物齐同、道法自然、远离政治、逍遥自在,体现了“离用为体”的特点,也因此成了历代文人雅士远离残酷现实的精神家园。其代表人物是老子、庄子、列子等人。黄老派以虚无为本,以因循为用,采儒墨之善,撮名法之要,主张因俗简礼、兼容并包、与时迁移、应物变化、依道生法,依法治国、删繁就简、休养生息,体现了“离体为用”的特点,成为历次大乱之后政府治世的“急救包”,同时也与中国古代盛世关系密切。其代表人物是慎到、田骈、环渊等人。杨朱派主张全生避害、为我贵己,重视个人生命的保存,反对他人对自己的侵夺,也反对自己对他人的侵夺,属于道家的别支,代表人物杨朱、子华子。

道家思想对后世产生了深远影响。其在理论能力上的深厚度与辩证性,为中国哲学思想中所有其他传统提供了创造力的泉源。道家文化在中国音乐、绘画、文学、雕刻等方面也留下了宝贵遗产。同时,道家哲学也对中国政治活动提供了活络的空间,使中国知识分子不会因太强的儒家本位的政治理想而执着于官场的追逐与性命的投入,能更轻松地发现进退之道,理解出人之间的智慧。当然,我们也应看到道家思想倾向于消极避世,对人的积极进取、社会发展也有一定的消极影响。

23. 法家

法家是中国战国时期以法治为思想核心的重要学派。其思想先驱可追溯到春秋时的子产,实际创始人是战国前期的李悝、商鞅、慎到、申不害等人。战国末期的韩非子是法家思想的集大成者。他们以在法律界及法理学方面做出了卓越贡献而闻名,并提出了一整套的理论和方法。他们对于法律的起源、本质、作用以及法律同社会经济、时代要求、国家政权、伦理道德、风俗习惯、自然环境以及人口、人性的关系等基本的问题都作了探讨,而且卓有成效。同时他们还提出了一系列的治国理念,特别是韩非的法术势兼用理论、李斯的"以刑去刑""刑无等级"理论对治理国家、维护君主专制统治产生了深远影响。

法家学派的法治理论对春秋战国之际进行封建化的改革以至秦始皇统一六国,建立中央集权的封建国家起到了重大的作用,并成为秦王朝的统治思想。到了西汉以后,独立的法家学派逐渐消失,其法治思想被吸收到儒学的体系中,德刑并用,成为维护地主阶级专政的有力工具。但是先秦法家对以后的一些唯物主义者和进步思想家仍产生了一定的影响。

24. 汉初黄老思想

黄老之学是从道家学派繁衍出来的一个新学派,"无为而治"是黄老思想的核心内容。汉初,由于百废待兴,西汉统治者顺应时代要求,大力提倡黄老之术,使黄老思想成为显学。但随着时代发展,到汉武帝时,采取了独尊儒术的政策,黄老思想逐渐被儒家思想所代替。

黄老思想的社会背景是建立在秦末的政治经济严重破坏、内忧外患的基础上。主要内容有:①无为而治,与民休息。通过"清静无为"的政治指导思想恢复经济和实现社会稳定的政治期盼。②文武并用,德刑相济。"无为"是要改变秦王朝的暴政,继承了道家黄老学派和法家的"无为"的同时也主张用儒、法等德教的治国思想,以便有效地治理国家,主张文武并用。③罚不轻薄,约法省刑。相对秦朝的暴政,包含着去苛从宽、删繁就简,实行罪罚相适应的理论。④

轻徭薄赋,以农为本。通过减轻农民的徭役,大力发展农业生产,促进社会经济的恢复和发展。

汉初的黄老思想对巩固西汉的统治发挥了巨大的积极作用,它不仅从理论上论证了汉初统治的合法性,而且对于恢复和发展汉初经济,使民众修养生息,都产生了积极影响。但随着时代发展,黄老思想的清静无为已经不适应时代要求,因而走向没落,被改造后的儒家思想所代替。

25. 罢黜百家,独尊儒术

"罢黜百家,独尊儒术"是董仲舒于元光元年(公元前134年)提出的,由汉武帝开始推行。其主要意思是指使儒家学说成为社会主流学说,成为正统思想。"罢黜百家,独尊儒术"标志着儒学在中国文化中居于统治地位。但此时的儒术,已非春秋战国时期儒家思想的原貌,而是掺杂了道家、法家、阴阳五行家的一些思想,是一种与时俱进的新思想。它维护了封建统治秩序,神化了专制王权,因而受到中国古代封建统治者推崇,成为两千多年来中国传统文化的正统和主流思想。

汉武帝在思想文化界首开"罢黜百家,独尊儒术"之政策,确立了儒家思想的正统与主导地位,使得专制"大一统"的思想作为一种主流意识形态固定下来,这也为其建立稳固的政治结构、实现内圣外王奠定了基础。同时也巩固了其统治的思想基础,极大促进了儒学发展,对形成中华民族性格都有巨大的影响。但是它对历史的负面影响却也同样不容忽视,像专制"大一统"的思想固然能够增强民族之间的凝聚力,但同时却也将专制集权推向了登峰造极之地步;从根本上阻碍了中国古代思想、学术的自由发展,人们的认识水平长期停留在解释传统儒家的思想学说水平上,其结果是中国传统政治思想没有发生过质的变革,中国古代社会也相应缺少了社会变革的文化动力。

26. 性三品说

性三品说是中国古代一种关于人性的学说。它由董仲舒提出的,后来被韩愈发展。董仲舒把人性分为上、中、下三等。结合天人感应说,提出人性有上、中、下之别的观点,实质上是对孟子与荀况的人性论的调和。他认为,人是"天"的有目的的创造物,所以人性也得之于"天"。所谓"人受命于天,有善善恶恶之性"。"天两,有阴阳之施;身亦两,有贪仁之性。"即在原则上承认人性有善又有恶,应该用"德"去启发其善性,用"刑"去威慑其恶性。善恶两性的表现,又因人而异,分为"圣人之性""中人之性""斗筲之性"三品。具有"圣人之性"的人,不经教化便能"善";而具有"中人之性"的人,既可以接受教化而为善,也可以不受教化、沾染恶习而为恶;至于具有"斗筲之性"的人,则多属为非作恶者,施予教化也很难为善。董仲舒认为,"中人之性"最具代表性,最好的办法就是既用德教,扶植其"仁"质而使之为善,同时又用刑罚以防止和惩戒其"贪"质而使之不为恶。但应以教化为主,所谓:"性者,天质之朴也;善者,王教之化也。无其质,则王教不能化;无其王教,则质朴不能善。"

董仲舒的性三品说后为唐代韩愈所继承。韩愈按照地主阶级的道德标准,认为人性的具体内容是"仁、义、礼、智、信"五德。据此,又将人性分为上、中、下三等:"上焉者,善焉而已矣;中焉者,可导而已矣;下焉者,恶焉而已矣。"以此为基础与之相对应的,还有三品的"情"。"情"的具体内容有七,即"喜、怒、哀、惧、爱、恶、欲"。它们包含在人性之中,"接于物而生",因性的差异"有所甚,有所忘"。韩愈主张:"然则性之上下者,其终不可移乎?曰:上之性就学而愈明,下之性,畏威而寡罪,是故上者可教而下者可制也。"

韩愈的性三品说和董仲舒的一样都是封建等级关系在理论上的反映,都是从人性论上论证封建统治的合理性。

27. 大一统

"大一统"是春秋时期公羊家的思想范畴,董仲舒对该理论进行深入阐发,认为"一"是万物的本源,是宇宙间的最高法则。"唯圣人能属万物于一,而系之元也。终不及本所从来而承之,不能遂其功,是以《春秋》变一谓之元,元犹原也,其义以随天地终始。"所有矛盾的事物都要在一的原则下统一起来,不得两起。此一并非对立中的统一,而是绝对的统一,即万物并非它们矛盾才需要"一",而是因为一方只能依附另一方才能存在,认为"大一统"的专制政治思想是"天地之常经""古今之通谊"。

要实现"大一统"必须做到:在政治上,实现绝对的君主专制统治,臣下以一为原则效忠君主,一切以君主为重,一切服从君主;在思想文化领域,"罢黜百家,独尊儒术",运用专制主义的政治权力来统一、禁锢人们的思想、言论和意志。政治上的专制需要思想文化领域中的专制辅佐,罢黜百家独尊儒术的根本目的是用儒家的伦理政治学说统一人们的思想和意志,使统治者能够在儒家思想的指导下保持一统,统治者也能在思想上有所遵从。

董仲舒的"大一统"思想不仅满足了封建统治的政治需要,对汉代政治取向和政治道路具有重要的指导作用,而且对汉代以后的中国社会也产生了深刻影响。随着董仲舒对"大一统"的理论阐述,"统一"的政治理念逐渐渗透到了中国人的血液之中,进而转化为中华民族的社会心理。

28.天人合一

董仲舒继承了孟子的思想,认为天和人是一体的,即"天人一也"。天人合一,逻辑顺序上天为一,人是第二性的,人只是天按照自己的意志创造出来的,是天的附属物。董仲舒将先秦时期的君权神授的政治观念发展为系统的天子受命于天的思想。

天子受命于天,君权来自天意。董仲舒认为君主的权力来源于天,天子秉承天的意志来治理国家,管理社会。既然君主代表天,拥有天所授予的权力,那么臣民对君主也就只能毕恭毕敬,唯命是从,否则就是对天不敬、逆天而行了。臣民服从天就像地从属于天一样的天经地义。君权神授说直接导出了君尊臣卑,维护了君主的集权与专制。他也指出了天的权威是高于君主的,君主居于万人之上,但也要尊天敬天,受天约束。如果君的行为不符合天意,天就会以灾异的方式给出警告,要求君主改正,适当调整政策。如果君主一意孤行,天就会给予责罚,必有灾祸降临。

董仲舒的天人合一观点意在说明君权的至上性。名义尊天,实则尊君。其核心是强调人民无条件地服从君主意志,这一理论本质上适应了西汉中期加强中央集权,巩固君主专制制度的需要。董仲舒进一步阐发灾异遣告之说的目的是好的,试图通过对灾异的推论,促使专制君主能够修明政治,但将限制现实的政治权力寄托于一种虚幻、不存在的超自然力量,在现实上是行不通的。

29.三纲五常

三纲即"君臣义""父子亲""夫妇顺",五常指"仁、义、礼、智、信"。三纲、五常这两个词,来源于西汉董仲舒的《春秋繁露》一书。但作为一种道德原则、规范的内容,它渊源于先秦时代的孔子。孔子曾提出了君君臣臣、父父子子和仁义礼智等伦理道德观念。孟子进而提出"父子有亲,君臣有义,夫妇有别,长幼有序,朋友有信"的"五伦"道德规范。董仲舒按照他的大道"贵阳而贱阴"的阳尊阴卑理论,对五伦观念作了进一步的发挥,提出了三纲原理和五常之道。

董仲舒认为,在人伦关系中,君臣、父子、夫妻三种关系是最主要的,而这三种关系存在着天定的、永恒不变的主从关系:君为主,臣为从;父为主,子为从;夫为主,妻为从。亦即所谓的"君为臣纲,父为子纲,夫为妻纲"这三纲。三纲皆取于阴阳之道。具体地说,君、父、夫体现了天的"阳"面,臣、子、妻体现了天的"阴"面;阳永远处于主宰、尊贵的地位,阴永远处于服从、卑贱的地位。董仲舒以此确立了君权、父权、夫权的统治地位,把封建等级制度、政治秩序神圣化为宇宙的根本法则。"五常之道"实际上是"三纲"的具体化。董仲舒又认为,仁、义、礼、智、信五常之道则是处理君臣、父子、夫妻、上下尊卑关系的基本法则,治国者应该给予足够的重视。之后,三纲五常经过了发展,特别是经过朱熹的发展,三纲五常逐渐成为天理,成为禁锢人们言行的桎梏。

三纲五常观念,为封建阶级统治和等级秩序的神圣性和合理性而辩护,成为中国封建专制主义统治的基本理论,为历代封建统治阶级所维护和提倡。它们作为封建社会的最高道德原则和观念,被写进封建家族的族谱中,起着规范、禁锢人们思想、行为的作用。两千多年来,它一直影响着中国人的国民性。当然,这种思想在一定时期也起到了维护社会秩序、规范人际关系的作用。

30. 天谴说

"天谴说"是由董仲舒在《春秋繁露》中提出的。《春秋繁露》中提到:"国家将有失道之败,而天乃先出灾害以谴告之。"董仲舒在论证天人合一、君权神授时指出,君主的权力来源于天,天子秉承天的意志来治理国家、管理社会。既然君主代表天,拥有天所授予的权力,那么臣民对君主也就只能毕恭毕敬,唯命是从,否则就是对天不敬、逆天而行了,必然要遭到上天的惩罚;同时他也指出了天的权威是高于君主的,君主居于万人之上,但也要尊天敬天,受天约束。如果君的行为不符合天意,天就会以灾异的方式给出警告,要求君主改正,适当调整政策。如果君主一意孤行,天就会给予责罚,必有灾祸降临。这就是所谓"天谴说"。

"天谴说"实质上是一种唯心主义思想,天灾就是自然灾害,是宇宙自然运行中自身规律所为,人类是无法抗拒的。当时提出这个"天谴说"也只是为了限制帝皇甚至是平民的思想活动,从限制帝皇这角度来说,"天谴说"也算是一种比较好的思想,起码让帝皇们有所顾忌,从而不做出严重损害人们利益的事情,但是将限制君主权力寄托于"天",显然是不可行的。从限制平民这一角度来说,则具有十分明显的封建色彩,限制平民百姓需要听从统治阶级的发号施令,使这些平民的奴性更加严重,更加服从封建统治。

31. 玄学

玄学是三国两晋时期兴起的,以综合道家和儒家思想学说为主的哲学思潮,故通常也称之为"魏晋玄学"。玄学是魏晋时期取代两汉经学思潮的思想主流。

玄学即"玄远之学",它以"祖述老庄"、综合儒道立论,把《周易》《老子》《庄子》称作"三玄"。玄学之"玄",出自老子的思想,《老子·一章》中说:"玄之又玄,众妙之门"。玄就是总天地万物的一般规律"道",它体现了万物无穷奥妙的变化作用。玄学家们用他们改造过的老庄思想来注解儒家的《论语》《周易》,对已经失去维系人心作用的两汉经学作了改造,建立起了"以无为本"的哲学本体论,即强调崇高的"无""自然"和"无为"。玄学发展先后经历了正始玄学、竹林玄学、西晋玄学、东晋玄学。

玄学家在多方面论证了道家的"自然"与儒家的"名教"二者是一致的,他们一改汉代"儒道互黜"的思想格局,主张"儒道兼综",孔子依然是最高的"圣人"。玄学所提出的或着重关注的有无、本末、体用、言意、一多、动静、自然与名教等一系列具有思辨性质的概念范畴,都是原始儒学和两汉经学所不具备或不重视的,玄学的出现大大推动了中国哲学的发展。

32. 名教

名教观念是儒教思想的重要组成部分。名即名份,教即教化,名教即通过上定名份来教化天下,以维护社会的伦理纲常、等级制度。它是以"正名分"为中心的封建礼教,是为维护和加强君主专制制度而对人们思想行为设置的一整套规范。

名教观念最初始于孔子。孔子强调以等级名份教化社会,认为为政首先要"正名",做到"君君、臣臣、父父、子子"。西汉大儒董仲舒倡导"审察名号,教化万民"。汉武帝把符合专制统治利益的政治观念、道德规范等"立为名分,定为名目,号为名节,制为功名",用它对百姓进行教化,称"以名为教"。内容主要就是三纲五常,故也有"纲常名教"的说法。

"名教"这个词的正式出现是在魏晋时期,用来指以孔子的"正名"思想为主要内容的封建礼教。魏晋时期围绕"名教"与"自然"的关系展开了论辩。王弼糅老庄思想于儒,认为名教出于自然;嵇康提出了"越名教而任自然"的思想;西晋郭象则认为名教即自然。宋明以后,名教被称作"天理",成为禁锢人们言行的桎梏,如违犯封建伦理纲常,即被视为"名教罪人"。

33. 名教出于自然

名教出于自然是三国魏时以夏侯玄、何晏、王弼为代表的玄学贵无派关于名教与自然关系问题的伦理观点。玄学贵无派思想家为挽救当时名教所面临的危机,以道家崇尚自然无为的道德理论,代替了汉代的神学迷信欺骗,来论证名教的合理性,提出此说。王弼说:"朴,真也。真散则百行出,殊类生,若器也。圣人因其分散,故为之立官长,以善为师,不善为资,移风易俗,复使归于一也。"又说:"五教之母,不皦不昧,不恩不伤。"认为真朴之德是名教百行的本源,自然是名教之母。他主张贵名教之精神实质而不要贵名教之繁文缛节,守"自然"这个"母",存"名教"这个"子",最终会有"仁义可显,礼敬可彰"的效果。王弼竭力证明,提倡名教与崇尚自然并不相悖,而是互为表里的,维护君主政治等级秩序的"名教"之治,确实处于无为的"自然之治"。

"名教"出于"自然"的思想,是具有对立倾向的儒道两家伦理思想的初步融合,把封建秩序说成是自然的秩序,为"名教"的政治合法性和正当性提供了新的政治哲学论证,美化了君主专制制度及其道德观念。

34. 名教即自然

名教即自然的观点是魏晋玄学家向秀、郭象提出的关于名教与自然关系问题的道德观点。他们反对玄学元康放达派"越名教而任自然"的思想,力求论证"名教"与"自然"的一致性。郭象说:"夫仁义自是人之情性,但当任之耳。"认为名教就存在于人的本性之中。他还把名教给人们规定的等级名分说成是人天生而就的"性"和"命",不可逃,亦不可加。人们应各安其性,各守本分。只要人们都能任各自天性之"自然",就能达到"贤愚袭情,而贵贱履位,君臣上下,莫匪而极,而天下无患矣"。任了"自然",也就是遂了"名教",尽了名教所规定的义务,亦即尽了自然之性。在郭象那里,任自然的"神人"和名教的"圣人"是合一的。提出"夫神人即今所谓圣人也。夫圣人虽在庙堂之上,然其心无异于山林之中"。从而泯灭了"自然"与"名教"的矛盾。这样一来,前人在理论上遗留下来的名教与自然的关系的抵牾或冲突得以弥合。

名教即自然,将统治阶级的政权、制度和规则都视为自然而然的存在物。存在即合理,这样就使君主政治的政治合法性得到了圆满的政治哲学论证。

35. 越名教而任自然

越名教而任自然是魏晋玄学中以阮籍、嵇康为代表的旷达派提出的政治伦理主张。嵇康反对司马氏集团提倡的虚伪名教,尖锐地指出儒家经典所宣扬的礼法名教本身束缚人性,违反自然,甚至是社会上一切伪善、欺诈等恶浊现象的根源。该观点认为人的本性是"好安而恶危,好逸而恶劳",与名教相对抗,同时主张"越名教而任自然",即不为名教所拘束,求得精神上的自由。此外,它强调"心不存于矜尚""情不系于所欲",它认为"名教"不同于"自然",即儒家的纲常伦理,不合乎无拘无束、放任自流的"自然"要求,而是一种追名逐利的工具。它要求人们应该恢复人的自然本性,超越和摆脱"名教"的束缚。

嵇康以"任自然"的理论出发,猛烈抨击现实社会中的一切恶浊现象和门阀士族的残暴统治。他批评虚伪礼教和残酷法制,主张恢复和实现源于自然的真名教。他的观点展示了中国历史上反思礼教、批判思想权威的一次认识高峰。在当时的政治条件下,嵇康的思想具有一定的积极意义。

36. 天地之性

天地之性亦称天命之性、义理之性,与"气质之性"相对。北宋张载在《正蒙·诚明篇》提出:"形而后有气质之性,善反之,则天地之性存焉。"他认为天地之性是"太虚之气"的本性,它清澈纯一,是无不善的。"天性在人,正犹水性之在冰,凝释虽异,为物一也"。他所谓"天地之性",实际上就是"天理""天性"。

张载认为,人性有两层,一是天地之性,一是气质之性。天地之性即禀太虚之气而成,太虚之气的本性也就是人和物的共同本性,是先天的本性,也是善的来源。气质之性对外物有所追求,张载又称之为"攻取之性",认为气质之性是人性中恶的来源。张载主张改变"气质之性",回到"天地之性";主张通过学习克服追求外物的情欲,"使动作皆中礼",则能"变化气质,从而恢复本来的善性",即"天地之性"。朱熹继承了张载区分"天地之性"和"气质之性"的思想,并认为"天地之性"是至高无上的,天理在人性中的体现,"性是实理,仁义礼智皆具"。"论天地之性,则专指理言。""天地之性"无不善,但表现于具体的人身上则要受到气质之性的影响,于是产生了善恶的差别。程朱一派的理学家们正是以这种人性论为依据,提出了"存天理,灭人欲"的口号,这一思想也受到后代哲学家的批判。

37. 气质之性

气质之性是张载提出的人性论命题,与天地之性相对。张载把人性区分为天地之性与气质之性。他说:"形而后有气质之性,善反之,则天地之性存焉。故气质之性,君子有弗性者焉。"意思是说,一个人出生后就有了具体的本性,即"气质之性",这种气质之性体现了人们的生理特征和需求。"气质之性"指每个人生成之后,由于禀受的阴阳二气不同而形成的特殊本性,说"人之刚柔、缓急,有才与不才,气之偏也"。气质之性对外物有所追求,张载又称为"攻取之性"。他说:"攻取,气之欲;口腹于饮食,鼻舌于臭味,皆攻取之性也。"他认为气质之性是人性中恶的来源。张载认为,人与人之智愚、圣凡不同,是由气质决定的,由于气禀的昏明清浊之异,产生了人的品质的偏差,而且这种气质之性不是不可以改变的。人们要想成为一个道德高尚的人,就要进行道德修养,克制自己的欲望,"变化气质"。

张载在中国历史上首次提出了比较完整的、适合地主阶级需要的人性学说,他把地主阶级的人性论思想发展到一个新的阶段,成为宋明理学唯心主义思想体系的重要组成部分。南宋朱熹高度评价了张载的"气质之性"说,说他"有功于圣门","有补于后学"。

38. 经学

经学是训释或阐述儒家经典文学的学说。所谓儒家经典,多数是历史、哲学、文学方面的经书,最初有《诗》《书》《易》《礼》《春秋》五经,后来增加了《左传》《谷梁传》《周礼》《礼记》《论语》《孝经》《孟子》《尔雅》,统称为"十三经"。在中国封建社会,儒家思想成为正统,经书也就被奉为经典。历代统治者和地主官僚知识分子对之加以阐发和议论,形成经学。汉武帝"罢黜百家,独尊儒术",经学成为中国封建社会文化的正统。随着封建社会的发展,其盛衰分合、争辩也往往与当时统治政治相联系,经学分古文经学和今文经学。

今文经学附会政治和现实生活,讲谶纬迷信。古文经学则重实学,讲求名物训诂。西汉董仲舒把阴阳五行说和今文经《春秋公羊传》相牵合,用以巩固皇权,适合了统治者的需要,今文经学占了优势。东汉王莽,利用刘歆提倡的古文经《周礼》作为改制的根据,提高了古文经学的地位,并逐渐压倒今文经学,研究文字训诂的"小学"因而兴起。汉末,郑玄融今文、古文于一体,使古文经学更为完善。魏晋南北朝时期,经学分南学与北学。南学受玄学、佛教影响,不拘家法,任意发挥,学风较虚浮,编出比"注"更详细的"义疏"。北学崇尚儒道,学风较朴实。唐代孔颖达等奉命编《五经五义》,折衷南北学,并将其作为科举取士的依据。北宋经学发展为理学,直接服务于封建君主独裁制度,古文经学一度衰竭。元明以来,因统治者提倡,理学仍占统治地位。明末清初顾炎武等人反对八股文和宋学,提倡古文经学,以"明道救世",于是清朝形成对古籍进行整理、训诂的乾嘉学派,"公平学派"同时存在,鸦片战争前后,龚自珍、魏源利用今文学派改制主张,极力振兴今文经学。五四运动摧毁封建文化,经学才告终。

西汉至清,经学作为我国封建学术文化的正统地位始终没有发生动摇,对于巩固和延续封建制度起了巨大作用,是研究我国封建社会史的重要资料。但经学在历史上也限制了新思想的产生,阻止了科学的发展。

39. 古文经学

古文经学是经学中研究古文经籍的学术流派。与"今文经学"相对。古文经的训解评述称为古文经学。汉代发现的古籍,出于孔子旧宅壁中和民间。如今存古文《尚书》《礼记》《论语》《孝经》和《周官》等。经过学者篡改增加,有许多不可为据的地方。针对先秦文字歧异,在认辨解释的过程中,建立了系统的训诂方法。研究古文经籍的学者重视《周官》。汉代王莽变法,宋代王安石新法,都曾以《周官》为理论依据。古文经学始于西汉末,盛行于东汉。六朝、隋、唐经学以郑学影响较大。清代学者继承古文经学家的训诂方法而加以条理化,用于古籍整理和语言文字研究,有较大成就。

古文经学斥责今文经学附会谶纬的妖妄,强调文字训诂对于治经的重要性。为了准确解释儒家经书,古文经学者对文字、音韵、训诂作了精深的研究,提出了一些有价值的学术观点,撰为著述,如齐歆认为"六书"是汉字造字的基本法则,扬雄著《方言》,许慎著《说文解字》等,皆有相当程度的科学性,至今仍为理解古代文化典籍的钥匙,受到学者的重视。

古文经学讲求文字训诂,明典章制度。在政治思想方面,古文经学对于哲学范畴、命题及各种政治、道德制度都有明确的考证、解释,为研究古代政治制度、道德思想、礼仪习俗衍变提供了宝贵资料。

40. 今文经学

今文经学是经学学派之一,与"古文经学"相对,始自西汉初。今文诸经均用汉代通行的隶书写定。今文经学与古文经学在经书的字体、文字、篇章等形式上,在经书中重要的名物、制度、解说等内容上都不相同。

汉武帝采纳今文经学大师董仲舒的建议,罢黜诸子百家传记博士,只立五经博士,定儒于一尊,今文经学特别是《春秋公羊传》学盛极一时。今文诸经在汉代均置博士,势力很大。今文经学中有支分派别,东汉的十四博士,《易》有施、孟、梁丘、京氏四家,《书》有欧阳、大小夏侯三家,《诗》有鲁、齐、韩三家,《礼》有大小戴二家,《春秋公羊》有严、颜二家。今文经学主张通经致用,结合现实阐发经书中微言大义,如汉代的今文经学往往为当时政治、经济、法律作论证。汉以后日益衰微。18世纪中晚期,常州学派的庄存与、庄述祖、刘逢禄、宋翔凤等人探讨西汉今文经学,其后魏源、龚自珍以经术讥切时政,又推动了今文经学的发展。清末廖平、皮锡瑞、康有为等人大力提倡今文经学,并以此为戊戌变法作舆论准备。

今文经学以孔子为哲学家、政治思想家,为受命"素王",主张"托古改制",认为六经皆孔子制作。其特点是注重"微言大义",结合现实阐发经义,具有较丰富的哲学、政治思想;其不足是附会经义,甚至神化孔子和经学。

41. 唐初居安思危思想

居安思危是指处在安乐的环境中,要想到可能有的危险。要求人们提高警惕,防止祸患。居安思危思想最早出自于《左传·襄公十一年》:"居安思危,思则有备,有备无患,敢以此规。"后来,居安思危思想成为古代中国人修身、治国的重要理念。其中,唐初以李世民为首的贞观集团吸取隋亡教训,极其强调居安思危思想。这主要是由于,唐初贞观集团的成员们原本是隋朝的臣民,他们目睹了隋王朝灭亡,还参加了推翻隋政权的战争,这样触目惊心的事实引起了李世民君臣的反思,以隋亡鉴成为他们思考治国方略的一个起点。

隋朝灭亡的原因有:①奢侈无度,②杜绝言路,③用人不贤、小人掌权。唐太宗掌权后,魏徵时刻告诫唐太宗要居安思危。魏徵指出:"人君当神器之重,居域中之大,不念居安思危,戒奢以俭,斯亦伐根以求木茂,塞源而欲流长也。"李世民能正确看待并牢记心中并以身作则,同时他采取了一系列措施,巩固统治。

唐初贞观集团的居安思危思想不仅使他们能吸收隋朝的灭亡教训,并为他们实行儒家仁政德治政策提供了认识的前提,对"贞观之治"的出现具有重要影响。

42. 唐太宗民本思想

由于唐初国库空虚,经济凋敝,人民极度贫困的社会状况,统治者稍有放纵就会激起民愤。于是李世民特别关注君民、国民的关系,推崇"君依于国,国依于民","君舟民水","水可载舟,亦可覆舟"。隋末农民起义对封建统治者的沉重打击,使唐太宗重新认识到民众的巨大政治力量,他通过对历史经验的总结,认识到君主、国家,民众三者之间是相互依存的关系,民众是社会存在和发展的基础,为君之道在于重民、保民,确立了"以民为本"的政治理念,并由此出发调整了统治者与被统治者之间的关系。

其民本思想具体表现在:思想上重视君民关系;经济上实行"轻徭薄赋"、休养生息的政策;法律方面重视礼法合一、公正执法;统一边疆,实行开明的民族政策。

唐太宗民本思想取得了良好的政治效果。贞观时期,生产状况迅速好转,社会秩序井然,政局稳固,君臣关系和谐,百姓安居乐业,各民族和睦相处,开创了被誉为"贞观之治"的中国封建社会最突出的太平盛世。同时,他的民本思想也对后世的重民思想产生了深远影响。

43. 封建论

《封建论》是唐代大文学家柳宗元的作品。这篇文章将封建制(即分封制)与郡邑制(即郡县制)相比,论证封建制是过时的制度;同时,以此表达作者的政治观与历史观。

《封建论》首先提出,封建制的建立,不是出于圣人的本意,而是迫于"势",即形势。这形势是政治形势。柳宗元所说的圣人,不是儒家所尊崇的孔子那样的圣人,那时儒家还没有出现。他说的是"古圣王",指尧、舜、禹、汤、文、武,他统称为圣人,亦即周以前及周初古代国家的最高统治者——君王。古圣王依靠封建制维护统治的权力,没有诸侯的拥戴,他们坐不稳王位。所以他们赞成封建制,完全出于私心,《封建论》指出他们是"私其力于己也,私其卫于子孙也"。但是诸侯各霸一方,分享统治权力,而且日趋强大,与中央政权分庭抗礼,成为古圣王的直接威胁。这时封建制又成为他们的心腹之患,虽欲去之而力有不逮。所以文章一再强调,三次提出"封建非圣人意也,势也"。

因此,郡县制代替封建制,是历史一大变革,柳宗元将二者的区别归结为"夫天下之道,理安,斯得人者也"。意思就是说,"得人"与否是两种制度的分界线。封建制用人唯私(地方世袭制),而郡县制用人唯公(中央任命制)。

柳宗元在这篇文章中所表达的历史观,是反对复古、泥古与倒退。这是一种进步的历史观。他的政治观则更为敏锐,把问题看得透彻,透过历史的迷雾,揭去笼罩在古圣王和今圣王头上的至高无上、大公无私的光环,还原他们以私情私利建立封建、专制统治制度的真相。

44. 天人不相预论

天人不相预,意思是人和天互不相干。这是柳宗元提出的天人相分的唯物主义思想,他反对韩愈的等人主张的"天有意志,赏善罚恶"的天命观,集中批判天人感应论,在哲学上发展了天道自然论的观点。

在元气唯存、气化宇宙的思想前提下,柳宗元视天为自然之物,天道只是按自然规律发展和变化的过程。在当时与好友韩愈有关天人问题的激辩中,他曾指出韩愈以为"天人相仇"之看法,是有激而为者,至于其真实之观点,认为天是有意志、能赏功而罚过的看法,则进行了深刻驳斥。他认为天地、元气、阴阳与果蓏、痈痔、草木一样,皆是无知之自然物质,没有什么意志,不能赏功罚过。人事之功祸,皆由人自取。因此,希冀天地、元气、阴阳来赏功罚过。或呼天怨地,以求上天之怜悯仁慈。皆是荒谬愚蠢之事。因此,主张"天人不相预",指出"生植与灾荒,皆天也;法制与悖乱,皆人也。二之而已。其事各行不相预,而凶丰理乱出焉"。他肯定地指出,草木之生长繁殖,年岁之凶歉丰收,这是天所造成的自然现象;而法制与动乱,是人为的社会现象。二者皆有其发展变化之规律,各司其职,各行其事,互不干预。

这种天人相分的思想,不仅是驳斥了韩愈所主张的天能赏功罚过的天命论,也否定了董仲舒的天人感应论,同时承继了荀子所谓的"明于天人之分"的思想,表现出高度的理论勇气和无所畏惧的战斗精神。

45. 理学

理学是宋元明清时期的哲学思潮，又称道学。它产生于北宋，盛行于南宋与元、明时代，清中期以后逐渐衰落，但理学创始人周敦颐的影响一直延续到近代。广义的理学，泛指以讨论天道性命问题为中心的整个哲学思潮，包括各种不同学派；狭义的理学，专指以程颢、程颐、朱熹为代表的、以理为最高范畴的学说，即程朱理学。理学是北宋以后社会经济政治发展的理论表现，是中国古代哲学长期发展的结果，特别是批判佛、道哲学的直接产物。理学在中国哲学史上占有特别重要的地位，它持续时间很长，社会影响很大，讨论的问题也十分广泛。

概况起来，理学主要讨论三个问题：一是本体论问题，即世界的本原问题。如张载提出气本论哲学，认为太虚之气是万物的本原。二程建立"天即理"的理本论哲学，认为观念性的理是世界的本原。朱熹提出理为"本"，气为"具"的学说。二是心性论问题，即人性的来源和心、性、情的关系问题。张载提出天地之性与气质之性和心统性情的学说，认为天地之性来源于太虚之气。程颢提出了心即天以及性无内外的命题，把心、性、天统一起来。程颐则提出性即理的命题，把性说成形而上之理。朱熹认为心之本体即是性，是未发之中；心之作用便是情，是已发之和；性和情是体用关系，而心是"主宰"。三是认识论问题，即认识的来源和认识方法问题。张载首先提出"见闻之知"与"德性之知"两种知识，并提倡穷理尽性之学，成为理学家共同讨论的问题。二程提出"格物致知"的认识学说，朱熹提出"即物穷理"的系统方法，王守仁则提出"致良知"说。

作为地主阶级新的思想理论体系，理学一度对当时社会的发展起过好的作用。它在思辨哲学方面的发展，无疑是人类历史上的一大进步。对于日本、朝鲜的历史发展，理学也曾发生相当大的影响。但是理学在强化封建礼教、维护宗法等方面，随着中国封建社会的不断发展，日益起着消极乃至反动的作用。

46. 存天理、灭人欲

存天理、灭人欲是宋代程朱理学伦理思想的重要命题。"天理"指仁义礼智的封建纲常伦理，"人欲"指违背"天理"的意念和衣食住行等生活欲望。《礼记·乐记》称："人生而静，天之性也，感于物而动，性之欲也……知诱于外，不能反躬，天理灭矣……人化物也者，灭天理而穷人欲者也。"二程和朱熹把封建秩序说成是不可侵犯的"天理"，是道德的最高原则、宇宙的最高主宰，认为它是不变的、至善的,以此来证明封建伦理道德的合理性和永恒性。把"人欲"视为一切恶行的根源和人们道德修养所要消除的蔽害。天理和人欲的关系是水火不相容的,"天理存则人欲亡,人欲胜则天理灭"。程颐把"男女尊卑之序"比作"天理",把怕寒挨饿比作"人欲",谓寡妇贫穷不能改嫁,"饿死事极小,失节事极大"。

在他们看来,一切道德修养的目标,是为了达到"存天理、灭人欲"的目的亦即要人们放弃一切生活欲望的追求,绝对服从封建伦理教条,甘做封建礼教的牺牲品。这极大地束缚了人民的思想,严重地阻碍了社会进步思想的发展。

47. 格物致知

儒家所倡导的认识方法及道德修养方法,指穷究事物的道理而求得知识。该观点最早见于《礼记·大学》:"致知在格物,物格而后知至。"汉郑玄注:"格,来也;物,犹事也。其知于善深,则来善物;其知于恶深,则来恶物……此致或至。"

程朱学派对此论述较详。南宋朱熹说:"所谓致知在格物者,言欲致吾之知,在即物而穷其理也。"这种"即物穷理"的说法,把与事物的接触看成认识事物的条件,因而有其合理之处。与此不同,陆王学派认为格物致知纯然是内心的事。明王守仁说:"所谓致知格物者,致吾心之良知于事事物物也","致吾心之良知者,致知也;事事物物皆得其理者,格物也"。明清之际的王夫之认为,"格物"与"致知"是两种认识方法,前者是广泛接触事物和古今知识,后者是进行抽象思维,二者相辅相成。清代颜元则解释"格物"为"手格其物而后知至",并认为欲求真知,必须实做其事,行先于知。

48. 王阳明心学

王阳明心学通常又称作王学、心学,是由明代大儒王阳明发展的儒家理学。元代以及明初以来流行的程颐朱熹一派的理学强调格物以穷理,王阳明则继承宋代陆九渊强调"心即是理",即最高的道理不需外求,而从自己心里即可得到,其主要思想内容是"心即理"。王阳明认为"至善是心之本体","心即理也,此心无私欲之蔽,即是天理,不须外面添一分。"王阳明认为,"心外无物""心外无理""心外无善";"心"是第一性的,"物"是第二性的;"理"是封建道德,存在于心,是人头脑中固有的。他这样说是强调社会上的伦理规范之基础在于人心之至善。他主张通过"内心反省"克服"私欲",以"致良知"。理外非心,王阳明讲求心为人的主宰,心无外理,心无外物,内心正确的本能思考就是良知,当良知一动时就是良能,良能是致良知,良知与良能一以贯之就是知行合一,这便是王阳明心学的核心命题。

王阳明以此为基础,提出了以"明德亲民"为核心的政治主张,指出"夫圣人之心,以天地万物为一体,其视天下之人,无外内远近,凡有血气,皆其昆弟赤子之心,莫不欲安全而教养之,以遂其万物一体之念"。他讲圣人之心以天下万物为一体,重在说明君主应该爱民如子,推己及人,以仁心行仁政。这对当时具有重要的积极意义。

王阳明心学提倡个人的主观努力,主张个人内在修养,他抛弃了程朱的格物致知,存天理灭人欲,倡导了心的重要性,肯定了人的价值,极大地解放了人们的思想。同时,王阳明心学的发展影响了明朝晚期思想中对于情欲的正面主张和看法,由于心即理,所以人欲与天理,不再如朱熹所认为的那样对立,因此是可以被正面接受的,而且对于反对专制主义、追求个性解放都具有重要的启蒙作用。后来的李贽、黄宗羲等人提出反对君主专制的思想,都与王阳明心学有一定的思想渊源关系。但是我们也应看到,王阳明心学从本质上是一种主观唯心主义,因而也具有难以克服的局限性。

49. 知行合一

知行合一是明代王守仁提出的认识论与伦理学范畴。所谓"知行合一",不是一般的认识和实践的关系。"知",主要指人的道德意识和思想意念;"行",主要指人的道德践履和实际行动。因此知行关系,也就是指的道德意识和道德践履的关系,也包括一些思想意念和实际行动的关系。王守仁的"知行合一"思想包括以下两层意思。

(1)知中有行,行中有知。王守仁认为知行是一回事,不能分为"两截"。"知行原是两个字,说一个工夫。"从道德教育上看,王守仁极力反对道德教育上的知行脱节及"知而不行",突出地把一切道德归之于个体的自觉行动,这是有积极意义的。因为从道德教育上看,道德意识离不开道德行为,道德行为也离不开道德意识。二者互为表里,不可分离。

(2)以知为行,知决定行。王守仁说:"知是行的主意,行是知的工夫;知是行之始,行是知之成。"意思是说,道德是人行为的指导思想,按照道德的要求去行动是达到"良知"的工夫。在道德指导下产生的意念活动是行为的开始,符合道德规范要求的行为是"良知"的完成。

这一范畴的提出,主要是针对程朱理学末流带来的知行脱节流弊而发,力图从意念、动机入手,破除人的"妄思",把人的思想和行为统一到封建纲常伦理上来。王守仁的知行合一说深化了道德意识的自觉性和实践性的关系,克服了朱熹提出的知先行后的弊病,但是同时也抹去了朱熹知行说中的知识论成分。王守仁的观点虽然有利于道德修养,但忽略了客观知识的学习,这就造就了以后的王学弟子任性废学的弊病,清初的思想家甚至把明亡的原因归于王学的弊端。

50. 致良知

明王守仁伦理学说的基本宗旨和核心思想。"良知"原出于《孟子》,指一种"不学而能""不虑而知"的天赋道德观念。王守仁从"心外无理"的立场出发加以发挥,认为"良知"即天理,达到本心的良知,也就达到了对一切真理的认识。人心中因有良知常常受到私欲的障蔽,必须通过内省的工夫除去私欲,方能恢复本心之正,还要推及自己的良知于事事物物,"致吾心良知之天理于事事物物,则事事物物皆得其理矣"。

王守仁的"致良知"说,将本体论、认识论与道德修养论统一起来,强调道德修养的必要性、可能性,强调道德意识的能动性、自觉性,有其合理因素,但却无视于道德的历史性,否定了道德是一定社会物质生活条件的产物,把道德看成是人先天具有的、亘古不变的东西,把道德修养仅仅看作反省内求、个人自我完善的过程,则是错误的。这些唯心主义观点,后来受到王夫之等人的批判。

51. 理一分殊

理一分殊是中国宋明理学讲一理与万物关系的重要命题,源于唐代佛教华严宗和禅宗。华严宗在四法界中讲理法界和事法界时,认为理是全遍,不是分遍;禅宗认为,同一本体显现为形形色色的事物,千差万殊的事物的本质又同一,同一为理。宋明理学家采纳了华严宗、禅宗的上述思想,提出了"理一分殊"的命题。

理一分殊的概念是二程率先提出的。二程说:"天下物皆可以理照,有物必有则,一物须有一理。"即万事万物都有自己的理,同时它们各自的理又都根源于天理,是天理的具体体现。后来朱熹从本体论角度指出,总合天地万物的理,只是一个理,分开来,每个事物都各自有一个理,然千差万殊的事物都是那个理一的体现。明代的罗钦顺改造了朱熹的理一分殊说,认为理只是气之理。世界上的人和物禀气而生,理便是一气变化的理,其理是唯一,所以叫理一;在其"成形之后,其分则殊",便叫分殊。两者的关系是,理一存在于分殊之中,即存在于千差万别的事物之中,这种认识接触到了一般寓于个别之中的辩证关系。

理一分殊解决了一与多、同与异的对立统一问题,使儒学理论严密化。理一分殊在政治上的价值就是为儒家伦理纲常和等级秩序提供了精巧论证。

52. 明君论

明君论是王符提出的关于如何成为贤明君主的观点。王符认为,改除弊政、实行仁政的关键是君主,而君主能否做到"爱民""利民""尚贤""任贤",又取决于其是否公正和明智。

王符认为,君主作为国家的代表,首先自己应该公正无私,然后才能防止和制裁臣下以私害公。他认为君主作为封建国家的代表,就应该处处维护国家的整体利益,用"公法"来衡量政治上的是非。由于"民为国基",民的命运关系着整个封建国家的命运,所以君主就应该自觉地"爱民""利民"而杜绝一切"扰民""虐民"之举。由于"国以贤兴",大臣的状况也关乎整个封建国家的兴亡,所以君主也应该自觉地"尚贤""任贤",而对一切"蔽贤""妒贤"的有害封建国家的行为,也必须绳之以国法。这样,君主把整个国家的利益放在第一位,就可以通过国法(公法)来防止和制裁那些损害国家利益的不法行为,天下自然安定和太平。

在王符看来,君主是否公正无私,最大的考验和最重要的标志还在于如何用人。这个问题的实质就是,到底"用人唯贤"还是"用人唯亲"。"唯贤"则公,"唯亲"则私。王符为约束君主再一次把"天"搬出来。他要求君主从国家的公利出发"尚贤""任贤",而不能出于"私爱"而重用其亲信。不然,就是"偷天官以私己",必将受到"天"的惩罚。为了成为明君,君主必须要兼听,君主必须首先要放手让群臣讲话,还要特别倾听卑贱者的意见。只有这样才不会偏听,成为明君。

王符在古代君主权力高度集中的情况下提出明君论,他看到了施行仁政、改革弊政的关键——君主。他对君主提出的一系列要求,也有利于产生明君,对国家社会产生积极影响。但是把希望过多地寄托于君主,说明王符并没有找到正确的社会改革之路,难以实现仁政。

53. 童心说

童心说是明代思想家李贽重要伦理学著述之一,载《焚书》卷三。李贽从阳明心学的根本立场出发,认为童心是人的道德本性,是人们天生的、本然的道德良心,是至善的"真心"。保存童心的本来面目,则"天下之至文,未有不出童心焉者也"。闻见道理"从耳目而入,而以为主于其内,而童心失"。他认为封建的道德教条不是出于人的道德本性,反而是对童心的妨害。同时又强调童心的自然朴素,不假修为,"纵不读书,童心固自在也"。学习、修养只是为了"护此童心而使之勿失"。

李贽以童心为一切道德现象的根源作为衡量事物的道德价值,指出儒家尊奉的六经、语(《论语》)、孟(《孟子》)并非出自童心,而是史官属臣、迁阔弟子的阿谀赞美,啜唾拾遗的产物;揭露"六经、语、孟乃道学之口实,假人之渊薮也,断断乎其不可以语于童心之言明矣";表现出对封建道德传统的叛逆。他实质上是以"绝假纯真"的童心提倡自然朴素的道德,肯定人的自然本性的道德价值。这种见解在当时具有振聋发聩的作用,无论是对文艺批评,还是对教育的理论与实施,都具有深刻的积极意义。

54. 道统说

道统说是中国儒家关于先王之道传承系统的理论。《论语·尧曰》载孔子历叙尧舜传授之言,为儒家道统说之所本。孟子自命继承孔子正统,提出"如欲平治天下,当今之世,舍我其谁也"。唐代韩愈为了抬高儒家在历史上的正统地位,与佛教"法统"传法世系相抗衡,仿照佛教诸宗的祖统,在《原道》中首先提出儒学之"道"的传授系统。他认为"尧以是传之舜,舜以是传之禹,禹以是传之汤,汤以是传之文武周公,文武周公传之孔子,孔子传之孟轲"。韩愈以孟子继承者自居,表示决心肩负起卫道重任,与佛老进行坚决斗争。宋代朱熹进一步将韩愈儒道传授系统的思想,概括为"道统",而把韩愈本人排除在外,认为上继孟子的是二程。他说:"盖自上古圣神继天立极,而道统之传有自来矣。"这个道统是尧、舜、禹、汤、文、武、周公、孔、孟依次相传,至程颢、程颐才"实继孔孟不传之统"。道统说为唐宋以后的历代封建统治者所遵奉,在一定程度上反映了儒家思想的渊源。

道统说是儒家思想的一个重要方面,虽由唐代韩愈提出,但却是孔子以来的一贯思想。儒家学者在思考儒学与佛、道两家关系时,认为"道统"起着明确的自我归属作用。在儒学之内,它划分学派界限;在儒学之外,它区分儒、释、道三家。它是儒学发展的内动力,又限制儒学的发展。

55. 工商皆本

"本",根本,古代重农轻商,所以"本"就是指农,"末"就是指商。"工商皆本"是明代黄宗羲提出的政治主张,其主要观点就是认为就国家发展而言,商业具有和农业同等重要的地位。

黄宗羲的"工商皆本"思想集中体现在其《明夷待访录》的《财计三》篇中,是鉴于当时社会的变动,而对现实提出的学说,他认为奢侈性的消费型工商业,不切于民用,应加以批判、禁止。而真正"兴民利,厚财源"的新型工商业,使社会财富的价值在流通中得以实现,利于国计民生,因此值得提倡,而古代圣王所抑制的是前一种,没有认识到后一种工商业对社会发展的作用,因此大胆地提出工商皆本的思想,一反历来古有的"重农抑商"思想。

这一观念直接地肯定了工商业在社会财富的增殖过程中具有与农业同样重要的地位,使全社会达到货物畅其流,"常有千万财用,流转无穷"。这一观念将会起到解构传统农业社会"重农抑商"的价值观念,从而在文化意识形态方面为手工商业者发展自己的事业提供新的哲学论证。这一思想的提出说明资本主义萌芽开始出现,从实际出发,有利于当时经济的发展。

56. 天下为主,君为客

这是黄宗羲反对君主专制思想的一个重要方面,也是其著名的天下观。黄宗羲在古代"天下为公"的思想基础上,明确提出了"天下为主君为客"的思想。他说:"古者以天下为主,君为客,凡君之所毕世而经营者,为天下也。今也以君为主,天下为客,凡天下之无地而安宁者,为君也。"(《明夷待访录·原君》)在此,黄宗羲区分了天下和君主这两个范畴,朝代的更迭不具有天下兴亡的意义。他说:"天下治乱,不在一姓之兴亡,而在万民之忧乐。"(《明夷待访录·原臣》)换言之,用以判断天下兴亡、治乱的标准是百姓的忧乐。在此,实际上,黄宗羲对传统君主统治的合法性基础进行了重新审视,将统治的合法性建立在百姓能否安居乐业上面。

黄宗羲系统地解释了"天下"和"君主"之间的关系,将二者清楚地区分开来。他试图跳出君主和国家一体的结构体系,用"天下"一词来区分君主一姓的朝廷。但是需要说明的是,黄宗羲的论断毕竟还无法上升到现代政治学意义上的国家概念,他所提出的"天下"虽然与传统的一姓王朝之私有了本质的不同,但是与现代意义上的国家仍有一定的差距。他的天下观凸显了民众的地位,认为相对于天下而言,君主只是客而已。这一思想与他重视民众利益的思想是一脉相承的,对于后来人们重新思考统治合法性的问题,黄宗羲的确提出了一个有意义的视角。

57. 不以天下私一人

不以天下私一人是王夫之著名的民本思想。王夫之目睹了明王朝因对民众实行重压政策而灭亡的事实,他认真总结历史的经验教训,提出了"以民为基"的主张。他认为君主应当以民为根基,民心是否稳定,涉及根基是否坚固,君主应当把关心民众作为"第一天职"来对待。

王夫之在其民本思想的基础上对君民关系进行了分析。他把君民关系从公私的角度进行了区分。他说:"一姓之兴亡,私也;而生民之生死,公也。"(《读通鉴论》卷十七)可见,王夫之认为,君主一家一姓的兴亡是私事,而广大民众的生死存亡问题才是国家的公事。原因在于:"以天下论者,必循天下之公,天下非一姓之私也。"(《读通鉴论》卷末《叙论一》)"国祚之不长,为一姓言也,非公义也。秦之所以获罪于万世者,私己而已矣。斥秦之私,而欲私其子孙以长存,又岂天下之大公哉。"(《读通鉴论》卷一)在此,王夫之深刻反思了传统的"家天下"观念,对这种尊君观念进行了批判,认为天下国家是广大民众的天下国家,君主个人是一人之私,不能把天下国家与君主个人等同看待;为君主个人不是为公,而是为君主个人之私,他说皇帝也是"可禅、可继、可革"的,以此对传统的君权无限论提出了挑战。王夫之认为,否定君主的无上权力,对整个国家是大有希望的。对封建君权的削弱,意味着民众地位的提高。

王夫之的不以天下私一人的民本思想具有很大的进步性。在君主专制接近尾声的时候,王夫之能够总结历史的经验教训,针对当时的政治上的积弊提出了比较全面的民本思想,对反专制思想的形成和发展起到了启蒙作用,他所提出的"藏富于民""义利统一"和朴素的平等观都有利于劳动人民的觉醒。当然我们也要看到,王夫之的民本思想有一定的局限性,他强调以民为本,但又对民持保留态度。由于阶级的局限性,他不能充分相信民众。他一方面指责君权,但又为君权辩护,虽然认为君权可以削弱,但不允许有"庶人之议"。

58. 经世致用

经世致用的观点主要是指学问必须有益于国事。它是儒家重要的思想观点,极为符合儒家积极入世的"入世哲学",它由明清之际思想家顾炎武等人提倡。他们认为学习、征引古人的文章和行事,应以治事、救世为急务,反对理学家不切实际的空虚之学,对后人影响很大。

明末清初,经世致用之学大兴,形成了一股有影响的社会思潮,代表人物有顾炎武、黄宗羲、王夫之、李颙、颜元、李塨、王源等人。他们以社会问题为中心,在救世济时的思想指导下,提出了解决当前社会问题的各种方案:①政治上,猛烈地批判君主专制制度,揭露专制君主的罪恶,并提出了一些带有初步民主启蒙因素的主张,如黄宗羲"公其是非于学校"、顾炎武"庶民干政"的主张。②经济上,针对封建的土地兼并,提出了各种解决土地问题的办法。这些办法都贯穿着"均田"的精神。他们提出的"均田"虽与农民起义提出的"均田"有根本不同,但表现出对农民问题的关心和同情。③教育上,他们激烈地批判束缚思想的科学制和八股时文,注重学校教育,要求培养出真正有学问、有实际能力的有用人才。④哲学上,他们各有所宗,各有所创,呈现思想活跃的局面。

清末,封建的清政府腐败无能,帝国主义的侵略日益加深,国家面临着生死存亡的严重局面。在这种情况下,经世致用之学再度兴起。其代表人物是魏源、龚自珍以及稍后的康有为。他们以今文经学为主干,继承和发展了明末清初的经世致用精神,借经书的所谓"微言大义"发挥自己社会改革的主张。在救亡图存的旗帜下,揭开了历史的新篇章。

可以看出,经世致用强调的是关注社会现实、面对社会矛盾,并用所学解决社会问题,以求达到国治民安的实效。这一思想体现了中国传统知识分子讲求功利、求实、务实的思想特点,以及"以天下为己任"的情怀。

59. 师夷长技以制夷

师夷长技以制夷是魏源提出的学习西方先进技术,抵抗外国侵略的爱国思想。鸦片战争后,一部分爱国志士积极探索救亡图存之路。其中,魏源作为当时拥有第一流西方知识的大学者,他编成《海国图志》100卷,广泛介绍西方知识,并提出"师夷长技以制夷"的思想,试图吸收西方先进技术,使中国富强起来。

所谓"师夷"主要是指学习西方资本主义各国在军事技术上的长处。魏源说:"夷之长技三:一战舰,二火器,三养兵练兵之法。"他不仅主张从西洋购买船炮,更强调引进西方的先进工业技术,由自己制造船炮。所谓"制夷",是指抵抗侵略、克敌制胜。魏源明确地把是否学习西方国家"长技",提高到能否战胜外国侵略者的高度来认识。他强调指出,"不善师外夷者,外夷制之"。

魏源通过对鸦片战争失败原因的认真反省,既认识到了中国的落后,承认西方列强有其"长技",同时又没有丧失反抗列强侵略的勇气,认为中国只要把列强的"长技"学到手,就一定能打败侵略者。他提出的"师夷长技以制夷"思想,这一思想后来成了向西方学习的思想源头,在中国近现代思想史上占有非常重要的地位,也具有十分重要的历史意义。

60. 中体西用

中体西用是"中学为体、西学为用"的缩略语。"体",即根本的意思。"用",即具体的措施。"中体西用"是洋务派关于中西文化关系的核心命题,也是洋务运动的指导思想。

"中学"指以三纲五常为核心的儒家学说,"西学"指近代传入中国的自然科学和商务、教育、外贸、万国公法等社会科学。它主张在维护清王朝封建统治的基础上,采用西方造船炮、修铁路、开矿山、架电线等自然科学技术以及文化教育方面的具体办法来挽救统治危机。1861年,冯桂芬在《校邠庐抗议》中说:"以中国之伦常名教为原本,辅以诸国富强之术",他最早揭示了这种思想。以后,谈洋务者以各种方式表达过这种观点。1895年,南溪赘叟在《万国公报》上发表《救时策》一文,首次明确表述了"中学为体,西学为用"的概念。19世纪七八十年代,早期资产阶级维新派提出学习西方议会,90年代以后进一步抨击洋务派学习的思想是舍本求末,希望中国能像西方那样实行君主立宪制。张之洞于是在1898年5月出版了《劝学篇》,对洋务派的指导思想作了全面系统的阐述,重申"旧学为体,新学为用",反对政治制度的改革,一些外国人如赫德、李提摩太等人,从殖民主义者的立场出发,也鼓吹过这种论调。20世纪初年,清政府推行新政,仍然奉行这一主张。它是封建主义文化和西方资本主义文化结合的产物,对近代中国的政治思想产生过较大影响。

中体西用思想早期对于冲破封建顽固派的阻挠,引进西方自然科学,促进中国工业、军事的近代化和新式教育的产生发挥过积极作用;后期成为清统治者对抗资产阶级维新和资产阶级革命的思想武器。中体西用作为中西文化接触后的最初结合方式,有其历史合理性。但中体西用作为一种文化整合方案和教育宗旨,又是粗糙的,是在没有克服中、西之间固有的内在矛盾下的直接嫁接,这必然会被新的形势所替代。

61. 三民主义

三民主义是孙中山所倡导的民主革命纲领,由民族主义(Principles of Nationalism)、民权主义(Principles of Democracy)和民生主义(Principles of People's Livelihood)构成,简称"三民主义"。三民主义是中国国民党信奉的基本纲领,其基本内容如下:

民族主义:"驱除鞑虏,恢复中华",推翻清政府,建立统一的民族国家。民族主义的根本问题是政权问题,它不是一般地反对异族统治,而是要以新的资产阶级民主的国家代替旧的封建专制的国家。

民权主义:民权主义的本质是人民的权利,"主权在民"。"创立民国",就是要进行政治革命,推翻封建帝制,建立资产阶级共和国,是孙中山三民主义的核心。民权主义提出要五权分立。五权:立法权、司法权、行政权、考试权、监察权。

民生主义:"平均地权",资本主义的土地纲领,发展资本主义来解决生存问题,解决社会贫富不均等问题。

我们应该对三民主义充分给予肯定,它是中国近代旧民主主义革命时期资产阶级所能提出的比较完整的民主革命纲领。它对当时社会的分析很有见地,极大地促进了革命的发展。但它也有不足之处,如民族主义没有明确提出反帝的纲领和口号,民权主义没有铲除封建基础,民主主义太理想化而不符合实际。

三、著作类

这一部分主要分析解释在中国政治思想史上具有重要影响力的学术著作。

1.《道德经》

《道德经》,又称《道德真经》《老子》《五千言》《老子五千文》,是中国古代先秦诸子分家前的一部著作,为其时诸子所共仰,传说是春秋时期的老子所撰写,是道家哲学思想的重要来源。《道德经》分上下两篇,原文上篇《德经》、下篇《道经》,不分章,后改为《道经》37 章在前,第 38 章之后为《德经》,并分为 81章。它是中国历史上首部完整的哲学著作。

《道德经》在流传过程中,不断有后人增删、意改,而在传抄刊印过程中又有错置等情况发生,从而形成了老子道德经一书极其复杂的版本问题。现在通行本《道德经》,多数学者认为成书在孔子、墨翟之后,可能成书于战国中前期。王弼注本、傅奕本上篇言道,下篇言德。1973 年长沙马王堆汉墓出土的帛书《老子》甲乙本,则上篇为"德篇",下篇为"道篇"。在上下篇中分章次第,以及《道德经》的题名都是后人所加。历史上《道德经》注者如云,甚至有几位皇帝都为其作注。如唐开元二十三年(735 年),唐玄宗亲注《老子》。同时,《道德经》不断外传,唐贞观二十一年(647 年),译《道德经》为梵文,传入东天竺。从 16 世纪开始,《道德经》就被翻译成了拉丁文、法文、德文、英文、日文等不同文字的版本。

《道德经》提出了"无为而治"的主张,成为中国历史上某些朝代,如西汉初的治国方略,在经济上可以缓解人民的压力,对早期中国的稳定起到过一定作用。《道德经》中含有朴素辩证法思想以及追求自然豁达的倾向,这对后人认识事物、形成国民性格都产生了深远的影响。《道德经》不断外传,对世界其他国家也产生了深远影响。

2.《韩非子》

《韩非子》系战国时期法家韩非的著作总集,又称《韩子》,该书在韩非生前即已流传。司马迁说:"韩非'观往者得失之变'。"故作《孤愤》《五蠹》《内外储》《说林》《说难》十余万言。又说,秦王(即秦始皇)读《孤愤》《五蠹》等篇,极为赞赏。西汉刘向校书,羼入了几篇他人著作,如《初见秦》《有度》和《存韩》的后半篇,并定《韩子》为 55 篇。

韩非是先秦法家思想的集大成者,他总结了商鞅、申不害和慎到三家的思想,提出了一套法、术、势相结合的法治理论。他认为君主应凭借权力和威势以及一整套驾驭臣下的权术,保证法令的贯彻执行,以巩固君主的地位。他还继承了荀子的人性恶说,主张治国以刑、赏为本。《韩非子》中,《解老》《喻老》两篇,用法家的观点解释《老子》,集中表述了韩非的哲学观点;《五蠹》把历史发展分为上古、中古、近古三个阶段,认为时代不断发展进步,社会生活和政治制度都要发生变化,复古的主张是行不通的;《显学》则记述了先秦儒、墨显学分化斗争的情况,认为"杂反之学不两立而治",主张禁止一切互相矛盾的学说,定法家的学说于一尊。关于《韩非子》的注释,有清人王先慎的《韩非子集解》、近人陈奇猷的《韩非子集释》、梁启雄的《韩子浅解》等。

3.《淮南子》

《淮南子》又名《淮南鸿烈》《刘安子》,刘向校定时名之"淮南"。《淮南子》是西汉淮南王刘安及其门客李尚、苏飞、伍被、左吴、田由等 8 人仿秦吕不韦著《吕氏春秋》,集体撰写的一部著作。刘安撰作《淮南子》目的,是针对初登基帝位的汉武帝刘彻,反对他推行的政治改革。原书内篇 21 卷,外篇 33 卷,至今存世的只有内篇,"说林、说山、人闲诸篇多纪古事"。

《淮南子》以道家思想为主,兼容儒、法、阴阳诸家学说,而形成了庞大而完整的理论体系。它政治上主张无为而治,提出"法与时变,礼与俗化"的历史观和兼容仁义的法治论及用贤观,为统一的封建帝国提供了全面的治理方案。《淮南子》的治国之道典型地体现了黄老道家兼容各家治道的思想特点,其中有些观点不无合理之处。同时,《淮南子》作为汉初黄老学派的集大成之作,它是对西汉前期道家思想系统而详尽的总结,是我们研究黄老思想的极其宝贵而丰富的资料,对后世不少思想家和政治家们也产生了深远的影响。

4.《论衡》

《论衡》是中国历史上东汉时期思想家王充的一部著作,它是一部宣传无神论的檄文,是一部古代唯物主义的哲学文献,在中国哲学史上具有划时代的意义。"衡"字本义是天平,《论衡》就是评定当时言论价值的天平。它的目的是"冀悟迷惑之心,使知虚实之分"(《论衡·对作》篇)。《论衡》一书,分为 30 卷 85 篇(除《招致》一篇外,其余 84 篇都保存了下来)。全书共计二十余万字。

《论衡》一书中,作者为了驳斥迷信思想和各个学派的谬说,使得其论点具有更强的说服力,采用了理论结合实际的科学方法来澄清事实,并对人生老病死以及对一些自然现象进行了合理的分析,作出了符合科学的解释。同时,作者还猛烈抨击了儒家宣扬的"今不如古"的倒退思想,反对落后的复古主张。当然,《论衡》中也反映出了王充思想上的不足和错误认识。比如他的思想在一定程度上也保留着一定的神秘主义成分和唯心主义色彩。

王充的思想及观点,虽然没有彻底地摆脱天人感应的神秘主义思想的影响,但的确有了很高的反神学的觉悟,具备了唯物主义的斗争精神。《论衡》一书,以唯物主义的自然观,批判了当时盛行的谶纬迷信思想和天地万物由神主宰的谬论,书写了两汉哲学史上朴素唯物主义的篇章,并对后世产生了深远影响。

5.《无能子》

《无能子》,唐末隐名哲学家著作。全书分上、中、下三卷,近万言,共34篇,成书于887年前后,《新唐书·艺文志》将其归入道家类著作。作者原序则言:"其旨归于明自然之理,极性命之端,自然无作,性命无欲,是以略礼教而外世务焉。"作者曾登仕籍,后避乱遁世,湮姓埋名,是一个淡泊名利、愤世嫉俗的老庄传人。

《无能子》政治思想的特点是以老庄自然无为思想为主旨,抨击等级名分、伦理纲常和君主政治,斥之为祸乱本源;主张人类社会返璞归真,废礼教,弃人伦,无贵无贱,无君无臣;从批判和否定纲常伦理、君主制度,进而走向否定人类社会的一切社会关系和文化。《无能子》的社会政治观在当时具有一定的代表性和典型意义。

《无能子》作为唐末道家思想的代表作,继承了道家批判主义的传统。它大胆否定了封建特权,批判君主专制和封建纲常伦理,倡导社会平等等思想主张,都是具有积极意义的。此外,《无能子》的治国主张中包括了反对"权谋""以暴制暴"的思想,此当为受儒家仁政思想之影响。

6.《海国图志》

《海国图志》是魏源受林则徐嘱托而编著的一部世界地理历史知识的综合性图书。1841年8月,魏源在镇江与被革职的林则徐相遇,两人彻夜长谈。魏源受林则徐嘱托,立志编写一部激励世人、反对外来侵略的著作。他以林则徐主持编译的《四洲志》为基础,广泛搜集资料,编写成《海国图志》50卷。此后,他对《海国图志》一再增补,1847年刻本扩为60卷,1852年(咸丰二年),全书达到100卷。全书详细叙述了世界各国历史政制、风土人情,主张学习西方的科学技术,提出"师夷长技以制夷"的中心思想,对当时思想界有很大影响。

《海国图志》是一部划时代的著作,其"师夷长技以制夷"命题的提出,打破了传统的夷夏之辨的文化价值观,摒弃了"九州八荒""天圆地方""天朝中心"的史地观念,树立了"五大洲、四大洋"的新的世界史地知识,传播了近代自然科学知识以及别种文化样式、社会制度、风土人情,拓宽了国人的视野,开辟了近代中国向西方学习的时代新风气。

7.《天朝田亩制度》

《天朝田亩制度》是太平天国定都天京后,于1853年颁布的一个以解决土地问题为中心的全面的农民革命斗争纲领和社会改革方案,该方案是以解决土地问题为中心,包括社会组织、军事、文化教育诸方面的纲领性文献。

其主要内容:①废除封建土地所有制,按人口和年龄平均分配土地。根据"凡天下田,天下人同耕"的原则,把每亩土地按每年产量的多少,分为上、中、下三级九等,然后好田坏田互相搭配,好坏各一半,按人口平均分配。凡16岁以上的男女每人得到一份同等数量的土地,15岁以下的减半。②在产品分配上实行圣库制度,规定每户留足口粮,其余归圣库。③在政治制度方面,实行乡官制度。④在社会方面,主张男女平等,废除封建买卖婚姻。

太平天国的领导们希望通过《天朝田亩制度》的方案,建立"有田同耕,有饭同食,有衣同穿,有钱同使,无处不均匀,无人不饱暖"的理想社会。《天朝田亩制度》所提出的平分土地方案,是农民阶级对地主土地所有制的否定。它反映了当时广大贫苦农民强烈地反对地主阶级残酷剥削的要求,以及获得土地、追求平等平均的理想社会的渴望。但是《天朝田亩制度》所规定的分配土地和"通天下皆一式"的社会经济生活方案,是要在小生产的基础上废除私有制和平均一切社会财富,以求人人平等,是农民的绝对平均主义思想。这种方案既不能使社会生产力向前发展,也脱离实际,因而是难以实现的。

8.《资政新篇》

《资政新篇》,洪仁玕撰,1859(咸丰九年)刊行。洪仁玕1859年4月被封为干王,总理全国政事。他向洪秀全提出了一个改革内政和建设国家的新方案——《资政新篇》,经洪秀全批准后,作为官方的文书正式颁行,是太平天国后期的重要文献。

《资政新篇》的核心是要在中国发展资本主义,是先进的中国人最早提出的在中国发展资本主义的方案,或者说是中国第一个近代化纲领。其主要内容是:①政治上强调"设法用人"。"设法"也即制定法律、制度,反对结党联盟,加强中央统一领导,提出了一些带有民主色彩的措施。②经济上,主张效法西方资本主义国家,鼓励发展工商业、交通运输业,提倡保险事业和社会福利业,奖励技术发明。③文化思想上,反对迷信,提倡新式教育。④外交上,主张中外自由往来、平等互利。

《资政新篇》具有鲜明的资本主义色彩,集中反映了当时先进的中国人向西方寻找真理和探索救国救民道路的迫切愿望。当然由于历史和阶级的局限性,《资政新篇》也存在着欠缺,如漠视农民的迫切要求,并没有提出土地改革主张;对西方资本主义抱有幻想,没有认清其侵略本质,没有提出反侵略的主张等。这些缺陷以及当时社会环境的不允许也就决定了《资政新篇》中的主张难以实现。但是它闪耀着浓厚的资本主义民主色彩,强烈地冲击了封建势力,它的思想价值在中国近代政治思想史上占有重要地位。

9.《大同书》

《大同书》是中国近代思想家康有为阐述空想的"大同"社会理想的著作。"大同"一词出自《礼记·礼运》篇,表示"天下为公"。康有为依据公羊派的三世说,结合礼运篇的小康大同说、佛教慈悲平等以及基督教博爱自由平等的教义、卢梭的天赋人权论,又加上道听的欧洲空想社会主义学说,构想出了一个以"至公"为旨的大同世界。所以康有为把此书命名为《大同书》。

据《康南海自编年谱》,康有为在光绪十年(1884年)已开始孕育"大同"理想。光绪十三年编著的《人类公理》,即是《大同书》的前身。戊戌变法失败后,他流亡国外,在1901—1902年间写成了《大同书》,以后还陆续作了修订和增补。《大同书》全书共30卷,约20万字,分为10部,甲部《入世界观众苦》,乙部《去国界合大地》,丙部《去级界平民族》,丁部《去种界同人类》,戊部《去形界保独立》,己部《去家界为天民》,庚部《去产界公生业》,辛部《去乱界治太平》,壬部《去类界爱众生》,癸部《去苦界至极乐》。

《大同书》设计了一个与现实社会相对立的理想"大同"境界。它认为现实社会是个不合人道的苦境,它尽情揭露当时社会中各种各样的"苦",并指出:"总诸苦之根源,皆因九界而已。"并以为,只要去掉"九界",即可以使人类乃至众生到达美好的"大同"世界。在实现"大同"的路径上,它坚决反对社会的阶级斗争,反对暴力革命,认为"大同"社会只能靠人们(主要是统治者和富人)扩充仁爱精神,通过自上而下逐步改良的道路来实现。

《大同书》描绘的"大同"社会,从形式上看带有空想社会主义的色彩;就内容实质来说,主要是以资产阶级的天赋人权、自由、平等、博爱诸原则,去否定君主专制的国家制度、封建家族宗法制度和等级制度,具有鲜明的民主主义性质。

10.《新学伪经考》

《新学伪经考》又名《伪经考》,共 14 卷,初刊于 1891 年,它和"孔子改制考"都是康有为打着公羊派的旗号,宣扬托古改制思想的重要著作,《新学伪经考》着重从经学方面进行论述,对传统的"古文"经学展开猛烈攻击。

当时为挽救日益加深的民族危机,维新派主张实行变法救国,但是受到了顽固派的百般阻挠。为了解放人们思想、论证变法的合理性,康有为以托古改制为掩护,作《新学伪经考》。其主要内容就是通过历史考证的学术方法,断定历代封建统治者所尊崇的"古文"经典,如《周礼》《逸礼》《古文尚书》《左传》《毛诗》等都是西汉末年刘歆伪造的,因此都是"伪经"。而刘歆制造伪经的目的,是为了帮助王莽篡夺西汉的政权,建立国号为"新"的朝代,所以古文经学是新莽一朝之学,只能称之"新学"。

康有为在书中主张今文经是孔子的真经,古文经是刘歆篡改过,并对所有古文经进行彻底的否定和批判。这不仅在学术上攻破了古文经学"述而不作"的旧说,更重要的是,在政治上打击了"恪守祖训"、不愿变法的封建顽固派,为资产阶级改良运动作了舆论准备。

11.《革命军》

《革命军》,原名《革命军马前卒》,作者为邹容。《革命军》以西方资产阶级革命理论为主要武器,从正面阐述革命的正义性和必要性,宣传革命、排满和民主共和是它的主旋律。由上海大同书局印行,并于 1903 年 5 月 30 日发行,章太炎的名著《驳康有为论革命书》同时出版,以后曾合在一起刊行,称《章邹合刊》。这两篇名著,是当时宣传辛亥革命最有力的姐妹篇。

《革命军》,是中国近代思想史上第一部系统地、旗帜鲜明地宣传资产阶级民主共和国思想的名著。全书两万多字,共分 7 章叙述:①绪论,②革命之原因,③革命之教育,④革命必剖清人种,⑤革命必先去奴隶之根性,⑥革命独立之大义,⑦结论。在书中,作者一开始就热烈地歌颂了革命事业的伟大,提出了建立资产阶级共和国的方案。邹容在书中无情地揭露了清王朝不仅是国内被压迫民族的监牢,而且是帝国主义忠实的走狗,进而号召人民起来革命,推翻清王朝统治,努力建立一个自由、平等的资产阶级共和国。

《革命军》一书为腐朽的清王朝敲响了丧钟,是反清革命史上一篇重要的战斗檄文。它初步设计出了资产阶级共和国的蓝图,为创建民国政治纲领奠定了理论基础。邹容在文中号召人们起来推翻满清政府,建立"中华共和国",言辞激烈,极大地启迪和教育了人民群众,激励着广大爱国志士投身到革命洪流中。

四、其他类

这一部分主要分析解释与中国政治思想相关的一些其他事项,以期对中国政治思想史词条作必要的补充。

1. 王安石变法

王安石变法是针对北宋"积贫积弱"的社会现实,以富国强兵为目的而掀起的一场轰轰烈烈的改革,这场改革是由王安石在宋神宗的支持下进行的。

当时,宋朝面临着激烈的民族矛盾和社会矛盾,存在严重的"三冗"——冗官、冗兵、冗费的危机,宋朝积贫积弱。在这种情况下,治平四年(1067年)正月,宋神宗即位,立志革新,于熙宁元年(1068年)四月,召王安石入京,变法立制,富国强兵,欲改变积贫积弱的现状。王安石以"因天下之力以生天下之财,取天下之财以供天下之费"为原则,从理财入手,采取了一系列的改革措施。在税赋方面,颁布了"农田水利法"、均输法、青苗法、免役法(又称募役法)、市易法、方田均税法;在军事方面,推行保甲法和将兵法以强兵;改革科举制度,实行"三舍法",另设"明法科",考察律令和断案,以此选拔人才;大力兴修水利,发展农业。

变法取得的成果是有目共睹的,变法在一定程度上增加了政府的财政收入,增强了军事能力,初步改变了宋朝积贫积弱的情况。但由于改革触动了顽固派的利益以及在变法过程中出现用人不当现象,以及改革措施不力等原因,导致变法失败。

2. 洋务派

洋务派是在第二次鸦片战争以后,特别是在镇压太平天国运动的过程中逐渐形成、壮大的统治阶级内部的一个政治派别。当时洋务派的主要代表,在中央是以奕䜣、文祥为代表的满族官员,在地方是以曾国藩、李鸿章、左宗棠、张之洞为代表的汉族官员。

从19世纪60年代到90年代,洋务派掀起了一场"师夷长技"的洋务运动。前期(60年代到70年代)口号为"自强",后期(70年代到90年代)口号为"求富"。前期创办军事企业,如江南制造总局(1865年)、福州船政局等;后期创办了一些民用企业,以辅助军事企业,如轮船招商局等。与此同时,洋务派还大力吸收引进西方先进科学技术,兴办新式学堂,派遣留学生,设置翻译馆,翻译外国书籍。在外交方面,洋务派成立总理衙门,处理外交事务。

在中日甲午战争中,北洋舰队全军覆没,洋务运动也随之失败。洋务运动发生在中国近代社会新旧交替的特殊历史阶段中,是一次失败的封建统治者的自救运动。洋务派的主观目的是维护封建统治而不是把中国引向资本主义。

它没有使中国富强起来,但它引进了西方先进的科学技术,使中国出现了第一批近代化企业。洋务运动为中国近代企业积累了生产经验,培养了技术力量,在客观上为中国民族资本主义的产生和发展起到了促进作用,为中国的近代化开辟了道路。

3. 戊戌变法

戊戌变法又称百日维新,是指 1898 年(农历戊戌年)以康有为为首的改良主义者通过光绪皇帝所进行的资产阶级政治改革,是中国清朝光绪年间(1898年)的一项政治改革运动。这次运动遭到以慈禧太后为首的守旧派的强烈反对,1898 年 9 月慈禧太后等守旧派发动政变,光绪被囚,维新派康有为、梁启超分别逃往法国和日本,谭嗣同等 6 人(戊戌六君子)被杀害,历时仅 103 天的变法终于失败。因此,戊戌变法也叫百日维新。

戊戌变法的最终目标,是推行君主立宪制。主要内容有:经济上,设立农工商局、路矿总局,提倡开办实业;修筑铁路,开采矿藏;组织商会;改革财政,取消旗人由国家供养特权,令其自谋生计。政治上,广开言路,允许士民上书言事;改订律例;裁撤冗员;澄清吏治;裁汰绿营,编练新军;添置船舰;扩建海军。文化上,废八股,兴西学;设立中小学堂;创办京师大学堂;设译书局,翻译外国书籍;允许设立报馆、学会;派留学生;奖励科学著作和发明。这些革新政令,目的在于学习西方文化、科学技术和经营管理制度,发展资本主义,建立君主立宪政体,使国家富强。

戊戌变法因受到中外反动势力的强烈反对,再加上维新派阶级的局限性,最终导致失败。但是其历史功绩是不可磨灭的。总的来说,戊戌变法是一次爱国救亡运动。它要求发展资本主义经济和扩大资产阶级政治权力,符合近代中国发展的历史趋势,因此也是一次进步的政治改良运动。同时由于它传播了资产阶级新文化、新思想,批判封建主义旧文化、旧思想,极大地解放了人们的思想,因此他又是一次思想启蒙运动。

4. 同盟会

中国同盟会(简称同盟会)亦称为中国革命同盟会,是清朝末年由孙中山领导和组织的一个全国性的革命政党。

它于 1905 年 8 月 20 日在日本东京成立。其前身是华兴会和兴中会,除此之外还有复兴会、科学补习所等多个组织参加。中国同盟会的根本政治要求是孙中山提出的"驱除鞑虏,恢复中华,创立民国,平均地权"十六字纲领。其机关刊物是《民报》。孙中山为其总理,黄兴为副总理。由于同盟会成员包罗之众,自1906年以后就不断发生内斗,包括个人的冲突、理论的不同与革命方略的歧见,特别是由于一连串武装起义的失败,更增加了内斗的激烈性,同盟会最终改组为国民党。而后又改组为中华革命党、中国国民党。

同盟会在孙中山的领导下,积极开展了各项革命活动,推动民主革命运动迅速高涨。同盟会的革命活动主要有两个方面:一是在政治思想上对立宪派进行了历时两年的激烈论战。通过论战,广泛传播了革命思想,扩大了革命队伍,为即将到来的辛亥革命做好了舆论准备。二是发动了一系列的武装起义。虽然起义相继失败,但是每次起义都使清政府受到打击,动员了群众,为以后的革命奠定了基础。

同盟会是中国第一个全国规模的、统一的资产阶级革命政党,它的成立使中国资产阶级民主革命有了自己的战斗核心,并向中国人民提出了一个比较完备的民族民主革命的纲领。推翻清朝政府,建立民主共和国的理想,逐渐深入人心,成为当时革命队伍中无可争议的共同目标。它还使革命派有了一个共同的、公认的领袖——孙中山,团结起分散的革命力量,极大地促进了资产阶级革命运动的发展。

参考书目:

1. 曹德本:《中国政治思想史》(第二版),高等教育出版社,2012年。

2. 吕思勉:《中国政治思想史》,中华书局,2012年。

3. 朱绍侯:《中国古代史》,福建人民出版社,2007年。

4. 陶希圣:《中国政治思想史》,中国大百科出版社,2009年。

5. 萧公权:《中国政治思想史》,商务印书馆,2011年。

6. 刘泽华:《中国政治思想史集》,人民出版社,2008年。

7. 中国政治思想史编写组:《中国政治思想史》,高等教育出版社,2012年。

8. 萨孟武:《中国政治思想史》,东方出版社,2008年。

9. 江荣海:《中国政治思想史九讲》(第2版),北京大学出版社,2012年。

第四章　中国政治制度

制度是历史的河床，规制着文明之河的流向。中华文明五千多年延绵不断，背后的制度是重要的支撑性力量，所以探寻文明背后的制度力量是认识、理解、扬弃、延续文明的必要手段。

中国自古以来就是一个政治主导型的"大一统"国家，政治在整个国家和社会生活中无处不在、无孔不入地发挥着作用，质言之，文明的物质和精神资源都是由政治来进行权威性分配的，甚至文化习俗都要依政治的标尺来裁剪、矫正，政治的作用由此可见一斑。

然而地位显赫的政治显然不会自行运转，必须由主体依靠一定的规则和程序才能"动"起来发挥作用，这些规则和程序的总和就是我们所指的政治制度。从这个意义上讲，把握中国政治制度才是把握中国全部问题的"总开关"。

中国政治制度浩若繁星、博大精深，本章则主要释义中国中央政治制度、中央政务制度、地方行政制度、司法制度、人事制度、民政制度等核心制度。

一、中央政治制度

　　不论是秦以前的分封建国还是秦以后的郡县建国,中国政治制度都是在"大一统"的理念下构建的,一个强大的中央政府历来是国家强大的标志。中央政府则是按照中央政治制度所设定的规则运行的,一个完备、高效、科学、廉洁的中央政治制度是中央政府发挥作用的基础性要件,也是国家强大的基础条件。这一部分主要分析解释中央一级的政治、军事、户政、司法等核心制度。

1. 朝贡制度

朝贡制度是中国的封建王朝为处理与周边民族地区及海外各国的关系而建立的一种政治经济制度。

朝贡制度起源于先秦时代的分封制,它以周边藩属国的称臣纳贡和作为宗主的中国朝廷的册封赏赐为主要内容,成为中国历代王朝"羁縻四夷""怀柔远人"的重要手段。朝贡制度也成为中国向海外各国推广中华传统封建礼治的重要载体。

中国古代实行朝贡制度基于中国当时的强盛国力和先进文明。中国的稳定能够确保整个东亚地区的稳定,因此与中国建立联系、发展关系成为周边国家特别是小国的目标。并且这些国家在与中国王朝建立朝贡关系时,可以获得经济上的巨大好处。

正式的国际性朝贡制度始于汉代,汉朝接受了来自西北和北部地区那些藩属国的朝贡,南方也有小国向汉朝进贡。这些藩属国通过朝贡制度与汉朝和平相处,并保持其内部的独立性。

三国时期,魏国和吴国也接受了日本和东南亚国家的进贡。唐代时期朝贡制度初具规模,唐朝政府设立了管理朝贡的专门机构,同时细化了朝贡制度措施。宋元时期,中华朝贡体系进一步发展。宋朝拥有朝贡国 26 个,元朝朝贡国有 36 个。

朝贡制度在明朝达到鼎盛,明政府大量派人到海外各国宣谕,以鼓励、招徕朝贡,还专门派人到东南亚国家进行特别册封典礼。由于当时的海禁政策,朝贡体系也成了中国与其他东亚国家进行国际贸易的唯一渠道。明朝的持照朝贡国有 15 个。清朝时期朝贡制度开始衰落,并逐步走向崩溃。

朝贡制度是中国历代王朝处理民族关系和对外关系的主要模式,也是中国古代的外交关系体制。这一制度的核心理念就是华夏中心意识和"大一统"理念。朝贡制度是中国传统的儒家思想和封建宗法观念在对外关系上的表现。但鸦片战争以后,在西方资本主义的冲击下,中外实力对比发生了明显的变化,中国近代社会的各个方面都在或先或后或快或慢地发生变化,中国的外交体制也被迫从传统的朝贡体制向近代国际关系体制转变。

2. 分封制(邦土建国制度)

分封制即古汉语封建的原始含义,古文献中之封建即分封制。其具体含义是指古代皇帝或国王分封诸侯的制度,即被封诸侯有自己的领地,在诸侯领地内皇帝或国王并没有直接的权力。

分封制正式起源于何时,近代学者说法不一。分封制的产生和发展经历了一个漫长的过程,起源时间已经难以考证。根据《史记》记载,黄帝时代,"诸侯咸来宾从""诸侯咸尊轩辕为天子",黄帝"置左右大监,监于万国",描述的便是早期的封建制度。五帝三代时期不断发展,到周朝时封建制度的完善程度达到顶峰。柳翼谋所说的"自唐、虞至周皆封建时代,帝王与诸侯分而治之",即从尧、舜经夏、商到周朝,采用的都是封建制度。

周朝是分封制发展的鼎盛时期。周朝初期,由于灭商以及东征的胜利,周统治者开始分封诸侯。受封的主要为同姓子弟,不过也有异姓功臣。利用册封,周天子把土地以及居民分赐给受封的诸侯,任其在自己的封地内建立诸侯国。诸侯有权管理封地内的居民,有权将自己的封地以及居民分封给自己的亲族,叫他们做诸侯的卿大夫。诸侯必须服从周天子的命令,应该定期进行朝贡,还应该随时准备率领自己的武士和军队接受周天子的调遣。而且在分封中,以周王的名义"授土""授民",使周的亲族、姻亲和功臣在新占领地建立了一批新兴国家。分封制形成了以周天子为首的等级制度,是周朝社会的基本结构。

秦汉以后虽然实行的主要是郡县制,不过分封制仍然在一定范围内存在着,各个时期国家行政区划管理上不同程度实行了"分封制",但分封不是主体;各个朝代政权稳定以后,封国与侯国实际成了行政区划体系之一,或形式上分封;即使存在军阀割据政权,大多数情况下,也要领受中原王朝的册封。

3. 宗法制

宗法制是中国古代以血缘宗族关系来分配政治权利、维护贵族统治的制度。其目的是为了解决贵族内部的矛盾(继承权力、土地和财产问题),并巩固分封制形成的统治秩序,保证王权的稳定。

周朝是宗法制度发展的鼎盛时期。周朝以嫡长子继承制度为核心,无论周王、诸侯、还是卿大夫和士,都实行嫡长子继承制。嫡长子是土地、财产和权利的主要继承者,有主祭祖先的特权,地位最尊贵,故嫡长子也被称为宗子。在宗法制度下,由嫡长子传宗继统,这个系统成为大宗。需要说明的是,嫡长子继承制在殷商末期确立(不是在西周确立)。严嫡庶之辨,嫡长子的同母弟和庶母兄弟为小宗。宗法制度确立了严格的大宗、小宗体系,大、小宗是对立的。

宗法制主要有以下特点：①以嫡长子继承制为基础，大、小宗具有相对性；②血缘纽带与政治相结合（国与家）；③大宗与小宗的关系不仅是家族等级关系，也是政治隶属关系；④森严的社会等级。

宗法制度通过血缘的亲疏，确立起一整套土地、财产和政治地位的分配与继承制度，保障各级贵族能够享受"世卿世禄"的特权。

宗法制有利于凝聚宗族，防止内部纷争，强化王权，把"国"和"家"密切地结合在一起，同时也强化了以大宗为代表的贵族特权地位。宗法制最终成为西周政治建制的原则和指导思想，成为规范社会、整顿生活习俗的指导思想，对后世影响深远。

4. 礼乐制

礼乐制度是中国古代主要用来维护宗法制度和君权、族权、夫权、神权的一整套制度体系的总称。相传周朝的礼乐制度是周公制定的，周公制礼作乐，对中国几千年来的传统文化影响深远。五六百年以后，孔子提到周公制礼作乐的事，还赞赏不绝。实际上，礼法早在夏王朝就已有端倪，到了商王朝的神权时代，礼法得到了信仰上的巩固，周公不过是总结前人经验，完善了礼法的体系，使其适用于宗法制。

但不可置疑，周公是制礼作乐的集大成者，周礼规定了吉礼（祭礼）、凶礼（丧礼）、军礼（行军、出征）、宾礼（朝觐、互聘）、嘉礼（婚宴、加冠）等礼制，使贵贱有差、尊卑有别、长幼有序，实行所谓"刑不上大夫，礼不下庶人"。

礼乐制度目的在于维护其宗法制度和君权、族权、夫权、神权，具有维护贵族的世袭制、等级制和加强统治的作用。当时许多经济和政治上的典章制度，常常贯穿在各种礼的举行中，依靠各种礼的举行来加以确立和维护。

西周春秋时代贵族讲究的礼是比较多的，有籍礼、冠礼、大搜礼、乡饮酒礼、乡射礼、朝礼、聘礼、祭礼、婚礼、丧礼等。到春秋后期，就出现了"礼崩乐坏"的局面。这些卿大夫在夺取国君权力的同时，不但僭用诸侯之礼，甚至僭用天子之礼。到了战国时代，由于农田制度的变革，"籍"的方法废除不用，这时籍礼只是统治者用来表示关心农业生产的礼仪。由于军队成分和战斗方式的改变，原来的大搜礼就失去作用。由于地方组织的改变，乡饮酒礼和乡射礼的性质也不同了。这时由于中央集权政体的建立和执政者统治的需要，重视的是即位礼、朝礼、祭礼和丧礼。

但礼乐制度影响深远。礼有三本:天地者,生之本也;先祖者,类(族类)之本也;君师者,治之本也。上事天,下事地,尊先祖而隆君师,是礼之三本也。所说之三本,地代表神权,先祖代表族权,君师代表君权。后来统治者以天、地、君、亲、师作为礼拜的主要对象,就是根据这个理论。

5. 内外服制

内外服制是一种二元统治体制,即将统治区分为内服和外服两大部分,分别采取不同的统治方法和组织形式。

内外服制是商朝在都城人盘庚迁殷后采取的一种二元统治体制。该制度是将统治区域分为内服和外服,分别采取不同的统治方式和组织方式。其中内服指由商王直接管辖的王畿之地,大体位于以今河南为中心的中原地区。朝地职官有中朝任职的内服官和被封于王畿以外地外服官之别。内服官中又分外廷政务官和内廷事务官。最高地政务官,是协助商王决策的相,又称阿、保、尹。王朝高级官吏统称卿士。三公,则是因人而设的一种尊贵职称,并不常设。另外有掌占卜、祭祀、记载地史,掌占卜的卜、掌祈祷鬼神的祝,掌记载和保管典籍的作册(又称守藏史、内史),武官之长的师长,乐工之长的太师、少师。内廷事务官是专为王室服务的官员,主要是总管的宰和亲信的臣。臣管理王室各项具体事务,有百工之长的司工,掌粮食收藏的啬,掌畜牧的牧正,掌狩猎的兽正,掌酒的酒正,掌王车的车正,为商王御车的服(又称仆、御),侍卫武官亚,卫士亚旅,掌教育贵族子弟的国老,掌外地籍田的畋老。

周灭商以后,变商朝的百僚、亚尹、宗工内服制及侯、甸、男、卫邦伯外服制为侯、甸、男、采、卫五服制,把原来属于商朝外服的土地和人民收归周王室所有,以周王室的名义把土地和人民分封给王室子弟、功臣和臣服的部族首领。所以说周朝诸侯领有的土地和人民是由周王室赐予的,即所谓普天之下,莫非王土,率土之滨,莫非王臣,这点不同于商代。

内外服制的确立是我国古代奴隶社会政治文明高度发达完备的重要体现,对后世政治体系的确立和细化有着直接而深远的影响。

6. 王权制度

王权制度是指夏商周三代实行的以君主为核心的王权专制和以分封贵族为主的政体。王是三代最高统治者的专称,并形成以王为核心的王权制度。

　　王权制度中王字的三横分别代表天、地、人，一竖是指一个贯通于天地人之间的人。也就是说，天下的一切都属于王，所以说天下所归王也。此外，王字还有战斧的意思，而战斧是军事统帅权的象征，所以军权是王权的主要组成部分。

　　王权制度是一个体系，还包括王位继承制度。自夏朝以后，中国历史上开始了"家天下"的局面，作为家天下的重要内容之一，就是建立了王位继承制度。从夏启至桀，共13代16王。从王位继承顺序来看，有的是传子，有的是传弟，基本上是以传子为主。传子是不是传长子、嫡子，由于资料匮乏，尚难以推定。商代自汤灭桀以至纣王，经过了17代31王。在王位继承上，也有的是传子，有的是传弟，传子不见得是嫡长子，基本上是父死子继和兄终弟及。周代在王位继承上基本承袭商末制度，并且有了比较详细的规定，特别是形成了文王世子之制，具体是指周文王在位的时候便指定周武王作为自己的继承人。其后，逐渐有了一些成文制度，择立太子的标准也逐渐明确起来。其中最主要的条款就是"立嫡以长不以贤，立子以贵不以长"。这就是说，在嫡庶所生的诸子中，必须确定嫡正所生之子的优先继承地位；而在诸嫡子之中，又必须确定长子的优先继承地位。这种择立太子的标准一经出现，便在其后约三千年的时间内基本上被当作正统的定规。

　　由于我国的奴隶制国家是从部落制母胎中脱离出来的，不可避免地遗留着一些原始氏族社会的痕迹。作为专制国家的代表——王的权力还不能不受到各方面的制约，实际权力受到很大削弱，远不及后来的皇帝权力。首先，王权受到宗法和原有地方势力的制约。这种地方势力的不断发展影响着王权的发挥。由于原始氏族社会的残余普遍存在，盛行部落制时代的民主制得到部分的保留，一些诸侯国君和宗族贵族对朝政拥有一定的参与权，这对王权的发挥起到了一定的制约作用。王与诸侯力量的消长，往往酿成当时重大的政治事变。其次，王权受到贵族的限制。在夏商周三代实行贵族议事制度，君主权力就相对受到压抑。再次，王权还受到天地、祖先、鬼神等宗教信仰的限制。

　　但无论如何，王权制度支撑了我国奴隶制社会政治稳定发展的局面，也是奴隶社会光辉灿烂文明的制度保障。王权制度到了春秋时期开始解体，到了战国时期完全失去了作用，最终被皇帝制所取代。

7. 中央集权制度

　　中央集权制度是指君主掌握国家最高权力，并通过军政官僚机关管理、控制国家的政体。包括皇帝制、官像政治和中央集权等方面,其基本特征是皇权至高无上和不可分割,皇权不可转让,皇位实行世袭,君尊臣卑等。皇权愈来愈尊,臣民愈来愈卑,是古代专制主义中央集权发展的总趋势。

公元前221年,秦始皇在统一六国以后就着手建立和健全专制主义的中央集权制度,以巩固他对全国的统治,此后,这种政治体制在中国延续了两千多年。其积极作用有:①有利于多民族封建国家的建立、巩固和发展,利于维护祖国统一与领土完整;②能有效地组织人力、物力和财力从事大规模的生产活动和经济建设以及救灾行动,利于社会经济的发展;③构建了统一的环境下,有利于各民族的融合,利于各地区的经济文化交流。但其消极作用也很明显:①皇权专制极易形成暴政、腐败现象,是阻碍历史发展的因素;②在思想上表现为独尊一家,钳制了思想,压抑了创造力;③助长了官僚作风和贪污腐败之风;④在封建社会末期,阻碍了新兴的资本主义生产关系萌芽的发展,束缚了社会生产力的发展,妨碍了中国社会的进步。

8. 皇帝制度

皇帝制度以皇帝为中心,实行皇权至上和皇权专制的政治制度,它以君权神授学说为理论基础,用严格的名位等级、礼乐制度和皇位继承等各种规定和措施,集中突出皇帝个人的权威地位,保证皇帝高踞于国家机器之上,拥有至高无上、不受制约的绝对权力。

皇帝这一称号源于上古传说中的三皇五帝。皇帝制度自公元前221年秦始皇开始创立,经过历代王朝的不断发展、强化,直至1916年袁世凯的垮台而彻底废除,前后历时2137年,其间一直作为中国古代专制制度的重要特征,经历了由初创、初步完善、完善成熟和进一步发展、强化、消亡这一演变规律。

其特点主要有:①神权被皇权进一步利用,以当时社会的物质文明和精神文明集中突出皇帝至高无上的地位;②皇帝在全国范围内拥有至高无上的权威和绝对的权力,一切规章制度的制定,一切内政外交以及和、战等大政均由皇帝裁定;③官僚都是皇帝的臣仆,庞大的国家机构都是君主的办事机构;④全国的人口、资源都是皇帝拥有的财富,可以全权支配。

皇帝制度下皇帝一人是国家政治事务法定的唯一最高决策者,有权统率和指挥自中央朝廷以至各级地方军政系统和文武官吏,要求他们绝对遵照自己的意志和指令办事。一切以皇帝名义发出的指示,都被赋予了神圣不可侵犯的地位,"朕即法律",不允许有任何违抗或异议。一切法律的颁行和解释,所有一定品级的文武官员的任免、奖惩和升贬,全国性财政赋役的征调和开支,对外和战与对军队的调遣指挥,都只有皇帝一人才能决定。

皇帝制度的基本特征是皇帝独尊,皇权至上,皇位世袭。本质是君主专制,即皇帝是帝制国家政权的主宰和权力中心,由此形成中央集权。

9. 禅让制

禅让制是指我国古代通过民主推举部落联盟首领或将帝位让位给别人的一种方式,即以统治阶层中的贵族、官僚个人表决,以多数决定。最早记载于《尚书》之中,但其真实性一直存在争议。相传尧为部落联盟领袖时,四岳推举舜为继承人,尧对舜进行三年考核后,使帮助为事。尧死后,舜继位,用同样推举方式,经过治水考验,以禹为继承人。禹继位后,又举皋陶为继承人,皋陶早死,又以伯益为继承人,最后族人拥戴禹之子启为王。这是部落联盟推选领袖的制度,史称"禅让"。

禅让大体分为两种,一种是将权力让给异姓,这会导致朝代更替,称为"外禅";而让给自己的同姓血亲,则被称为"内禅"。让位者通常称"太上皇",不导致朝代更替。

中国历史上的王朝更替,多以禅让之名行夺权之实。这些所谓的禅让,都是朝中权臣胁迫皇帝退位,而由于继承者是当政者的臣子,为避免"不忠"的骂名,便打着禅让的旗号,以取得正统性。因此,以禅让而灭亡某一朝代,史书中也多表述为"篡"(如"王莽篡汉"),而若以武力直接推翻某一朝代,则用"灭"(如"元灭宋"),以表明某种价值判断。

10. 世袭制

与禅让制相反,世袭制是古代爵位、官职等权位的一种传承制度,具体指某专权一代继一代地保持在某个血缘家庭中的一种制度。

世袭制源远流长,先秦时代,中国实行世卿世禄的制度,上至天子、封君,下至公卿、大夫、士,他们的爵位、封邑、官职都是父子相承的。这种世袭的次数理论上是无限的,直到改朝换代或占据这个爵位或官职的家族在政治斗争中失败为止。

世袭制在特定历史条件下具有进步性,表现为①有利于国家的统一,对祖国疆域的初步奠定和中华民族的形成,都起了重要作用;②有利于封建经济的发展;③建立了地主阶级对广大劳动人民的专制统治,秦的暴政造成人民处境的恶化。对后世的影响有,秦朝建立的中央集权专制统治的政治制度具有很大的开创性,它奠定了中国两千多年封建政治制度的基本格局,为历代封建王朝所沿用,且不断加强与完善。

但世袭制的弊端也同样明显,中国历史上的传统皇位继承制原则因在窄狭的世袭范围内选择接班人,不可能保证皇帝素质的优化与崇高。所选皇帝中幼儿、白痴、浪子、昏庸之徒众多,真正精明强干者寥寥无几。这同皇帝所拥有的权力与其所具备行使这种权力的才能之间存在着极大的矛盾和差距,这种矛盾与差距给国家造成的危害和灾难确是大而无边,不是朝政紊乱、社会动荡,便是祸国殃民不已,直至这个社会覆灭。

11. 东宫官制度

东宫官制度是中国封建社会为教育、辅导、保卫太子,以保证皇权长久承袭而专门设置的系列职官的制度。太子,亦称皇太子,是承袭帝位的皇子。在封建社会册立太子,是巩固皇权、稳定封建统治秩序的重要措施之一。太子所居之地称"东宫",或"青宫""春宫"等。《诗·卫风·硕人》以东宫指太子,后世沿用。故太子系列的官属称东宫官或宫臣。

东宫官制度始建于殷周。《通典·职官·东宫官》载,当时有师、保、太傅、少傅。太傅、少傅使知君臣父子之道,师教之以事,保则慎其身。秦汉时,东宫官制度初具规模,属官有太子门大夫、庶子、先马(或作洗马)、舍人;有詹事掌管太子家,设丞,辖太子率更、家令丞、仆、中盾、卫率、厨、厩长丞;还有太子宾客赞相礼仪,规诲过失,但未作为官属。东汉时,太子太傅只管辅导,礼如师,不领官属。太子少傅则因无詹事之设而既要管辅导,又要管理全部太子官属。若未有太子,则设舍人隶于少府,其余皆撤。

设置东宫官制的作用,主要有:①从各个方面确保太子从小受到诗、书、礼、义、忠、孝等教育,辅导他"进德""修业",使其成为礼仪规范合度、有丰富的从政知识、才德均足以君临天下的储君。东宫官教育太子的内容很多。②辅助太子,使其能顺利继承皇位。六傅还往往是皇帝托孤之臣。太子被册立以后,即成为储君、副主,可以直接担任宰相、统帅一类要职;当皇帝外出时,由太子"监国",即留守宫中处理国家政务。这时,东宫官在政务处理上亦要起辅助作用。

③六傅等东宫官衔常常成为加官、赠官的荣誉职称或翰林迁转的准备,授予东宫官衔,可起奖励、明升暗降、调剂平衡等作用,在某种程度上可以缓和统治阶级内部权势斗争的一些矛盾。

在宗法制的封建社会里,太子为"天下本",太子的有无、废立,直接影响政局和人心的稳定,太子的素质关系着王朝的盛衰与皇族政权的连续性。对太子的培养历来备受朝廷内外的重视,对太子官的选任委派特别慎重,一般均精选四方名儒、经世名臣、勋旧大臣担任,并选才俊之士做伴读。太子对诸傅如事师之礼。东宫官有的品秩虽不高,不握实权,但具有殊荣。东宫官制度的建立,形成了以太子为核心的权力体系。东宫官一般不直接议论朝政,但对太子及他日国政有重大影响。太子即位后,太子官往往以东宫恩而成为重臣。宫廷发生派系纠纷时,东宫官亦常被卷入,甚至成为牺牲品。这种情况使最高统治集团内部的矛盾更加复杂。

12. 嫡子制度

嫡子制度是中国古代宗法社会中最基本的一项基本制度,即王位和财产必须由嫡长子继承,嫡长子是嫡妻(正妻)所生的长子。广义的"长子"是指排行最长的子女,换言之长女也可能包括在内,狭义的则只包括儿子,女儿的继承顺序较儿子后,甚至没有继承权。一些母系社会中则是由长女拥有优先继承权。

纵观整个中国历史,嫡长子继承制是中国古代一夫一妻多妾制下实行的一种继承原则(制度),是维系宗法制的核心制度之一。嫡即正妻、元配,正妻所生之长子为嫡长子。法律规定嫡长子享有继承优先权。该制度起于商末,定于周初,具体规定为"立嫡以长不以贤,立子以贵不以长"。所谓"立嫡以长不以贤"的意思是:王位的继承人必须是自己的嫡亲长子,不管他是否贤能。王位的继承人首先应该是国君的嫡亲儿子,在国君的众位儿子中间,以年龄的长幼来定由谁来继承。"立子以贵不以长"的意思是:王位的继承人都是自己嫡亲的儿子,但不是同一个母亲所生,并且可能王后的儿子不是长子,这时就有"立子以贵不以长"这一条来确定继承人:王位的继承人必须是妻所生的长子。如果哥哥的母亲为妾(妃嫔),但弟弟的母亲为妻(王后),只要有妻(王后)的儿子在,就不能立妾(妃嫔)的儿子为太子。如妻(王后)没有儿子,就只能立妾的儿子(在这中间仍然以妾中较为贵的一人的儿子为太子),不管其年龄如何。历史上的商纣王就是依据此规定当上国君的。商纣王有两个同母的哥哥,长兄叫微子启。纣王的父母都想让微子启为太子,但有大臣据法力争指出,生微子启时商纣王的母亲为妾,生纣王时其母为妻,有妻的儿子在,就不能立妾的儿子为太子,虽然母亲是一个。

在奴隶制(礼制)时代,嫡子制度主要适用于宗祧继承中——此时家国一体,宗祧继承可涵盖王位继承、爵位继承、官位继承。进入封建时代,法律严格区别嫡庶,在王位继承、爵位继承、官位继承和宗祧继承中实行嫡长子继承制,在财产继承中诸子均有继承权,嫡长子仍处于优势地位——这是王位、爵位、官位、宗祧不可分割,财产可以分割是原因之一。这种制度体现了等级观念,与宗法制度、妻妾制度相表里;但在当时多妻(妾)制条件下,一定程度上避免了继承中的矛盾冲突。

13. 宫省制度

宫省是宫城的建筑,这种建筑的特殊格局在于突出君主至高无上的地位。崇宫室以威四海,是统治者建筑宫省的本意,以宫省为核心而建立起来的制度,则又是君主权力的象征。

宫省一般是指设于皇宫内的官署或宫中禁卫。具体而言,宫是指皇宫的前部,而省则是指皇宫的后部,而前后明显界限的出现与君主专制的发展有密切的关系。

宫省的严格区分与职官的设置和职权划分有密切的关系。禁宫是宫城中的最深部,这里设有君主和后妃的生活服务机构,其办事人员习惯上称之为省内宫、省官、内官、中官、内侍官、内朝官等。前廷是宫城的前部分,这里有一些为君主办事的机构,其办事人员成为宫官、中朝官、廷官、殿阁官,可以统称为宫廷官。中央各主要部门的亚裔则设在宫城的四周,以便及时承命处理政务,这些部门的人员成为朝官、外朝官、外廷官、中都官、京官等,这些都是国家正式的官职。

宫省制度是围绕着君主专制建立起来的制度,其核心当然是君主。在君主专制制度下,与君主的距离远近,往往成为有无政治权力的关键。宫省制度下,宫廷官身在宫中,离君主较近,接近君主的机会也较多,因此比外廷官员更容易取得君主信任,古代的辅政机构多从宫廷官演变为外廷官,逐渐引入正式的枢要序列,原有的外廷官往往被架空,只保留了虚衔。

14.秘密建储制度

在中国古代皇权专制和传统宗法社会里,皇位继承人的选择是关系到国本的大事,怎样合理平稳地交接皇权成为清初历朝不断探索的题目,直到雍正朝以后才更趋成熟。密建皇储制度正是雍正在废弃公开建储制后而建立的皇位继承人选择制度。

皇位继承是皇帝制度的核心问题。在我国封建社会中,按照封建宗法制原则,通常实行公开的嫡长子继承制。自西周到清朝初期,册立太子是皇位继承的正统做法。这种制度依据宗法制中嫡长继承、顺序嗣位的原则,皇后所生的长子为太子,如长子早死,即立长子之子为太孙,无子再由皇帝的嫡次子顺序继承。如果皇后无子,才考虑册嫔妃所生的长子为太子。皇帝无子则在近支亲属中选立太子。

清代从康熙朝开始,沿用中原各王朝立嫡长子的做法确定皇位继承人。康熙十四年(1675 年)下诏册立嫡长子胤礽为皇太子。康熙帝多子,在位时间又长,过早地公开册立太子,造成了康熙帝和太子间、太子和诸皇子间的矛盾和纷争。矛盾激化到不可调和的地步,使皇权受到了威胁,政局也因此动荡不宁,康熙帝不得已两次废皇太子胤礽。

雍正皇帝镜鉴了这一教训,于雍正十三年(1735 年)八月建立秘密建储制度,雍正帝四子宝亲王弘历成为清代第一个以秘密建储制继位的皇帝,是为乾隆皇帝。乾隆帝在对历朝历代的建储法详加比较剖析后,认定秘密建储"实为美善",进一步将秘密建储确定为神圣不可更改的"建储家法"。乾隆以后,自嘉庆到咸丰,都是按秘密建储制继承皇位的。秘密建储与公开建储相比较,避免了皇子之间为夺取皇位而发生的残酷争斗,对稳定政局具有一定作用。

15.党国体制

党国体制通常指 1949 年之前国民党及其统治下的中华民国的政治、经济、文化、军事制度的总和。

党国体制的理念来自孙中山。20 世纪初在西方政党政治潮流及苏联体制的影响下,中国国民党总理孙中山提出了一套中国特色的党制理念,为后来的国民党体制奠定了理论基础。这一独具特色的政治管理体制,既是西方政党政治理念特别是苏俄政党体制进入中国政坛的结果,也是传统中国政治文化与西方现代政党体制及理念相互作用的产物。

党国体制的特点是先建党后建国,党在国先,党在国上,一党治国、以党治国、党国同构,党国融合,党就是国,国就是党,爱党才叫爱国,爱国必须爱党。它体现了国家的一党专政。

1927年蒋介石统一中国、建立中央政府之后,完全继承了孙中山党国体制的思想,奉行"一个主义,一个政党,一个领袖",将党国体制发展到极端的程度。

由于理念与利益的分化,党国体制不仅形成了中国现代政治制度及其运作模式的重大变革,成为中国国民党统治体系内党、政、军利益分争的根源,也由于党、政两条管理系统并存且关系滞碍而导致行政成本倍增,进而演变为中国国民党政治制度上的一重大问题,最终导致国民党在大陆统治的失败。

16. 社会主义制度

社会主义制度是相对于资本主义制度而言的政治经济制度,具体而言是指社会主义国家机关在其法定的职权范围内依照法定程序,创制、认可、修改的规范性法律文件的总和。

我国在1956年经过"三大改造"后基本建立了社会主义制度。这一制度的基本要素是中国共产党领导、生产资料公有制和计划经济。具体而言,根本政治制度是人民代表大会制度,基本政治制度是中国共产党领导的多党合作和政治协商制度、民族区域自治制度以及基层群众自治制度,基本经济制度是以公有制为基础的计划经济,按劳分配则是基本分配制度。改革开放以来,中国坚持走中国特色社会主义道路,社会主义制度不断发展和完善;特别是基本经济制度形成了以公有制经济为主体,多种所有制经济共同发展的社会主义市场经济制度;基本分配制度发展成为按劳分配为主体,多种分配方式并存的制度形式。

中国特色社会主义制度,是中国共产党人和中国人民的伟大创造,是马克思主义基本原理与中国建设、改革具体实际相结合的产物。这一制度既遵循科学社会主义的基本原则,集中体现了科学社会主义的精髓,又切合中国的发展实际,具有鲜明的中国特色,符合历史发展规律,符合中国最广大人民的根本利益,因而具有强大的生命力。

17. 人民代表大会制度

人民代表大会制度是中国人民民主专政的政权组织形式,是按照民主集中制原则,由选民直接或间接选举人民代表组成人民代表大会作为国家权力机关,统一管理国家事务的政治制度,是中国的根本政治制度。

根据人民主权原则,人民行使国家权力的机关是全国人民代表大会和地方各级人民代表大会。全国人民代表大会和地方各级人民代表大会都由民主选举产生,对人民负责,受人民监督。国家行政机关、审判机关、检察机关都由人民代表大会产生,对它负责,受它监督。

全国人民代表大会由省、自治区、直辖市和军队选出的代表组成,每届任期5年;拥有修改宪法,监督宪法的实施,制定和修改刑事、民事、国家机构的和其他的基本法律,选举和罢免国家领导人,决定战争和和平问题等职权。

关于地方各级人民代表大会制度,省、自治区、直辖市、县、市、市辖区、乡、民族乡、镇设立人民代表大会,县级以上的地方各级人民代表大会设立常务委员会。省、自治区、直辖市、设区的市的人民代表大会每届任期5年,县、不设区的市、市辖区、乡、民族乡、镇的人民代表大会每届任期3年。地方各级人民代表大会在本行政区域内保证宪法、法律、行政法规的遵守和执行;依照法律规定的权限,通过和发布决议,审查和决定地方的经济建设、文化建设和公共事业建设的计划。

人民代表大会制度是适合我国国情的根本政治制度,它直接体现了我国人民民主专政的国家性质,能够确保国家权利掌握在人民手中,具有优越性。

18. 多党合作和政治协商制度

多党合作和政治协商制度全称为中国共产党领导的多党合作和政治协商制度,它是我国一项基本的政治制度,也是具有中国特色的政党制度。

这项制度的基本内容是:①中国共产党是执政党,其执政的实质是代表工人阶级及广大人民掌握人民民主专政的国家政权。各民主党派是参政党,具有法律规定的参政权。其参政的基本点是:参加国家政权,参与国家大政方针和国家领导人选的协商,参与国家事务的管理,参与国家方针、政策、法律、法规的制定和执行。②中国共产党和各民主党派合作的首要前提和根本保证是坚持中国共产党的领导和坚持四项基本原则。③中国共产党与各民主党派合作的基本方针是:长期共存,互相监督,肝胆相照,荣辱与共。④中国共产党和各民主党派以宪法和法律为根本活动准则。

中国人民政治协商会议,简称人民政协或政协,是中国共产党领导的多党合作和政治协商的重要机构和平台。中国人民政治协商会议设全国委员会和地方委员会,省、自治区、直辖市,自治州、设区的市、县、自治县、不设区的市和市辖区,凡有条件设中国人民政治协商会议的地方,均设立人民政协组织。每届政协委员任期5年,政协委员任期内,以团结和民主为主题,发挥如下职能:政治协商和民主监督,组织参加政协的各党派、团体和各族各界人士参政议政。

中国共产党领导的多党合作和政治协商制度适合我国国情,显示出强大的生命力和显著的优越性。它有利于发展社会主义民主政治,有利于发展社会主义经济和文化,有利于构建社会主义和谐社会,有利于推进祖国和平统一大业。

二、中央政务制度

中国是传统的"大一统"国家,中央政务从古至今都是国家政治生活的重心。本部分主要介绍中央机关的设置及其政务运行的制度。

1. 三公九卿制度

三公九卿制度是隋唐以前的中央官制,其中,三公是中国古代朝廷中最尊显的三个官职的合称,九卿则各代不一。西汉时九卿是列卿或众卿之意。先秦文献中有三公九卿之说,但秦并没有这种制度,西汉初也不见九卿名称。仅武帝以后由于儒家复古思想的影响,人们就以秩为中二千石一类的高官附会成古代九卿。

三公和九卿以及列卿等都各有自己的府寺,以处理日常事务。大事总汇于丞相,或最后请皇帝裁决。三公九卿制度的主要特点:①三公和九卿由皇帝任免,不得世袭;②三公和九卿分工明确,行政效率高;③丞相位高权重,三公和九卿逐渐成为虚职;④拥有完备且成体系的运行机制。

秦始皇设立三公九卿制度,为封建专制主义中央集权国家制度的建立创造了雏形,对以后的历代封建王朝的建立,有着重要的影响。这一制度从秦朝一直沿用到两晋,直至隋文帝创三省六部制。从三省六部制的结构上来看,也无处不有着三公九卿制结构的影子。此后,一直到明代,明太祖朱元璋废掉中书省、尚书省及门下省,六部直接对皇帝负责,中国古代历史中的中央官制三级制度才算寿终正寝。三公九卿这一制度沿用约达八百年,并从结构上影响三省六部制,并左右中国古代中央官制约达七百年。可以说,三公九卿制,上承夏商周,下接隋唐宋元,在中国历史上留下了浓重的一笔。

2. 二府制

二府制是指宋朝中枢机构制度,即设中书和枢密院两个机构对持文武二柄,号为二府制度,二府制的特点就是文武分权。

宋朝的"中书",与唐朝的"中书门下"性质相同,是宰相办公的地方。中书之外,尚书、门下两省名号虽存,但已成外朝,不是宰相机构。

宋初,沿袭唐朝后期制度,以"同中书门下平章事(简称"同平章事")为宰相,而以参知政事为副相,从尚书丞。郎到三师皆可加此等衔为宰相或副相。尚书令、侍中、中书令等三省长官,品高位重常"缺而不置"。

元丰改制,以尚书左仆射兼门下侍郎行侍中事,为首相;以尚书右仆射兼中书侍郎行中书令事,为次相。名义上恢复三省,实际上趋于一省,次相以兼中书侍郎因请旨而更接近皇帝。副相,包括门下侍郎、中书侍郎和尚书左、右丞。徽宗时,一度将首相改为太宰,次相为少宰。

南宋初年,以尚书左右仆射同中书门下平章事为宰相,门下侍郎。中书侍郎并改为参知政事为副相,废尚书左右丞官。从宰相官称来看,三省已并为一省。孝宗时,索性将尚书左右仆射同中书门下平章事改为左右丞相,参知政事未变(左右丞相,唐玄宗时为尚书省长官,宋为中书的长官)。

宋朝有"宰执"这一提法,是宰相和执政的合称。宰指宰相,只限于同平章事、尚书左仆射兼门下侍郎和尚书右仆射兼中书侍郎,以及南宋的尚书左右仆射同中书门下平章事和左右丞相等首相和次相。副相包括参知政事,门下侍郎,中书侍郎,尚书左右丞,与枢密院正副长官,合称"执政"。

宋初,中书和枢密院对掌文武二柄,权力不能合在一起,因此无宰相兼枢密使的情况。后来因用兵西夏,宰相与枢密院长官不相通气,对军事指挥不利,于是在庆历年间一度由宰相兼枢密使。西夏用兵结束,又恢复原状,兼职没有形成制度。到了南宋,一些权臣如秦桧、史弥远、贾似道等都曾以宰相兼任枢密使,但还不是定制。宁宗以后,宰相兼枢密使才成为定制。宰相不能兼枢密使,是防止大臣权重威胁皇权。后来权臣兼任两职,确实曾使皇权受到影响。

3. 贵族辅政制

贵族辅政制是指夏商周时期奴隶制贵族代替年幼的王摄政,辅导王和教训王的制度。

夏有三正四辅臣。三正,指奴隶制王朝的大臣、官长;四辅臣是古天子必有四邻,前曰疑,后曰丞,左曰辅,右曰弼。他们都是辅政的贵族官员。《尚书·君奭》中列举了商代五位盛世之君的六七位大臣,说他们"率兹有陈,保又有殷",是协助商王决策的重要人物。商代还有"三公"之说,据文献记载,伊尹、傅说、丈王、九侯、鄂侯都曾为"三公"。这类"三公"都是具有一定地位的同姓和异姓贵族,是商王重要的辅政大臣。西周初期,成王年幼继位,以周公为太傅,召公为太保,他们是帮助周王履行统治职能的重要辅臣,实际上具有过总宰一切政务的执政官的地位。随着与周王宗亲关系的变化,重要辅臣也不断更换,因此西周中期出现了卿事寮和太史寮这样的辅政机构,以便在重要辅政大臣变更时不至于使政务陷于交替的混乱。随着专制程度的提高,要求权力高度集中,西周晚期出现了总理两寮及公族事务的冢宰,这是类似于宰相的重要辅政大臣。

夏商周三代是君主专制的国家,这种君主专制是以内外贵族联合为基础的。以武力和宗亲感情来压服和笼络异姓贵族和宗亲贵族,依靠贵族来维护君主统治,是三代共有的特点。在这种情况下,那些具有一定实力的异姓贵族和至亲的同姓贵族,便成为王的重要支持者,成为辅政的主要官员。随着宗亲制度的完善以及宗亲贵族为主要辅臣并负有实际职责的做法的逐渐确立,异姓贵族即使得到与辅政大臣地位相同的官职,也不能取得辅政的实际权力,如西周初年的太公望,虽为太师,居三公之首,但却只能在自己的封地为侯,只是在朝会礼仪上享有特殊的待遇而已。

辅政大臣的地位是很高的,在商周曾出现伊尹放太甲于桐宫而摄政、周公摄政三年以及共伯和摄政"共和"的现象。他们代王摄政,辅导和教训王,年幼刚嗣位的王只能是"图任旧人共政",并承认辅政大臣们"世选尔劳,予不掩尔善"。王在万不得已的情况下才采用强制手段,从辅政大臣手中夺回大权,"尔不从誓言,予则孥戮尔,罔有攸赦"。由于辅政大臣的权力过大,往往成为王施用统治权的对立力量,从而导致王权和辅政力量的矛盾冲突。

秦汉以后,中国北方的一些少数民族国家曾经出现过类似三代的贵族辅政制。但一般都是王朝初期的现象,随着王朝的发展逐渐失去主导地位。

4.丞(宰)相制度

丞(宰)相制度是中国古代最高行政官员的任免制度。宰相是中国古代最高行政长官的通称。"宰"的意思是主宰,商朝时为管理家务和奴隶之官;周朝有执掌国政的太宰,也有掌贵族家务的家宰、掌管一邑的邑宰,实已为官的通称。相,本为相礼之人,字义有辅佐之意。宰相联称,始见于《韩非子·显学》,但只有辽代以其为正式官名,其他各代所指官名与职权广狭则不同,而且名目繁多,通常和丞相是一个概念。

宰相最早起源于春秋时期。管仲就是中国历史上第一位杰出的宰相。到了战国时期,宰相的职位在各个诸侯国都建立了起来。秦始皇统一六国后,宰相作为官制首次确定下来。但宰相的正式官名随着朝代的更替,先后出现过相国、丞相、大司徒、侍中、中书令、尚书令、同平章事、内阁大学士、军机大臣等多达几十种官名。需要说明的是,明清废相后,皇帝躬览庶政、自兼相权、亲辖六部,皇权大增,大学士和军机大臣等职权与前朝宰相实有差距,但仍拥有丞(宰)相制度的样式,从这个意义上说丞(宰)相制度大概沿袭了两千年。

5. 三省六部制

三省六部制是中国古代封建社会一套组织严密的中央官制。三省指中书省、门下省、尚书省,六部指尚书省下属的吏部、户部、礼部、兵部、刑部、工部。每部各辖四司,共为二十四司。

三省六部制确立于隋朝,此后一直到清末,六部制基本沿袭未改,而三省制则有多次变迁。其中尚书省形成于东汉(时称尚书台);中书省和门下省形成于三国时,目的在于分割和限制尚书省的权力。在发展过程中,组织形式和权力各有演变,至隋朝才整齐划一为三省六部。三省六部主要掌管中央政令和政策的制定、审核与贯彻执行。

其中,中书省主要负责与皇帝讨论法案的起草,草拟皇帝诏令。门下省负责审查诏令内容,并根据情况退回给中书省。这两个部门是决策机构,通过审查的法令交由尚书省执行,其特点是:①分工明确,②效率高,③互相牵制,④分散相权、集中皇权。三省六部制在发展过程中各代统治者曾作过一些有利于加强中央集权的调整和补充,但总体框架基本保持稳定。

三省六部制是中国官制史的重大变革,它标志着封建政治制度的成熟。隋朝此后,历朝基本上沿用这种制度。

6. 内外相制

内外相制是指两宋时期的军事、财经和政治管理制度。内外相制度是赵宋袭用的部署兵力的原则而制定的。赵匡胤深知控制兵权之于政权稳固的重要性,因此他建立庞大、精良的军队作为统治工具。同时又"居常思变,居安思危",认为"凡天下之兵,皆内外相制也"。宋神宗说:"艺祖(太祖)养兵止 22 万,京师 10 万余,诸道 10 万余。使京师之兵足以制诸道,则无外乱。"

具体而言,军事上就是全部军队分为两半,一半屯驻在京城,一半戍守各地,使京城驻军足以制止外地可能发生的变乱,也使外地驻军合起来足以制止京城驻军可能发生的内变。同时,在中央建立强大的禁军,抽调全国各地的精锐军人进入禁军,削弱地方军力。将领流动驻守不能与士兵一直待在一起,形成兵不识将、将不识兵的状态,削弱将领的军事权力;在央地关系上,向地方派文官管理地方,加强中央对地方财权和行政权的控制。

内外相制巩固了宋朝的军事、政治和财经的稳定,结束了五代以来军人干政、乱政的局面,但也造成了宋朝军事实力的削弱,与少数民族国家之间的战争终处于失利的地位。

7. 一省制

一省制就是在中央用单独的一个中书省取代唐代的三省以及宋代的东西二府,并且这个机构直接管理地方的各个行省,军政大权完全归中书省掌控并且由其长官——丞相完全负责,而不像过去中原王朝通常由几个地位差不多的官员组成互相牵制制衡的宰相集团的制度。

元朝设中书省总领朝政,其间虽三次设置尚书省与之并立,但不久就都撤去了。中书省长官为中书令,必以皇太子担任,但也是虚衔,实际是以左右丞相、平章政事为宰相,下有左右丞、参知政事为副宰相。右丞相必以蒙古人充任。

枢密院为全国最高军事机构,枢密使例由皇太子兼领,也是虚衔,实际上由枢密院副使、同知枢密院事主持院事。

御史台为全国最高监察机构,以御史大夫、御史中丞各两人为其长官。下设殿中司和察院。殿中司以殿中侍御史统领,掌管纠察朝会失仪及百官过失。察院设监察御史若干人,掌监察地方,以后改称肃政廉访使。元朝将全国划分为二十二道监察区,凡燕南河北道等内八道,由察院派肃政廉访使常驻地方,负责监察。

元行一省制是古代多民族统一国家发展壮大过程中,中央与地方权力结构不断调整、完善的产物。它并非单纯的中央集权或地方分权,它的历史价值在于以一省为枢纽,以中央集权为主,辅以部分地方分权的新体制。

8. 军机处制度

军机处制度是清代处理军国大事的权力运行制度,其核心机构是军机处。军机处,又称军机房、总理处,是清朝中后期的中枢权力机关。

雍正七年(1729 年),因用兵西北,内阁在太和门外,恐漏泄机密,始于隆宗门内设置军机房,选内阁中谨密者入值缮写,以为处理紧急军务之用,辅佐皇帝处理政务。雍正十年(1732 年),改称"办理军机处",简称军机处。设军机大臣、军机章京等,均为兼职。平定了准噶尔叛乱后,本应裁撤军机处,但结果不但未将其撤销,反而进一步扩大了军机处的权力范围,使其成为处理全国军政大事的常设核心机构,成为凌驾于内阁之上的国家真正的政务中心。军机处的具体职掌主要是：撰拟谕旨和处理奏折；议大政，议后提出处理意见，奏报皇帝裁夺；谳大狱，参与重大案件审拟；参与对重要官员的任免和考核；随侍皇帝出巡，奉旨出京查办事件等。

军机处任职者无定员，最多时有六七人，由亲王、大学士、尚书、侍郎或京堂充任。设首席军机大臣，或称领班军机大臣，通称大军机，一般由满族亲王或大学士担任。其余任职者按资历地位、官品高低及在军机处任职先后分别为军机大臣、军机处行走、军机处学习行走、军机大臣上学习行走等。其僚属称军机章京，协助军机大臣处理文书档案，票拟一般章奏，通称小军机。军机大臣须每天值班，等候皇帝随时召见。当天必须处理完毕每天由下面送达的奏章，以保证军机处处理政务的极高效率。

军机处职能原为承名拟旨，参与军务，后逐渐演变为全国政令的策源地和行政中心，其地位远远高于作为国家行政中枢的内阁。宣统三年（1911 年）四月责任内阁成立后军机处被撤销。

不论结果如何，军机处的设立是清代中枢机构的重大变革，标志着清代封建中央集权发展到了顶点。

9. 宦官制度

宦官制度是中国封建社会里皇宫中专用宦官侍奉皇帝及其家族的制度。

宦官制度始于周代，《周礼》中对带有各种职衔的宦官的人数、职掌已有明确记载。这时宦官人数不多，是家臣的一部分，主要担负看守宫门、传达命令、侍奉起居等杂役，地位低贱。但由于宦官侍君侧，容易得到君王的宠信，能对君王施加某些影响，甚至参与政治。秦汉时，随着君主专制制度的加强，宦官制度也在强化，对宦官的任使已越出宫内范围，正式进入政治领域。魏晋以后，接受前代的教训，历代对宦官干政均有严格限制，但都由于没有触动宦官制度而终成空文。唐朝自玄宗以后，宦官可裁决一般政事，监军、统兵出征。安史之乱后，宦官担任的枢密使可代替皇帝裁决政务，宦官还出任兵部尚书、观军容使，统领神策军，充当节度使等，宦官典军成为定制。其势力的强大，以致唐朝后期从肃宗到昭宗十三帝，无一不是宦官所立。明朝皇权空前膨胀，宦官制度发展到顶点，其机构的庞杂，人员的冗滥，为史上仅见。清代宦官制度比较严格，规定不准领军，奏事一律改姓王等，使宦官不能形成自己的权力系统。宦官干政的程度已远逊于前朝。

宦官制度是君主专制政治的必然产物。在君主专制制度下,皇位实行宗法世袭制。帝王设立宦官的主要和直接的目的,是为了既有人侍奉自己和众多的后妃等皇室成员,又要确保自己家天下血统的纯洁性。皇帝时刻防范臣下不忠,担心皇位被篡,深居宫禁,成为孤家寡人,而宦官近侍皇帝左右,直接听命于皇帝。他们没有社会地位,没有后代,必然紧紧依附于皇权,不会成为皇权的威胁。故宦官在历史上的乱政虽曾引起不少君臣警惕,但宦官制度却与封建王朝相始终。

10. 符玺制度

符玺制度指的是我国古代关于公文用印与使用凭信等的规定。符也称符节,是我国古代传达命令的凭证及身份的证明。

历史上各王朝维系其封建独裁统治的象征物"宝玺",自秦始皇开始刻制后,历朝或是传承或是重刻,直至清亡都是如此。秦始皇创立的宝玺制度被汉高祖刘邦全部继承下来,形成了后来所谓的"秦汉八玺制",这一制度也贯穿了整个魏、晋、南北朝和隋,他们不仅继承了秦汉的八玺制,而且连规格、名称、纽式、文字都基本不差。直到唐朝武则天称帝时,则独出心裁地增加了一方"皇天景命有德者昌"神玺,而将八玺制改为九玺制,同时又将"玺"改为"宝",从此以后各朝都称"宝"了。北宋增至十二宝,南宋则是十七宝。明朝猛增至二十四宝,清朝除交泰殿二十五宝日常使用外,还供奉着"盛京十宝"。由此可见历朝宝玺的数量是越来越多,而且体积也越来越大,从秦汉的方一寸二到四寸不等、唐朝的方二寸到四寸不等,直到明清的方二寸九到五寸九不等,最大者有宋朝"定命宝","范围天地,幽赞神明,保合太和,万寿天皇"的"定命宝"印面竟有九寸见方,而明朝建文帝的"天命明德、表正万方、精一执中、永宙永昌","凝命神宝"印面却是一尺六寸九分见方,可谓是硕大无比。

中国历史上代表其神圣权力的凭信物,就是皇帝的专用"玺印"。玺者,印也,是皇帝的印章。通常只有皇帝的印称玺或宝玺,皇帝的印章也有公章、私章之分,宝玺属于公章,伴随着历代皇帝的更替相传承。凡是皇帝代表国家发布各种诏书及文告时,皆钤盖宝玺。对皇帝印章的分类、管理和使用,各个朝代都有十分严格的规定。皇权更替的标志,就是宝玺的转移。

符是政治和军事的凭证信物,它可以用于身份证明,作为出入国境、关卡、军营、要塞的凭证,又可以作为传达命令、调遣兵将的信物。节是君主派出的使节所持的凭信,用于代表君主出征、节制方面、监察、办理重大案件、出使外国等重大事务的证明。历代对符节的发放、使用、保管等,都尽可能制定一套较为完备的管理制度,以保证皇帝诏令和政府的政令文书在承传运转过程中不发生伪冒和泄密,反映出当时文书工作的严谨。

玺印符节作为重要的凭证,又是权力的象征,因此,历代在保管、使用、发放、制作等方面都有严格的管理制度。

11. 密折制度

密折制度是指朝臣将奏文写在折叠的白纸上,外加上特制皮匣的奏折,外人无从得知其中内容的上奏制度。密折制度始于康熙晚年,完备于雍正朝。

唐代武则天时已有告密制度,明朝有东厂锦衣卫等特务政治。康熙帝曾言:"令人密奏并非易事。偶有忽略,即为所欺。"雍正皇帝允许的官员如岳钟琪才能上奏折,缮写时须亲自为之,不可假手于人,一切听闻皆可上报。写毕将奏文写在折叠的白纸上,外加上特制皮匣,皮匣的钥匙备有两份,一份交给奏折官员,一把由皇帝保管,任何人都无法开启。官员自派亲信家人送抵京城,不可扰累驿站,直达御前,并由皇帝亲自批答。雍正七年(1729 年),雍正建立军机处以专一事权。军机处负责密折,皇帝特许的下级官员可直接向皇帝弹劾上级长官,密折奏事使政令完全体现了皇帝的意志,使得君主专制、中央集权达到极限。

清朝采用密折制度,允许和鼓励四品以上的中央和地方官员,直接向皇帝递密折。密折制度的作用有两个,一是使得朝政进一步黑箱化,增添皇权的神秘感;二是起到了使官员尤其是同僚相互告密的作用。比如一省之内,督抚、布政使、按察使、道台都可以独自上折密奏,那么谁还有胆量背着皇帝做不臣之事?密折制度使得同僚变成了"特务",谁都有打小报告的可能,自然是防不胜防,于是只好老老实实。密折制度实际上是进一步强化了皇帝的专制集权。

12. 票拟制度

票拟制度又称票旨、条旨、票本、拟票、拟旨制度,具体是指对中央、地方各衙门及臣僚呈送皇帝的章奏,内阁根据有关法规和典章律例代拟初步处理意见,以备皇帝裁决时参考的制度。

阁票用本纸、小帖、墨字,内照票拟,或皇上御笔,或宦官代书,在文书上面用朱字。阁票如有未合上意,上加笔削或发下改票,阁臣随即封上,间有执正强争,也多曲听。清沿明制,通本、部本上达内阁后,也由票签处代拟票签。依例,内阁汉票签处收到通本、部本后由侍读校阅汉文,汉中书拟写汉文草签;满票签处侍读校阅满文,满中书拟写满文草签,草签后各书拟票侍读及协办侍读中书之姓,以为凭证。草签上呈大学士总校,校阅确认后,发回满、汉票签处缮写满汉合璧的正签。正签缮写后,阅定大学士画押,正签背面还要书各缮写中书之姓名,以为凭证。

从明代开始,内阁为备查票签办理之便,设有"丝纶簿",专门记载本章票拟最终结果,以便工作查考,取义"王言如丝,其出如纶"。清沿明制,自顺治朝起,内阁将题本奉朱票签内容,逐件汇抄成册,分满、汉两种。清代票拟制度十分严格,现清代档案中尚存有清内阁《满汉票签部村通村样式》和《外藩表笺票签式样》等,当是其时内阁日常工作中"依式比求"的范本。

票拟制度下,各类文书全归于内阁票拟,疑难者由皇帝召阁臣一起商议决定;但必要时皇帝也可在禁中主动提出自己关于政事和用人的意见,通过手诏、中旨(或宦官传口谕)下内阁票拟。对于这类手诏等,内阁可以奉行,也可以拒绝,全都合法。这使得票拟制度是一重对皇帝独断专行之限制的制度。

13. 胥吏制度

胥吏制度是指中国古代一种基层办事人员的管理制度。胥指的是一种基层的办事人员,即政府将平民按户口加以控制,并从中选拔出有才智者加以管理。吏本是指替天子管理臣民、处理政务的人,即官。一般认为,汉代以后吏逐渐专指小吏和差役,即没有官位的官府工作人员。它与"官"的区别是:官如大鱼吏小鱼,完粮之民且沮洳,官如虎,吏如猫,具体而微舐人膏。由于两者都是指代官府的各类办事人员和差役,后世遂有人将胥、吏并称。

胥吏大多出身贫穷而清白的家庭。有些则来自受过教育的阶层,但因为本身性情不合或学识不足,而无法进入仕途成为文官。少数胥吏也曾经做过官,他们或者因为行为不检而被革职,或者在极不寻常的大幅裁员下丧失职位。

就整个群体而言,胥吏的社会地位是很低的。直到帝制中国晚期,他们都不被准允参加科举考试,而参加考试是连农民都可以享有的权利。一般民众不信任、惧怕甚至讨厌胥吏,而高级官员则鄙视他们。然而尽管他们到处不受欢迎,他们仍然是中国帝制官僚体系中最根本的一个重要阶层。

胥吏阶层处在一个官与民的交界点上,他们在官场上虽然身份低微,但却经常久居一职,熟悉各种政务,拥有处理复杂事务的能力,再加上熟悉地方的民情,只要稍微在中间做一点手脚,就可以很轻松地欺上瞒下,并从中牟取私利,所以明清时期的胥吏往往为人诟病。历代封建王朝都会采取某些措施鼓励官员严格督导并管制胥吏,一项监督并管制胥吏的办法是由官员聘用熟谙行政流程,而且了解方言民情的私人秘书。这些私人秘书必须随时督促日常行政工作的进度,同时借由定期报告,以减轻官员对胥吏的依赖。理论上来说,这些私人秘书的个人远景,完全取决于雇用他们的官员在宦途上的成败,但实际情况却往往正好相反。他们时常和胥吏狼狈为奸,结果不过是在原来的体制中加入一个新的阶层,使得原已十分紧张的行政结构变得更有腐化的可能。

14. 幕僚制度

幕僚制度是我国古代权臣戎帅疆吏牧守引荐亲信士人以入府署参与行事决策的一种用人制度。幕僚的主要功能,大致为置备顾问、谘议谋划、参与决策、掌握机要、典属文书乃至延接宾客、经办庶务或代主巡行出使等,其中尤以参议决策和掌握机要为重。他们同封建国家编入正规官制的官吏有明显的区别。顾问、谘议、参议、参政、参谋、秘书、书记等许多至今仍在使用的词语,多是由这些幕职幕称和功能沿袭下来的。

幕僚制度在中国源远流长。上可溯及夏商之家臣,两周之命士,身贱而见信,位卑而使重,已露端倪。到战国时期,才识之士,挟术怀策而奔走四方,摇唇鼓舌,攀权附势,多被聘为宾客舍人而得与闻政事者。

真正意义上的幕僚制度的雏形,其实形成于秦汉时期。秦始皇完成统一后,自上而下的全国性封建官制已成体系。在中央,主要机构为三公九卿;在地方则"分天下为三十六郡,郡置守、尉、监"。汉承秦制,所谓"因循而不革,明简易,随时宜也"。自此,命官之权悉操于上,养士接客之风理当难以复见。但是封建官制体系草创,分工粗疏,多有不完备的地方。无论中央还是地方的行政长官,很难单独地完成朝廷赋予的职守,于是三公郡守开府自辟掾属、令史以为辅佐差使,就成为中央许可的制度而保存下来。

魏晋南北朝时期是我国封建官制最紊乱的年代。其时,政治动乱,幕僚职能空前活跃,许多重要的幕职名称(如参军、记室、军师、主簿等)也由此产生并得以固定化,这对幕僚制度的全面形成尤具意义。中央到各地方军政长官辟署招募士人入幕的风气广为延播,也为幕僚制度的完成提供了组织措施上的保证。自此,各级行政长官自辟幕僚已具有了制度化的意味。幕僚侵代和超越正官的现象也在魏晋南北朝时期达到了顶峰,甚至出现了预备取代中央政权的霸府。

幕僚制度在中国产生、发展并延续了两千多年。甚至到清朝以后,袁世凯以机要局控制政事堂,蒋介石用侍从室操纵党政军,都毫无例外地承袭了幕僚制度的衣钵。

15. 责任内阁制度

责任内阁制在中国是指民国初年南方革命党人为牵制袁世凯而制定的政治体制,具体而言就是内阁由议会中占多数席位的政党或几个政党联盟的领袖人物组成,在权力配置上增强了内阁的权力而虚化了总统的权力。

内阁总理或首相由议会的多数党产生,其对议会而非对总统负责;国务员受参议院弹劾后,临时总统应免其职,但得交参议院复议一次;总理对总统要办的事项如不同意,可以驳回;总统颁布命令须由内阁总理签署才能生效。内阁既参与立法,又负责行政,实际控制着下院立法程序,控制着下院及其决策权,宣布提前大选权等,实际上使议会和君主都从属于自己,从而操控着立法权。

内阁首脑是政府首脑,拥有决定性发言权,掌握国家的行政大权,同时通过议会掌握立法权,是事实上的国家最高领导人(拥有大臣与主教的提名权,高级文官的任免权,内阁会议的主持权,政策决策权)。内阁大臣与首相在政治上共进退,内阁制与首相相辅相成,内阁首脑(首相或者总理)是下议院多数党的领袖。

内阁对议会要负连带责任,如果议会投票表示对内阁不信任,内阁阁员必须集体辞职,或由内阁提请国家元首解散议会,重新举行议会大选。同时内阁首相也有权在他认为有利的时机主动建议国家元首解散议会,举行大选;新议会选出后,对内阁仍不信任时,内阁也必须辞职。所以内阁任期实际上是不固定的。

责任内阁下,国家元首不论是世袭君主或选举产生的总统,不担负实际政治责任。一切政治上的政策与行为均由内阁负责,元首只是名义上的国家领袖。

民初的责任内阁制度由于袁世凯的干扰和破坏,不久便寿终正寝了,但责任内阁制度代表了先进中国人对适合中国政体的一种有益探索,虽然失败了,但仍具有一定的历史进步意义。

16. 五院制

五院制,亦称五院制度,它是指国民政府 1928 年 10 月以后的组织形式。根据孙中山的五权宪法理论,1928 年 10 月 3 日,中国国民党中央执行委员会常务委员会通过了新的《国民政府组织法》,规定国民政府由主席、委员和行政、立法、司法、监察、考试五院组成。10 月 8 日,南京国民政府公布该法,并任命了国民政府主席、委员和五院的正副院长。10 月 10 日,国民政府主席、委员宣誓就职,五院制政府体制正式确立。以后至 1947 年以前,《国民政府组织法》多次修改,主要是根据蒋介石是否担任国民政府主席而改变国民政府主席与行政院长的职权,五院的体制、组织、职能等均无原则上的变更。按照《国民政府组织法》的规定,五院同为治权机关,互不统属,互相独立。1943 年 9 月以前,五院正副院长由国民党中央执行委员会选任并向其负责。此后,五院正副院长改由国民政府主席于国民政府委员中提请国民党中央执行委员会选任,五院院长向国民政府主席负责,国民政府主席向国民党中央执行委员会负责。

孙中山创立行政、立法、司法、监察及考试五权独立的五权宪法,目的是要补救三权分立的缺点,希望借此创立五权分工合作的新政府制度,但国民党在大陆统治时期实行得并不彻底。

三、官员管理制度

官员是中国政治生活的主体,官员管理关涉国家政治机体运行的秩序。本部分主要介绍官员的录用、考核、奖励、纪律、职务升降、培训、交流、回避、俸禄、福利、辞职、辞退、退休、申诉、控告等制度。

1. 世卿世禄制

世卿世禄制是中国古代官位、俸禄和官级在一定的血缘关系内部无限继承的制度。卿是古代高级官吏的称呼。世卿就是天子或诸侯国君之下的贵族,世世代代、父死子继,连任卿这样的高官。禄是官吏所享有的财物。世禄就是官吏们世世代代、父死子继,享有所封的土地及其赋税收入。世袭卿位和禄田的制度在古代曾十分盛行。

商代的官吏是否实行世卿世禄制,由于历史资料不足,还无法作具体的阐述,至于西周时代的官吏制度,一部分学者认为,肯定是实行世卿世禄的。郭沫若主编的《中国史稿》在论述西周政治制度时说:"各种各样的官吏,大都是世袭的,世代享有特殊的、神圣不可侵犯的地位。"杨宽著的《战国史》在论及西周的官吏情况时也说:"在周王国和各诸侯国里,世袭的卿大夫便按照声望和资历来担任官职,并享受一定的采邑收入,这就是世卿、世禄制度。"另有一些学者不同意世卿世禄制推行于西周时代的说法,他们认为,《尚书·立政篇》载有周公阐述的西周时代的选官方针,在这篇文献中,周公一再强调:"自今后王立政",要"俊(进)有德",选拔"成德之彦",择用"吉士""常人",也就是选用有德有才的贤人,而不搞世卿世禄制。无论世卿世禄制是商周时代早已法定实行的,还是春秋中后期由于卿大夫的专权才形成的,双方各有各的论据,尚未有定论。

但可以确认的是,世卿世禄制的废除是商鞅变法的时候。《史记》记载,秦国规定"宗室非有军功论,不得为属籍。明尊卑爵秩等级,各以差次名田宅,臣妾衣服以家次。有功者显荣,无功者虽富无所芬华",即依军功大小定贵族身分之高低。该规定沉重打击了奴隶主旧贵族,因而招致了他们的怨恨。《史记》记载:"商君相秦十年,宗室贵戚多怨望者。"历史上任何一次变法,不仅是一种治国方略的重新选择,而且是一种利益关系的重新调整,这也是改革受阻的真正原因。

2. 门阀制度

门阀制度是中国历史上从两汉到隋唐最为常用的选拔官员的制度,根据这一制度,国家依照候选官员的门第和阀阅选择官员和规定品级,这些候选官员必须来自世代为官的名门望族(又称门第、衣冠、世族、士族、势族、世家、巨室等),门阀制度是汉唐之间官员贵族化的直接原因。

门阀制度大体萌芽于东汉后期,初步形成于曹魏、西晋,确立、鼎盛于东晋及南北朝前期,而衰落于南北朝后期。

门阀制度最主要特征在于:①按门第高下选拔与任用官吏;②士族免徭役,婚姻论门第,"士庶之际,实自天隔"。门阀制度在相当长的时期内主要当属于政治制度的范畴,而社会制度的成分是次要的。

门阀制度实际上造成了国家重要的官职往往被少数姓氏家族所垄断,个人的出身背景对于其仕途的影响要远远大于其本身的才能特长。自魏晋以来的中国政权,几乎都为世族所操控。由于隋唐政权有赖关中世族支持拥戴,且山东世族仍保有数百年的重阀阅、讲经学之传统,所以依旧享有优越政治及社会地位。隋唐时期,为了巩固国家政权,当政者大力打击门阀士族,为提拔寒门之士而采用科举制度,科举的兴起,导致门阀制度走向消亡。而唐末农民起义的爆发,彻底扫荡并结束了门阀制度。

3. 察举制

察举制是中国古代选拔官吏的一种制度,它的确立是从汉武帝元光元年(公元前134年)开始的。察举制不同于以前先秦时期的世袭制和隋唐时建立的科举制,它的主要特征是由地方长官在辖区内随时考察、选取人才并推荐给上级或中央,经过试用考核再任命官职。

察举是汉代选拔官吏的一种主要方法。"选"的对象为没有官职的读书人,"拔"的对象是下级官吏。按规定,他们都必须是品德高尚、学识才干出众的人。

汉代察举制度有一个重要的特点,就是举士(选拔人才)与举官(提拔官吏)没有分开,而且选举与考课没有区分。察举的对象既有未入仕者(无官职者),也有入仕者(现任官吏)。选举科目的设置,也是对现任官吏的考课内容。总的来看,考试(考课)是辅助形式,不占主要地位。这说明汉代对选才、任职官吏的考核还未制度化、严格化。

汉代为了适应国家统治的需要,建立了一整套选拔官吏的制度,名为察举制。察举是自下而上推选人才的制度,也叫选举。汉高祖刘邦首下求贤诏,要求郡国推荐具有治国才能的贤士大夫,开察举制先河。惠帝、吕后诏举孝弟力田,察举开始有了科目。

汉代察举制度,严格地说是从文帝(公元前179—前157年在位)开始,他下诏要求举贤良方正能直言极谏者,并且定下了对策(考试)和等第。武帝时察举制达到完备,各种规定相继推出。其后,各种科目不断充实,特别是有了统一的选才标准和考试办法。考试是汉代察举制度的重要环节。被举者经考试后,由政府量才录用,这样既保证了选才标准能贯彻实行,选出真正的人才,还能保证竞争的相对公平,令下层人士有进入国家管理层的可能。随着考试制度不断发展和完善,到隋唐以后更发展成科举制度。

4. 荐举制度

荐举制度是中国古代选官制度的重要内容之一,即拥有一定职级的官员或社会贤达推举他人做官的一项制度。

春秋以前,士卿大夫均得到世食采邑,并延及子孙,即所谓世族世官。这种世卿世禄的选官制度,极大地阻碍了社会的进步。春秋战国时期,生产力的发展有力地冲击着这种贵族特权政治的外壳,而国与国间日益激烈的竞争求存,也迫使各国的统治者选贤任能。因而人才的延揽与荐举制度应运而生。秦朝统一全国前后,荐举已成为选拔官吏的重要途径。这时,不仅职位高的官员可以荐举僚属升任,而且下级官员还可以荐举别人升任比自己高的职任。

两汉时期,荐举已形成了一套完整的选官制度,萧何荐韩信,魏无知荐陈平,孔融荐祢衡,徐庶荐诸葛亮,古往今来,传为佳话。两汉以后,选官方式虽有变化,但荐举之事,历朝仍皆有之。山涛荐举过嵇康,王维、韩朝宗荐举过孟浩然,宗泽荐用岳飞,左光斗荐举了史可法,曾国藩荐举了李鸿章,王鼎荐举过林则徐,无论事之美恶谐否,都说明荐举制度历行不绝。

荐举制度即包括荐举别人,也包含着自荐。战国时赵人毛遂自荐于平原君;汉武时,东方朔也上书自荐,一直被传为美谈。

中国古代的荐举制度,还包括着对荐举者的赏罚。"秦之法,任人而所任不善者,各以其罪罪之"(《史记·范雎列传》);南北朝时,殷景仁提出"百官荐材,以所荐之能否黜陟"(《南史·殷景仁传》)。足见,举人不当,应依法连坐。清代,从入关前到后期,荐举与连坐之法,始终相沿。

荐举制度不可能全在得"材"(才),"望门辟命"(《抱朴子》)、"贤佞朱紫错用"(《汉官仪》)等情况率皆有之。但从历史发展的观点分析,荐举制度毕竟是一个广开"材"(才)路的制度。

5. 征辟制度

征辟制度是中国汉代擢用人才的一种制度,主要包括皇帝征聘和公府、州郡辟除两种方式,皇帝征召称"征",官府征召称"辟"。

征是指皇帝下诏聘召,有时也称为特诏或特征,皇帝下诏指名征聘。辟是指公卿或州郡征调某人为掾属,汉时人也称为辟召、辟除。辟召制在东汉尤为盛行,公卿以能招致贤才为高,而俊才名士也以有所依凭为重。在汉代的选官制度中,征辟作为一种自上而下选任官吏的制度,地位仅次于察举。

征辟是汉朝封建统治者为搜罗人才以加强统治而采取的特别措施,尽管由此入仕者的数量不多,但它通过皇帝征聘和高官辟除的方式给予应征者以特殊礼遇,可以使得一些本不愿为官的硕学名儒之士加入到封建统治阶层中来,而且统治者也可以借此沽得求贤之名。所以征辟作为对察举制的补充,它和察举一起构成了汉代选官制度的总体。

然而皇帝下诏征聘或官府辟召,对被征辟的人并不具有强制力,而是一种礼请,故被征辟者可以应聘,也可托辞不就。被征辟不就的人,有的是因为不愿出仕,有的是借此博取声誉。征辟制的推行,有利于破格擢用人才,但也产生严重的弊病。特别在东汉时,由于政治腐败,官僚利用辟召以徇私;又因被辟召者对辟主的感戴,形成两者间的隶属关系,助长了官僚中私人权势的增长。魏晋南北朝主要以九品中正制取士,但征辟制并未废止,仍是士人特别是士族名士入仕的重要途径。皇帝征聘制不属常制,但辟召制却有进一步发展之势。中央王朝的诸公、位从公及开府仪同三司,地方的都督、开府将军、州郡长官,均可辟召长吏掾属。被辟而应召者是辟召者的故吏,两者结成主从依附关系。在长期分裂动荡的形势下,辟召制对统治集团内各政治派系和地方割据势力的形成,起了促进作用。隋统一后,为了强化中央集权,规定凡九品以上官吏皆由吏部任免。隋唐皇帝和朝廷大臣仍可征召名士大儒为官,地方长官也可自行辟聘,但不多见。宋代各路安抚司、转运司、知州等,可自选官员,称奏辟或辟差、辟置,似为征辟制的变种。明清皇帝直接选任官吏,称为特简,形式上似乎仍是征辟制的遗存,实际上只是封建专制制度下无法消灭的一种特权现象。

6. 九品中正制

九品中正制又称九品官人法,是魏晋南北朝时期重要的选官制度。九品中正制是魏文帝曹丕为了拉拢士族而采纳吏部尚书陈群的意见,于篡汉前夕即延康元年(220 年)命陈群制定的制度。

九品中正制至西晋渐趋完备,南北朝时又有所变化。它上承两汉察举制,下启隋唐科举制,在中国古代政治制度史上占有十分重要的地位。九品中正制乃中国封建社会三大选官制度之一,从曹魏始至隋唐科举的确立,这其间约存在了四百年之久。

九品中正制的主要内容就是选择"贤有识鉴"的中央官吏兼任原籍地的州、郡、县的大小中正官,负责察访本州、郡、县散处在各地的士人,综合德才、门第定出"品"和"状",供吏部选官参考。所谓"品",就是综合士人德才、门第(家世官位高低)所评定的等级,共分为上上、上中、上下、中上、中中、中下、下上、下中、下下九品,但类别却只有上品、中品和下品(二品至三品为上品;一品为虚设,无人能达到;四品至五品为中品;六至九品为下品)三类。在德才与门第中,定品时一般依据后者,叫"计资定品"。所谓"状",乃是中正官对士人德才的评语,一般只有一两句话,如"天才英博,亮拔不群""德优能少"等,这是对东汉后期名士品评人物的制度化。

九品中正制建立之初,确实起到了选拔人才的作用。其选拔标准,家世、品德、才能并重;同时九品中正制的推行也剥夺了州郡长官自辟僚属的权力,将官吏的任免权收归中央,有利于加强中央的权力。然而随着时间的推移,选拔标准开始发生变化,仅仅重视门第出身。这就使得九品中正制失去了选拔人才的意义。选拔人才的中正官多由二品官吏担任,而被选拔的人才也多出自二品以上的大族,同时他们也往往出任高级官吏。久而久之,官吏的选拔权就被世家大族垄断,形成了"上品无寒门,下品无士族"的情形。

7. 科举制

科举制是中国古代读书人参加人才选拔考试的制度。它是历代封建王朝通过考试选拔官吏的一种制度。由于采用分科取士的办法,所以叫作科举。科举制从隋朝大业元年(605年)开始实行,到清朝光绪三十一年(1905年)举行最后一科进士考试为止,经历了一千三百多年。

中国古代科举制度最早起源于魏晋南北朝时期。隋统一全国后,隋文帝为了适应封建经济和政治关系的发展变化,为了扩大封建统治阶级参与政权的要求,加强中央集权,于是把选拔官吏的权力收归中央,废除九品中正制,开始采用分科考试的方式选拔官员,他令"诸州岁贡三人"参加考试,合格者可以做官。

隋朝灭亡后,唐朝的帝王承袭了隋朝传下来的人才选拔制度,并做了进一步的完善。由此,科举制度逐渐完备起来。唐太宗、武则天、唐玄宗是完善科举制的关键人物。在唐朝,考试的科目分常科和制科两类。每年分期举行的称常科,由皇帝下诏临时举行的考试称制科。常设的科目有秀才、明经、进士、俊士、明法、明字、明算等五十多种。其中明法、明算、明字等科,不为人重视。俊士等科不经常举行,秀才一科,在唐初要求很高,后来渐废。所以明经、进士两科便成为唐代常科的主要科目(进士考时务策和诗赋、文章,明经考时务策与经义。前者难,后者易)。

宋代的科举,大体同唐代一样,有常科、制科和武举。宋代"重文轻武",所以也很重视科举考试,但后期导致选官过冗过滥。

明代科举制进入了它的鼎盛时期。明代统治者对科举高度重视,科举方法之严密也超过了以往历代。明代以前,学校只是为科举输送考生的途径之一。清代的科举制度与明代基本相同,但它贯彻的是民族歧视政策。满族人享有种种特权,做官不必经过科举途径。

清代科举在雍正前分满汉两榜取士,旗人在乡试、会试中享有特殊的优待,只考翻译一篇,称翻译科。以后,虽然改为满人、汉人同试,但参加考试的仍以汉族人为最多。科举制发展到清代,日趋没落。

但科举为中国历朝发掘、培养了大量人才。1300年间科举产生的进士因科举考试作弊被羁押近十万,举人、秀才数以百万。当然其中并非全是有识之士,但能过五关斩六将,通过科考成进士者,多数都非等闲之辈。宋明两代以及清朝汉人的名臣能相、国家栋梁之中,进士出身的占了绝大多数。科举制的巨大贡献和影响以至于有人称科举是中国文明的第五大发明。今天的考试制度在一定程度上仍是科举制度的延续。

8. 荫袭制度

荫袭制度即荫袭制、荫位制、荫叙制,是指勋贵子弟依靠父兄的权位而进入仕途的制度。

春秋战国时期,子弟继承父兄原有官爵的世卿制开始衰落,出现了荫袭制。虽然仍是世袭制度,但相较世卿制承袭父兄相同的官爵,荫袭制是只得到较低下的官爵,甚至只得虚衔或仅仅取得入仕的资格。汉代的荫袭规定二千石以上的官吏,视事三年可以保举子弟一人为郎,或为位秩与此相类的太子洗马、庶子、舍人之类的官,称为任子("任""荫"相通)。汉哀帝时除之,东汉又复盛行。

唐代开始把荫袭制度正式写入条律,确立只有嫡长子才有资格荫袭官爵,

《唐律》规定五品以上官员子弟皆得荫补,并规定"三品以上荫曾孙,五品以上荫孙。孙降子一等,曾孙降孙一等";如非嫡长子荫袭,处二年徒刑;非子孙诈承官爵者,处徒刑三年。后来虽然实施科举取士,但荫袭制依然继续。

宋承唐制,科举与荫袭并行,还发展出恩荫制度。宋真宗祥符八年(1015年)颁布了宋代第一部荫补法,以官员所任官职、差遣等来作为荫补的标准,规定文臣五品以上、武臣六品以上,可奏补子、孙、弟、侄为从八品到从九品阶官。又开始了恩荫制度。恩荫名目繁多,有承天节(皇帝诞辰)的"圣节荫补",郊祀、明堂大礼的"大礼荫补",中高级官员退休时的"致仕荫补",中高级官员去世的"遗表荫补",以及中下官员因死于王事的"死事荫补"等。至宋仁宗时,规定长子得荫不限年龄,子孙年过15、弟侄年过20得荫。宋代荫补范围不但包括本宗五服之亲,还包括外姓亲属,甚至门客、故吏、医生、仆从等。杨万里说:"仕进之路之盛者,进士、任子而已。"赵翼称宋朝:"文臣自太师及开府仪同三司,可荫子若孙,及期亲大功以下亲,并异姓亲及门客;太师至保和殿大学士,荫至异姓亲,无门客;中大夫至中散大夫,荫至小功以下亲,无异姓亲。武臣亦以是为差……以斯以观,一人入仕,则子孙亲族,俱可得官。"以致宋代平均每年以各种恩荫补官者,超过500人,远远超过了平均每年由科举入仕者。

元代设任子制,许荫补嫡长子、同母弟或其子孙。明代初期沿袭元代制度,文官七品以上皆得荫一子以世受俸禄,称之恩荫生。当时规定荫袭为嫡长子优先。

清代荫袭制区分为恩荫、难荫、特荫三种。恩荫许京官四品、外官三品、军官二品以上,送一子入国子监学习,或根据其父辈的级别授予一定的官阶或职务。难荫是准许阵亡、殉职以及病故于任所的官吏送一子入国子监学习,或酌情授予官职。特荫是从功臣后裔或前世名人后代中选择一些人授予官衔或职务。

荫袭制度是特权制度的一种,古代国家长期保留这种任官方式,实际上是世袭制的变态遗留。

9. 章服乘舆制度

章服乘舆制度是指古代为了严格等级制度,还对不同级别官吏的服饰、住宅、轿舆、导从、称呼、礼节以及用具等方面都有烦琐而严密的规定。

章服是官吏的服饰和所佩戴的标志,意在"见其服而知其贵贱,望其章而知其势"（汉·贾谊：《新书》卷一《服疑》）。章服主要是以材质、颜色和装饰来区别高低贵贱。如明代的公服：一品至四品绯色，五品至七品青色，八品以下绿色。公服的花饰：一品大独科花，二品小独科花，三品散答花，四品五品小杂花纹，六品七品小杂花，八品以下无纹。文官公服的装饰，一品仙鹤，二品锦鸡，三品孔雀，四品云雁，五品白鹇，六品鹭鸶，七品鸂鶒，八品黄鹂，九品鹌鹑，杂职练鹊。这些在历代的礼典中有明确的规定。有一点应该加以注意，那就是"服色准散官，不计见职，于是所赐袍带亦并如之"（《明史》卷 67《舆服志三》）。由于这种规定的存在，一些官的章服被准高于本职应有的等级，便成为引人注目的政治殊荣。章服还包括冠、带、珠、伞等，形制和材质都有严格的规定，任何人都不能违反。乘舆泛指车马，乘舆制度则严格规定了官员出行时的车马标准。

章服乘舆制度是等级制度在官员衣食住行中的体现，它既是文明进步的重要标志，也是等级制度发达程度的重要表现。

10.俸禄制度

俸禄制度是中国古代王朝国家任用官吏时给予官吏薪俸的制度。战国以后，随着封建官僚制度的建立，国君对各级官吏的俸禄，以官位的高低来定，一般以不采用分封土地的办法，而是以一定数量的粮食作为俸禄，有时赏给部分钱币或黄金。这种官僚俸禄制度，便于国君用利害关系控制各种官吏。

就不同历史时段的特征而言，官吏划分等级发给俸禄的准则，大体经历了秩石制和品级制两大阶段。秩石制起源于战国时期的秦国，秦汉成为定制，一直延续到魏晋南北朝，前后推行约千年。战国素有"百石之官""千石之吏"；西汉成帝时，从中二千石至比百石，共在 18 个秩别；若加上高于中二千石的丞相、太尉和低于比百石的斗食佐吏，西汉秩石大约有 20 个等级；东汉初年，从三公到佐史，共有 17 个秩别。总之，秦汉时期，官吏以秩石分等次成为"定制"，在官吏中共约有 18 个左右的秩阶。三国时曹魏官分九品，但与秩石并行，官品与秩石的双轨制，历两晋南朝不改。自隋唐至清末的千余年间，基本上实行以官品品级发给俸禄的"品级制"。品级制的实施，以北宋颁布《嘉祐禄令》为界，又可区分为前后两期。

总之，俸禄除了给以报酬之外，还表明受俸人已经成为公职人员，也是对其具有官方身份的认可。俸禄不是世袭待遇，而是随着职务的变化随时升降，其数额多寡也是根据职务的高低而定的。

11.考课制度

考课也称考绩、考核、考查,考课制度是对在职官吏的官箴政绩和功过进行考核的制度。通过考核,分出优劣加以奖惩黜陟,乃是历代统治集团约束内部成员的基本手段。

如何对官吏群实行严密的监督和控制,是历代统治者驾驭统治机器的方略所在。商周时,王朝对诸侯和地方官的考查,主要通过王本人的"巡狩"和诸侯的"朝觐"来实现。战国以来,考课制度已经初具规模,秦汉以后各代则不断加以完善,逐渐形成有规定期限,有指定的具体内容,有明确的考核标准.层次分明,各有分工负责,形成自上而下,较为完整的官吏考核制度。

①考课期限。一般实行一年一考,三年一次总评定的办法。②考课内容和标准。考核的内容大体可以分为两类:一是对各级一般行政官吏考核。主要是考核所属部门和地区的户口增减、垦田多少、钱谷出入、漕运水利、盗贼狱讼、教育选举、社会治安、督察下属等内容;二是对其他担任专门业务官吏的要求。考核的内容则根据不同的职事制定不同的标准。除按职务分工制定考课内容和标准之外,对所有的官吏还有统一的共同标准。在隋以前,有所谓的清正、治行、勤谨、廉能等;唐宋则是德义有闻、清慎明著、公平可称、恪勤不懈;明清则为清、慎、勤。③考课行政。历代都比较重视考课,并根据当时的情况建立起一套考课行政体系,这套体系与当时的行政体制是紧密相连的,呈纵横有序,层层督课状。④奖惩。按照有功必赏、有过则罚的原则,古代国家对官吏采用了不同的奖惩手段。在奖励上,一般采用加禄、赏爵、赐金、升职等形式;在惩罚上,一般采用夺禄、贬爵、罚金、降职、刑罚,甚至处死。

古代比较注意把奖惩与考课相结合,这对澄清吏治,严肃政纪、法纪,维护正常工作秩序,曾经起到一定的作用。然而古代国家的奖惩涉及范围相当广泛,伸缩性也很大,考课难以真正公平,乃至成为一些人谋取私利、树党倾陷、党同伐异的手段。

四、军事制度

克劳塞维茨说:军事是政治的继续。军事制度也是政治制度的延续,集中反映政治制度的设计理念、生存基础和运行机制。本部分主要介绍中国从古至今军事人员招募制度、军事指挥以及管理制度等。

1. 兵符制度

兵符制度指在国君以下,设立专门代表国君率兵征战的将军,平时将军没有调兵权,军队按照编制有各级军官管辖,战争爆发时,将军接受君王的命令,并从君王手中取得调兵的凭信——兵符后才能调动指挥军队的制度。

兵符,亦称甲兵之符或虎符,其状为伏虎形,一分为二,以榫相合,上有铭文,右半存君主处,左半颁发给将领,凡调动军队50人以上,必须有王的右半符与将领左半符相合,并以文书指令为准;文书指令以竹木简为之,书写后,中剖为二,分两使送达,以这样的方式使军队调动权牢牢地控制在君主手中。秦统一全国后,建立起高度中央集权化的军事体系,在皇帝紧紧控制军队最高指挥权的基础上,强化了军队管理体制。沿循这个轨迹,历代王朝也不断完善军事管理体系,并制定严格的军法以保证推行。

兵符制度在运行历程中有效地维护了统治者对军队的控制和管理,也提高了军队管理的规范化和制度化水平。

2. 符节制度

符是政治和军事的凭证信物,它可以用于身份证明,作为出入国境、关卡、军营、要塞的凭证,又可以作为传达命令、调遣兵将的信物。节是君主派出的使节所持的凭信,用于代表君主出征、节制方面、监察、办理重大案件、出使外国等重大事务的证明。

符节有以下四种:①调动符节。调动符节主要分为两类,一是用作调兵,二是用于更换地方长官。这类符节在汉代称为铜虎符和竹使符。铜虎符铸做成伏虎形状,中分为二,以榫相合,左符发给郡守或领兵将领,右符存放在中央。中央调动郡守和军队,派人执右符与执左符者相合,作为传达命令的信物。竹使符用竹制作,用途与铜符相同,但情况没有铜虎符紧急。魏晋以后基本因循此制,只是改为中央存左半而颁右半。②邮传符节。邮传符节是用于通过邮驿传达命令的凭信。邮传符节主要分两类:一是普通邮传,二是专使邮传。普通邮传是驿使和官员使用驿站车马和住宿的凭证。如汉代的"木传",用木制而中剖为二,上面有御史大夫印信,并写明该办事务的缓急和使用车马的等级,一半发给使用者,一半存御史府以备勘验;使用者的一半有各邮传的登记。专使邮传除执有普通邮传的凭证之外,还另有特殊明显的标志,以示重要和紧急。③身份符节。身份符节是作为身份证明和通行的凭证。④专使符节。专使符节是皇帝派出的钦使所持有的信物和标志。凡持有专使符节,在外可以代表皇帝和国家。

历代对符节的发放、使用、保管等,都尽可能制定一套较为完备的管理制度,以保证皇帝诏令和政府的政令文书在承传运转过程中不发生伪冒和泄密,反映出当时文书工作的严谨。同时,玺印符节作为重要的凭证,又是权力的象征。因此,历代在保管、使用、发放、制作等方面都有严格的管理制度。

3. 郡县兵役制

郡县兵役制即战国时期以郡县为单位的征兵制度。郡县征兵制规定,凡成年男子都必须承担当兵的义务。郡县兵役制主要有两种形式:

一种是建立在郡县在籍男子都必须为国家承担徭役的基础上,普遍征发丁役充当军兵。汉代的"践更"和隋唐的"府兵",均属此类。汉代的男子在 20 岁开始"傅籍",即开始服徭役;在 23～56 岁之间,必须服兵役两年。前一年为材官(步兵)、骑士、楼船(水军),充当"正卒",即郡国的常备兵,在地方接受军事训练。经过训练的"正卒",要到京师或边境屯守戍卫一年,称为"卫士"或"戍卒",期满以后回归乡里,如果有军事需要,政府还可以进行临时征发,到 56 岁以后才能免除兵役。民丁除服兵役之外,还必须服一定时间的徭役。在国家不处在战争状态的时期,因所需要的兵额减少,可以要求不去京师或边境屯戍服兵役的人,每人出钱 300,称为"更赋",后来竟成为国家的固定税种,国家用此款养活征募上来的兵员,因此纳赋的年龄也逐渐扩大。

另一种是以郡县为单位强行征发兵役的制度。如明代的"佥兵法",就是以州县为单位,在列入兵籍的人户中"佥兵","大者千人,次者六七百,小者五百"(《明史》卷九一《兵制》)。佥上来的兵由有关部门进行训练,官给衣粮,随时征调。这种"佥兵"制度,在军事需要时经常采用,"每有征伐及边衅,辄下令佥军,使远近骚动,民家丁男若皆强壮,或尽取无遗,号泣动乎邻里,嗟怨盈于道路"(《金史》卷四四《兵制》)。

实际上,在郡县兵役制下,无论是正卒还是更卒,有关服役的年龄、年限的规定及相关制度,不过是一纸空文罢了,在具体实施中,并未完全照此执行。历代王朝征兵仍存在很大的随意性,这实际上加重了劳动人民的负担。

4. 谪罪兵役制

谪罪兵役制即谪发刑徒和贱民充军的制度。谪罪兵役制历代皆沿袭采用。秦汉时期,滥用民力,使"兵不足用,而后谪发矣",就是在兵源枯竭的情况下,强迫刑徒和奴产子充军入伍。西汉还建立谪发刑徒和贱民充军的制度,即七科谪:吏有罪一,亡命二,赘婿三,贾人四,故有市籍五,父母有市籍六,大父母有市籍七,凡七科,除了真正的罪犯之外,还强迫被招赘的女婿、商贾或与商贾有血缘关系的人充军,这些人在当时被认为是"贱民"。魏晋以后,开始时,谪罪兵役还不是世代相袭,后来"倾有小事便以补役,一惩之违,辱及累世,亲戚傍支,罹其祸毒",不仅变为世代相袭,而且还牵连亲族。战争需要兵员,在兵员不足时,国家经常强行征兵,强行征兵不足,便使用罪犯充军,当时是一种权宜之计,但在宋元以后,谪罪兵役制却成为一种经常性的制度,如宋代的"配军",明代的"恩军"和"充军"。谪罪兵役在生活待遇及使用上都与其他兵役有很大差别,不但受到歧视,而且经常被押送到最危险的战场充当炮灰。

5. 招募兵役制

招募兵役制是以雇佣的形式来招收、募集兵员的制度。招募兵役制始于春秋战国时期,以后各代间或实行。招募的形式主要有三种:

第一,国家常备兵需要训练有素、娴于战阵的精锐士卒,以保证较强的战斗力。这种招募的士卒一般都要经过一定考选,又是自愿前来的,能较为稳定地长期在役,所以战斗力较强。唐代的"长征健儿",宋初的"禁军",明代以招募为主的戚家军、俞家军,清代后期招募的湘军、淮军,以及清末招募的新军都属于此类。

第二,作为国家常备兵的普遍招募制。这种招募一般只对身体条件进行验看,带有自愿和半自愿的性质。普遍招募制的士兵会被刻上标志,士卒如果逃亡,由于面上刺字易识,很快就会被抓回营进行处置。在这种情况下,一般人不到生活难以维持的时候,是不愿主动当兵的。兵源不足,招募标准也必然下降,成分也必然复杂,也就不能保持良好的军事素质。

第三,作为特殊兵种而招募的。这种招募除身体条件之外,还必须具备一定的专业技术和文化水平。清末以后,陆续兴办起的各种军事学堂,主要培养中下级军官,还成立专门的机构,对新兵进行训练。凡是那种技术含量高,经过较长时间训练才能用于战斗的士兵,待遇要比一般兵役高,也就成为带有一定雇佣性质的专业化的职业兵。

6.世袭兵役制

古代官府把士兵之家列为军户,父死子继,兄终弟及,世代服兵役,此种制度为世袭兵役制。

早在三国两晋时期就已经实行过这种兵役制度。元代,规定15岁以上70岁以下的蒙古族男子都要服兵役。后因兵源不足,又规定汉人20户出兵,凡当过兵的"壮士以及有力之家"都被列为军户,世代为兵。明代,各卫所的军士少数驻防,多数屯田,农时耕种,农隙训练,战时出征,军士之家列为军户,世代服兵役。清代八旗兵,也采用世系兵役制,凡16岁以上的八旗子弟,"人尽为兵",世代相袭。

世袭兵役制主要有强制世兵制和限制世兵制两种类型:强制世兵制,即士兵全家被强迫从普通户籍中分离出来,脱离民籍,变为军籍,士兵本人终身当兵,其子孙后代亦世代为兵。这种世兵制是在东汉末年大战乱后,郡县征兵制遭到破坏,招募兵源枯竭的情况下形成的。具体的做法是,采取强制性的手段,把现役、招降和检括逃亡的军士编为军户,迫令他们世代相袭,以保证基本兵源。对军户,给予军田,不纳赋税,但从军的衣粮要由军户负担。这种世兵制盛行于魏晋,渐衰于南北朝,再盛行于金元,渐衰于明清。限制世兵制是奴隶制国家的兵役制度,即奴隶是不能服兵役的,服兵役的只有自由民。

世袭兵役制保障了古代国家的兵源稳定性,但世袭制下兵员的参军意愿也往往得不到很好的保障,军队士气往往会受到不良影响。随着奴隶制国家的没落,世袭兵役制也退出了历史舞台,代之而起的是募兵制、征兵制、收编制这三种兵役制度。

7.发奴为兵制

发奴为兵制是中国古代封建王朝以利益相诱驱使奴仆、罪犯、俘虏等人参军作战的制度。

发奴为兵制主要有三种类型:①国家征发私家僮奴服兵役。西汉时,卫青率万骑出塞,有"私负从马复四万匹"。西晋末年,因战事频繁,经常发私家僮奴助军,而且还单独编成军队。此后多次发奴为兵,直至南朝的刘宋还不乏招集僮奴为兵的记载。这种发奴为兵,是属于朝廷向私人借用人力资源的形式,一般在战事结束便把所发僮奴归还其主人,对死难者则偿还其所值。这种兵役制与当时的士族门阀政治有密切的联系,是特殊现象。②国家征调官府所有的僮奴为军,立功者可以免去僮奴身份。隋唐以前的官府手工业部门有许多籍没为奴的生产者,数额相当可观。这样的征调主要用于应付紧急情况,故后世也常有征发刑徒、从奴的记载,但不会普遍采用。③在战争需要的情况下征发徒刑犯为军,立功者可以免去罪责。征发徒刑犯人不属于谪罪兵役,只是一种临时措施,所以在战场上有专门的督管人员进行监视。此外,有些王朝还通过战争征服或掠夺的形式,收编一些降附军,胁迫被掠来的丁壮充军,或编为独立军伍,或分隶于各营。在战争时,强迫这些兵役在前线冲阵,充当"肉篱"。

发奴为兵制下,军队的素质低下、士气普遍低落,很难有强大的战斗力,使用这种方式招募的军队以失败居多。

8. 民壮兵役制

民壮兵役制是指中国古代王朝通过提供一定的报酬和待遇招募民间青壮年劳动力参军的一种制度。

民壮兵役制有两种形式:一种是按户籍征调,依保甲编组,平时生产,农闲训练,国家不负担或很少负担费用,是乡兵的主要组成形式。如宋代的乡兵二丁和三丁抽一,四丁和五丁抽二,六丁和七丁抽三,八丁以上抽四。明代的民兵,"州县七八百里者,每里金二名;五百里者,每里金三名;三百里者,每里金四名;一百里以上者,每里五名。春秋每月操二次,至冬,操三歇五,遇警调集,官给行粮"。另一种是招募而来,属于自愿,不带强迫性质,国家给予一定的报酬和减免赋税的待遇。如明代中叶以后的义勇、枪手、民兵等,是各州县为加强自身防卫能力而组成的地方武装,要分期分批到就近的卫所进行团练。民兵常常随国家军队出征转战,随征外出时享有加倍的工食银两;普通的义勇虽不享有工食银,但在集训和操练时会给以口粮及免差的优遇。这些乡兵虽非正规军队,但由于都是本乡本土的人,遇有外来侵略,多能拼死抗敌。如金人南侵,宋代的乡兵义勇曾进行大规模的抗金斗争。明代的民兵在倭寇入侵时,也曾拼命抵抗。这些乡兵是国家的预备兵员,遇有紧急金军,多从乡兵中征发。乡兵与保甲什伍连坐相结合,在维持地方治安和镇压人民反抗活动中起着相当重要的作用。

9. 部曲制

部曲制是指在平时编制的基础上，组建为大规模的作战部队的军事制度。

部曲制具体编组的方法是：根据作战对象等各方面情况，确定总兵力，任命三军统帅（即大将、上将军，也泛称为将）；在统帅之下，根据作战的需要和总兵力的多少，分设若干个将军（四副将、裨将军，也泛称为将军）；每个将军统率苦干个部，部的长官称校尉，即一部一校；每个部下设若干个曲，曲的长官称军候，即一曲一候；曲以下即平对军队的编制，如步兵的千人（设二五百主），五百人（设五百主）、百人（设百将）、五十人（设屯长）、十人（设什长）、五人（设伍长），以及数量不多的车兵和骑兵。

自五百主以上，各级指挥官都设有自己的亲兵卫队，大约占其所率总兵力的十分之一，如五百主的卫队为五十人，二五百主的卫队为一百人，校尉的卫队为一千人，大将的卫队为四千人，等等。凡将军以上皆设有作战指挥机构，称为幕府。幕府中设有各种指挥机关和参谋人员，达数十人之多。作战行动结束后，曲以上指挥机构即行撤销，将军交出兵权，部队恢复平时建制，士兵分别归建或复员。

10. 士家制

士家制是指曹魏时期为了保持固定的兵源和榨取更多的劳动力，保证强大的军事实力而实施的一种军事制度。

士家，指世代当兵之家。士家一般集中居住，另立户籍，不与民户混杂，而且士家的子孙必须世世代代当兵，娶妻也必须是士家的女子。曹魏所以推行士家制，首先是为了保持兵源，同时也有向割据势力争夺劳动力的性质。至少从春秋时起，国君已向出征将帅征取质任。汉魏之际，群雄蜂跱，不仅将校轻于去就，士兵亦多窃逃，为了保持固定的兵源和榨取更多的劳动力，曹魏推行了具有时代特色的士家制。

士家多集中居住在邺城一带，由军营或郡县管理，社会地位很低。士家制保证了曹魏时的兵源，是曹操称霸北方的重要条件。

然而士家长期跟随主将迁到邺城的宗族部曲，却得不到什么政治、经济上的好处，他们得到的只能是名列士家户籍，长期过着"父南子北，室家分离"的忧思生涯，其他有些被迁到邺城的士家并非出于自愿。曹魏之后士家制逐渐式微。

11. 府兵制

府兵制是一种兵农合一、寓兵于农的兵役制度。府兵制起源于西魏，完善于北周和隋两朝，盛于唐太宗之时。

府兵制的形成，因为时代更革，大致分为三个阶段：第一阶段，西魏大统八年到恭帝三年（556 年），主要把乡兵和增募豪右纳入六柱国统领系统之内，构成一个新的军事体系，即宇文泰当政时期；第二阶段，北周明帝元年（557 年）到建德元年（572 年），主要是乡兵经过初步整顿，二十四军确立和巩固，即宇文护专政时期；第三阶段，建德元年到大象二年，主要是进一步扩充府兵，府兵担任侍卫及制度化，主要是北周武帝掌政时期。

由于府兵全家可以免除赋役，当兵成为鲜卑人的专利，这政策明显地带有民族隔离的色彩。到了北周后期，迫于形势，汉人也被募充作府兵。杨坚为北周大丞相时，就下令西魏受赐鲜卑姓的汉人可恢复汉姓，开始破除了鲜卑人当兵、汉人务农的规定。隋开皇十年（590 年），文帝又下令府兵全家一律归入州县户籍，受田耕作，变军籍为民籍，兵士本人则由军府统领。这一措施不但使农业户口大增，促进了农业的发展，而且更适应了民族融合和时代趋势，有利于民族团结和国家统一。

唐代府兵制在太宗和高宗统治前期曾经有效地实行，但自高宗后期以至武后时就逐渐被破坏，到玄宗统治时终于被废除。破坏的原因有战事频繁、防御线延长、兵役繁重。原来防戍有一定的番休期限，后来常被强留以至久戍不归，导致人民避役，兵士逃亡。府兵地位的低落。唐初承前代遗风，对于卫士比较尊重，但到武后时，番上卫士往往被贵族官僚借为私家役使，导致社会上以充当府兵为耻辱。

12. 卫所制

卫所制为明朝的最主要军事制度，为明太祖所创立，其构想来自于隋唐时代的府兵制。

明代在元末群雄争战与灭元战争期间，军队的来源有诸将原有之兵，即所谓从征，有元兵及群雄兵归附的，有获罪而谪发的，而最主要的来源则是籍选，亦即垛集军，是由户籍中抽丁而来。除此之外尚有简拔、投充及收集等方式。此外，明朝中期以后又有强使民为军的方式，不过都属于少数，卫所制仍然是最主要的军制。

　　元朝户部尚书张昶最早提出卫所。明洪武十七年(1384年)在全国的各军事要塞长城沿线的卫所制地,设立军卫。明代的卫所兵制,实乃吸取中国历史屯田经验,是一种寓兵于农、守屯结合的建军制度。朱元璋说:"吾养兵百万,不费百姓一粒米。"

　　卫所制度下军户即户籍种类属军籍之户,军户的主要义务便是出一丁男赴卫所当兵,称作正军,其他的子弟称作余丁或军余。正军赴卫所,至少要有一名余丁随行,以助其生活,由于军户负担沉重,故多给有田地,且正军免全部差役,而在营余丁及原籍下的一丁亦可免差役,以保障其生活并供给正军的生活。如影响所有民间秘密宗教的罗教创始人罗思孚,他本是一名戍军,后来找人顶替,才离开军伍。

　　卫所制度下都指挥使司有都指挥使(正二品)、都指挥同知(从二品),都指挥佥事(正三品),其下属有经历司经历(正六品)、都事(正七品),断事司断事(正六品)、副断事(正七品)、吏目等。都指挥使、都指挥同知、都指挥佥事等高级军官都不世袭,由朝廷从世袭军官中升任或从武举人中任命。卫有指挥使(正三品)、指挥同知(从三品)、指挥佥事(正四品)、卫镇抚(从五品),其下属有经历(从七品)、知事(正八品)、吏目(从九品)、仓大使、副使等。千户所有正千户(正五品)、副千户(从五品)、所镇抚(从六品),其下属为吏目;百户所有百户(正六品)、总旗、小旗。自卫指挥使以下军官则都是世袭的。

13. 八旗制度

　　八旗制度是清朝的一种社会和军事组织形式。旗,满语为gusa(汉音固山),八旗制度下,旗人在平时从事耕作、狩猎等活动,在战时则应征为兵。

　　八旗的军事组织制度是由满族的首领努尔哈赤所制定。努尔哈赤起初将自己的军队分编为四旗,四旗均以不同颜色的旗帜作为识别,随着势力扩大,人口增多,他于明朝万历二十九年(1601年)建立黄、白、红、蓝四旗,称为正黄、正白、正红、正蓝旗,旗帜皆为纯色。万历四十三年(1645年),努尔哈赤为适应满族社会发展的需要,在原有牛录制的基础上,创建了八旗制度,即在原有的四旗之外,增编镶黄、镶白、镶红、镶蓝四旗(镶,俗写亦作厢)。旗帜除四整色旗外,黄、白、蓝均镶以红,红镶以白。把后金管辖下的所有人都编在旗内。

　　八旗初建时兵民合一,全民皆兵,凡满洲成员皆隶于满洲八旗之下。旗的组织具有军事、行政和生产等多方面职能。入关前,八旗兵丁平时从事生产劳动,战时荷戈从征,军械粮草自备。入关以后,为了巩固满族贵族的统治,加强对全国各族人民的控制,同时为了解除八旗官兵的后顾之忧,更好地为清王朝效命,建立了八旗常备兵制和兵饷制度,与绿营共同构成清朝统治全国的强有力的军事工具,八旗兵从而成了职业兵。八旗兵无论满洲、蒙古或汉军,均以营为单位,由都统及副都统率领,称作骁骑营,用于驻防或征战。并有炮营、枪营、护炮藤牌营,附属于汉军骁骑营。

八旗制度从正式建立到 1911 年辛亥革命后清朝覆灭,共存在 296 年。它是清王朝统治全国的重要军事支柱,曾在中国历史上起过积极进步的作用,为发展和巩固多民族统一的国家、为保卫边疆防止外来侵略等都做出了重要贡献,对满族社会的发展,更起到不可磨灭的作用。随着历史的嬗变,八旗制度中落后的一面也日益明显,严重地束缚了满族人民的发展,在征战中的作用也愈来愈小。八旗制度与清王朝的命运紧密地联系在一起,经过了由盛而衰、由衰而亡的整个历史过程。

14. 汉军绿营兵制度

汉军绿营兵制度是清朝兵役制度,1644 年清军入关以后,清廷为了弥补八旗兵力的不足,加强在全国的统治,遂招降明军,招募汉人,组建军队,以绿旗为标志,以营为建制单位,故称绿营兵。绿营兵是清军正规军的重要组成部分,与绿营兵相关制度的总和即为绿营兵制度。

顺治初,各省始建营制。当时全国共有 66 个镇,1169 个营。营以上各单位都设衙门作为其领导机关。绿营兵驻防全国各地,平时用于防范人民的反抗,遇有战事则从各镇中临时抽调成军。绿营士兵有马兵、步兵、水兵之分,三种士兵在各营的比例,各时期、各地区不尽相同,这种区分还具有分等定级的作用。绿营兵制建立后,经过数次改良,到康熙大帝时已相当严密,武将已无法拥兵自重。绿营的将官由兵部直接管理,将官不能直接统兵,只到战时临时拨给部队,而统兵之将多由文官担任,文臣不知兵,以文制武。绿营兵制虽然很好地防止了武将专权,但由于将不知兵,兵不知将,遇到战时临时抽调成军,上下不相习,号令不一,各自为战,败不相救,由此引起兵败如山倒的惨状。

在满清初年,大多为汉人的绿营军的职责尚只是镇守疆土,但随着八旗的腐化,绿营兵的重要性就日益加强。在三藩之乱中,清军就是以绿营兵为骨干,先后派遣了四十余万绿营兵作战。在往后的大小战争中,绿营兵也是清军的主要构成部分。但随着太平日久,绿营兵内部也开始出现松弛腐化的现象,到了乾隆帝阅兵时,所见已是"射箭,箭虚发;驰马,人堕地"。到了两次鸦片战争和镇压太平军之时,绿营兵已经丧失了作战能力,上阵一触即溃,也是这些战事失利的主因之一。自此满清朝廷逐渐依赖如湘军和淮军等乡勇,且同治年间开始多次裁减绿营兵,致使绿营兵的重要性逐渐减弱。百日维新时朝廷新编全西式训练的新军,自此绿营兵便等同名存实亡。后来至民国初年,绿营兵被改编为警察性质的地方治安卫戍部队,成为民国时期警察的滥觞。

15. 义务兵役制

义务兵役制是指国家关于民众在一定年龄内都必须承担一定期限军事任务的制度,又称征兵制。民众履行兵役义务的形式,通常包括定期在军队中服现役和在军外服预备役。实行义务兵役制,公民的兵役负担比较合理,有利于保障军队的兵员补充,有利于积蓄训练有素的后备兵员。

中华人民共和国成立后,全国各族人民有了安定团结的生活和进行和平建设的可能,这就具备了按照一定计划进行统一的征兵和退伍工作的条件。随着各种社会改革和政治运动的胜利,人民群众的政治觉悟普遍有了提高,全国人民特别是青年迫切要求实行义务兵役制,轮流履行服兵役的义务,实现保卫祖国的愿望。实行义务兵役制的条件基本上已经成熟。

1955 年 7 月 30 日,第一届全国人民代表大会第二次会议通过并正式颁布了第一部《中华人民共和国兵役法》(亦称"五五兵役法")。兵役法规定,中国人民解放军由志愿兵役制改为实行义务兵役制。至此,中国开始实行义务兵役制。

义务兵役制的优点在于士兵服役时间短,定期征兵和退伍,使兵员经常轮换,有利于常备军兵员更新,既可保持军队的兵员年轻力壮,又可储备兵员;同时,也可使更多的人服现役,公民的兵役义务负担公平合理。其不足是服役时间短,很难全面熟悉地掌握复杂的军事技术与装备,只能在预备役组织中进行复训,方能达到现代条件下合格后备兵员的要求。

五、财政经济制度

马克思主义认为,经济基础决定上层建筑。上层建筑的基础是经济,经济制度也是政治制度的重要支撑。本部分主要介绍我国的财政经济制度,包括土地制度、税收制度等。

1. 井田制

井田制是我国奴隶社会时期的土地国有制形式,开始实行于商朝,盛行于西周,瓦解于春秋,废除于战国。西周时期,道路和渠道纵横交错,把土地分隔成方块,形状像"井"字,因此称做"井田"。井田属周王所有,分配给庶民使用。领主不得买卖和转让井田,还要交一定的贡赋。领主强迫庶民集体耕种井田,周边为私田,中间为公田。而其实质是一种土地私有制度(夏商西周,一切土地属于国家)。

周朝施行井田制,既作为诸侯百官的俸禄等级单位,又作为控制庶民的计算单位。井田制下的土地一律不准买卖,只能由同姓依照嫡庶的宗法关系去继承。所谓"井田",就是具有一定规划、亩积和疆界的方块田。长、宽各百步的方田叫一"田",一田的亩积为百亩,作为一"夫",即一个劳动力耕种的土地。

井田的土地所有权属于周王,周王把土地分赐给诸侯臣下,但臣下只能世代享用,不得转让和自由买卖,还要交纳一定的贡赋。从生产方式上,奴隶主贵族强迫奴隶集体耕种,剥夺奴隶的劳动成果。井田制瓦解的根本原因是生产力的发展,井田制这种生产方式不能适应生产力发展的需要,出现了私田。春秋后期,鲁国实行初税亩,承认了私田主人对土地的所有权。随之而来的是新的剥削方式的出现。封建地主对农民的剥削方式的出现,导致了井田制的崩溃。

井田制是夏、商、周三代社会的基本政治经济制度,可以将它定义为:井田制是建立在以井田作为一种有效的产权供给制度为基础的夏、商、周三代社会的农业生产方式及其制度结构安排的总体描述。同时也可以解释为微观经济活动如何与宏观价值构造相结合,以实现资源包括自然资源与社会资源兑现率最大化的一种社会政治经济关系。结果,随着这种产权制度有效性的丧失而失去其现实意义并退出历史舞台。

2. 均田制

均田制是我国从北魏到唐代中期实行的计口授田的制度。具体是指封建王朝将无主土地按人口数分给小农耕作,土地为国有制,耕作一定年限后归其所有。地主阶级的土地并不属于均田范围。

均田制始于北魏,北齐、北周、隋、初唐时均沿此制。唐中叶后土地兼并加剧,均田制瓦解。均田制对封建社会发展具有积极的促进作用。首先,一定程度上使无地农民获得了无主的荒地,农民有了安居乐业的可能,生产积极性提高,同时大片荒地被开垦出来,粮食产量不断增加,从而积极推动了北方经济的恢复和发展;其次,均田制是封建国家土地所有制,并未触动封建地主利益,一方面有利于国家征收赋税和徭役,另一方面促进了北魏政权的封建化,从根本上巩固了北魏的统治;再次是均田制的推行极大地推动了北方内迁各族改变原先落后的游牧生活而向封建农民的转化,推动了这一时期北方民族大融合高潮的出现;最后,均田制对后代田制也有很大影响,先后为北齐、北周、隋、唐所沿用,施行时间长达三百多年。这一制度的选择、推行为中国封建鼎盛时期的出现奠定了雄厚的物质基础。

然而均田制虽然包括私有土地,但能用来授受的土地只是无主土地和荒地,数量有限。因而均田农民受田,开始就普遍达不到应受额。口分田虽然规定年老、身死入官,但实际上能还官的很少。随着人口的增多和贵族官僚地主合法、非法地把大量公田据为己有,能够还授的土地就越来越少。均田令虽然限制土地买卖、占田过限,但均田农民土地不足,经济力量薄弱,赋役负担沉重,稍遇天灾人祸,就被迫出卖土地,破产逃亡,地主兼并土地是必然要发生的。正因为如此,均田制在北魏实施以后不久即被破坏。

历代对均田制的评价都是相当正面,但在实际实行中始终是容纳了土地私有,并未在主观上强行征用当时地主的私有土地,而是将官田分而民用,故有史家评称均田制乃地主经济中的一种折冲。而且均田制实行,先决条件是朝廷需有大量土地掌握在手中。北朝时承接了五胡十六国战争频繁造成大量人民丧生而产生的大量荒地,令朝廷能利用这些荒地对农民进行授田。但随著经济之壮大,荒地越来越少,朝廷能用来授田的亦逐渐不多,加上朝政日趋腐朽黑暗,均田制在武周末年形同虚设,与此非无关系。

3. 土贡制度

土贡制度是中国古代地方政府向中央和统治者无偿进献土特产或珍宝等财物的制度。

土贡制度在我国渊源久远,土贡语出自《尚书·禹贡》:"禹别九州,随山浚川,任土作贡",传说大禹时代就有"任土作贡"制度。典型的土贡制度却产生于秦统一中国以后。各封建王朝要求各地每年将当地土特产品作为贡品输送京师。此制在唐宋时期最为兴盛,朝廷对各州县土贡物品的种类、数量、缴纳时间及规格等都作了详细规定。

　　中国古代土贡制度作为一种特殊的经济制度,有着自身独特的发展规律,经历了萌芽、产生、发展、完备,到走向灭亡的历史过程。中国古代土贡制度的发展史,是一个漫长的历史过程,贯穿了中国古代社会发展过程的始终,即使在租税制度逐步健全以后,上贡并未停止,而成为赋税之外臣属或藩君向君主的进献。其内容多为土产、珍宝、异物。《文献通考·自叙》:"汉唐以来,任上所贡,无代无之,著之令甲,犹曰当其租人。然叔季之世,务为苛横,往之租自租而贡自贡矣。至于珍禽奇兽,袤服异味,或荒淫之君,降旨取索,或奸诌之臣,希意创贡,往往有出于经常之外者。甚至指留宫赋,阴增民输,而命之日羡余,以供贡奉。上下相蒙,苟悦其名,而于百姓,则重困矣。"清代虽有取消进贡之说,但实际未见其效。土贡制度是古代重农抑商的一种体现。

4. 徭役制度

　　徭役制度,是中国封建社会的重要典章制度之一,具体是指统治者强迫平民从事无偿劳动,包括力役、杂役、军役等过程中形成的一系列制度的总称。

　　在中国中古代,凡国家无偿征调各阶层人民从事的劳务活动,皆称为徭役,包括力役和兵役两部分。它是国家强加于人民身上的又一沉重负担。徭役制度起源很早,《礼记·王制》中有关于周代征发徭役的规定。《孟子》则有"力役之征"的记载。秦、汉有更卒、正卒、戍卒等役。以后历代徭役名目繁多,办法严苛,残酷压榨人民。

　　徭役制度是封建统治者剥削劳动人民劳动力的手段,是以国家对劳动人民的超经济强制的手段实现的,也是以劳动人民对统治者与剥削者的人身依附关系和人身的不自由为其实现基础的。从本质上来说,徭役剥削是国家对劳动人民实行普遍的人身奴役制的一种特殊表现。秦汉时期为了实现徭役剥削而创立的一些制度,也同赋税制度一样,是封建国家赖以实现其阶级压迫与剥削的支柱。而统治阶层通过徭役的豁免制度,使皇族、官吏、富人、地主都排除在服役对象之外,全部徭役与兵役实际上都落在劳动人民头上。这从秦汉时期免役的条件与对象的事实看,可明其徭役剥削的实质。

5. 赋税制度

　　赋税制度是中国古代国家宏观管理经济的重要制度手段,是统治者为维护国家机器运转而强制征收金钱或金钱等价物的制度。赋税制度是随土地制度或状况的变化而变化的。赋税制度起源于原始社会末期,成形于奴隶社会,在封建社会得到极大发展完善。

西周时,土地为贵族所有,贵族将土地依井田制划分为公田与私田,公田的耕种收获为贵族所有,而私田的收获则可由耕种的庶民保留。公元前685年,齐国的管仲主张"相地而衰征",是东周时最早提出土地私有、对农业耕地实物征税的政策。春秋战国时期,随着土地私有制的发展,各诸侯国先后进行了赋税制度改革。初税亩的出现表明国家已经开始按亩征税,但这一时期不论公田私田,一律按亩征税。其税率为收获量的十分之一,也就是所谓"什一之税"。

此后赋税制度日渐完善。其过程具体如下:我国古代的赋税制度中,初税亩、编户制、租调制的共同点是以人丁为主要征税标准;而两税法、一条鞭法、地丁银的共同点是以土地财产为征税标准。中国封建社会的赋税制度含义很广泛,一般包括:以人丁为依据的人头税,即丁税;以户为基础的财产税,即调;以田亩为基础的土地税,即田税;以成年男子为基础的徭役和兵役以及其他苛捐杂税。值得注意的是,两税法是赋税制度上的过度时期,即以人丁为主要征税标准向以土地、财产为主要征税标准过渡。

这种演变说明,随着历史的进步,封建国家对农民的人身控制松弛;用银两收税则是封建社会后期商品经济活跃及资本主义萌芽产生的相互反映。

六、司法监察制度

　　司法监察制度是国家和社会生活的底线,是保障国家和社会正常运行的高压线。司法监察制度在中国政治生活中长期处于婢从地位,属于政治制度的组成部分。本部分主要介绍中国的审判、监察制度。

1. 御史制度

御史制度是中国古代王朝建立的御史职官不理庶政，专督各级官吏的一项特殊的政治法律制度。

御史是中国历史的一种官名，原为史官与负责文书的官职，后改为监察官，其首领曰"御史大夫""御史中丞"。后代的刺史（刺御史）、巡按（巡按御史）等都来自御史。类似于近代世界各国的督察处、政风室、查贪局、清廉会、廉政署等等。其主要任务为防范公家官吏侵害人民权益，或者是成为贪赃枉法的贪官污吏。

御史制度，作为一项政治法律制度的正式确立，则在汉时，其重要标志有二：第一，"御史台"的建立；第二，一整套固定的地方监察机构告成。

御史制度，是建立在封建土地所有制基础上的官僚政治制度的重要组成部分，它的产生、发展和完善，是地主阶级整肃吏治，巩固皇权统治的需要。封建王朝历来是"家天下"，专制皇帝是决不允许官僚植党，危及皇权的，也不会允许官僚自行其政，破坏封建统治的统一。因而封建皇帝在通过官吏治民的同时，吏治的矛盾尤为突出。例如为了达到治吏的目的，汉代的中枢机关产生了一系列变化，一方面是削弱丞相的行政权力，以加强皇权，另一方面是加强监察机构，对官吏进行严密的控制和监督。

秦时的御史，汉时的"御史台"，乃至明清的都察院，两千多年来，御史制度在历代封建王朝皆施行如故。御史制度具有如下作用：①封建皇帝通过御史制度控制各级官吏，防止削弱、分散君权，有力地维护了封建皇帝专制的中央集权；御史举勤朝野百官，能够有效地防范地方割据，危害中央集权统治。②御史制度调节了各级封建官僚机构之间互相配合又互相牵制的关系，使文武百官尽忠职守，充分发挥封建官僚机器的统治效能，防止因官吏的个人行为危及地主阶级的整体利益，从而更有效地对劳动人民实行统治和镇压。③御史制度的施行，使中央的法律、政令得以顺利地贯彻执行，能够防止各级官吏植权越纪，使封建"吏治"控制在统治者规定的范围内，从而维护封建统治的"长治久安"。

2. 廷尉制度

廷尉制度一般是指两汉时期的司法制度。廷尉是官名，也是机构之名。早在战国时已有大理或理之称，也有叫大士的，至秦始称廷尉。汉承秦制继续设置廷尉一职，实行廷尉制度。廷尉是两汉中央官制中的九卿之一，它不仅是我国封建专制主义中央集权的产物,而且对两汉的政治产生了深远的影响。

两汉时期,廷尉制度日趋完备,它的断谳定刑、司法监察、制定法律的功能日趋凸显,反映出我国封建社会上行阶段司法制度的完善。与此同时,廷尉制度维护了封建君主的绝对独尊地位,使封建君主有效地约束官吏的行为,达到了以法治吏从而肃清吏治的目的,但这也带来一个负面影响,因为这种权力的约束、监督变成了封建官员间排陷政敌的工具。

3.都察院制度

都察院制度是指明清两代最高的监察、弹劾及建议制度。明清时期都察院由前代的御史台发展而来,主掌监察、弹劾及建议。

明代初年,沿元旧制,设御史台,洪武十三年(1380 年)五月罢御史台。洪武十五年改置都察院。这个机构为明代所创设,与前代御史台之制不甚相同。都察院设左右都御史(正二品)、左右副都御史(正三品)、左右佥都御史(正四品)及浙江、江西、贵州等十三道监察御史(正七品)共 110 人。分设监察御史,巡按州县,专事官吏的考察、举劾。清代改以左右副都御史专为总督、巡抚的国衔(明代,都御史、副都御史都兼用作加衔),以方便其行事。至雍正元年(1723 年),又以六科给事中并入,因合称为科道。乾隆十三年(1748 年),废左佥都御史。

都察院除监察政治得失外,具体担负的工作是:参与九卿一起议奏折;凡重大案件与刑部、大理寺共同审断;稽察各级衙门、官吏办事的优劣;检查注销文书案卷及封驳事;监察乡试、会试、殿试;巡视各营等事务。作为明清监察制度的主要实施者,都察院在维护封建统治正常秩序和保障封建国家机器平稳运转方面起到了重要的作用。

4.大理寺制度

大理寺制度是中国古代最高司法审判制度。大理寺系官署名,相当于现代的最高法院,掌刑狱案件审理,长官名为大理寺卿,位九卿之列。

秦汉时以廷尉主刑狱,审核各地刑狱重案。汉景帝、汉哀帝、东汉末汉献帝、南朝梁武帝四次改为大理寺,均仍复旧。北齐定制,以大理寺为官署名,大理寺卿为官名,隋以后沿用。大理之意:古谓掌刑曰士,又曰理。汉景帝加大字,取天官贵人之牢曰大理之义。大理寺所断之案,须报刑部审批。凡遇重大案件,唐制由大理寺卿与刑部尚书、侍郎会同御史中丞会审,称三司使。明、清由大理寺、刑部、都察院会审,称三法司。决狱之权三在刑部,但大理寺不同意时,可上奏圣裁。大理寺卿官秩,隋初为正三品,炀帝改从三品,唐同。明、清均正三品,可参与朝廷大政会议。清光绪二十四年(1898 年),一度并入刑部,旋复旧。清光绪三十二年(1906 年),改为大理院。明清时期各中央司法机构的职能与隋唐时期相反,刑部负责审判,大理寺负责复核。清末新政改称为大理院,民国初年北洋军阀政府亦袭此名。

大理寺一般设有:卿一人,从三品;少卿二人,从五品下。掌折狱、详刑。凡罪抵流、死,皆上刑部,覆于中书省、门下省。大理寺谳天下奏案而不治狱,对维护封建王朝统治,一定程度上在保护人民的生命财产安全方面发挥了正面作用。

5.三司会审制度

三司会审制度是中国古代的一种由三个最高级别司法机构进行共同审判的制度。三司是中国古代三个主要的中央司法机关,源于战国时期的太尉、司空、司徒三法官,后世也称三法司。汉代的三法司是廷尉、御史中丞和司隶校尉;唐代以刑部尚书、御史大夫、大理卿为三司使;明清两代以刑部、大理寺、都察院为三法司。

汉代以来,凡遇重大案件,由主管刑狱机关会同监察机关、司法机关共同审理。隋朝由刑部、御史台会同大理寺实行三法司会审。唐代则实行"三司推事"制度,遇有呈报中央的申冤案件,由门下省给事中、中书省中书舍人、御史台御史小三司审理;重大案件由大理寺卿、刑部尚书、御史中丞共同审判;对于地方上未决、不便解决的重大案件,则派监察御史、刑部员外郎、大理评事充任"三司使",前往当地审理。

明代时定制,由大理寺、刑部、都察院三机关组成三法司,会审重大案件;遇有特大案件,则由三法司会同各部尚书、通政史进行"圆审";皇帝亲自交办的案件,由三法司会同锦衣卫审理。

清朝继承了三司会审制度,并增设热审、秋审、朝审制度,是明代在唐代三司推事基础上形成的。在审判重大、疑难案件时,由刑部、大理寺和都察院三个中央司法机关会同审理,简称三司会审。三者职权有所不同,"刑部受天下刑名,都察院纠察,大理寺驳正"。刑部为中央司法审判机关,以尚书和侍郎为正副长官,下设十三清吏司,受理地方上诉案件,审核地方重案及审理中央百官和京师地区案件,可处决流刑以下案件,但定罪后须经大理寺复核。大理寺为复核机关,以大理寺卿为长官,凡刑部、都察院审理的案件均须经其复核。都察院是中央监察机关,有权监督刑部的审判和大理寺的复核。三司会审一般由皇帝下令,三大司法机关承命,审理结果报请皇帝批准执行。

七、地方行政制度

在"大一统"的中国,央地关系是一个千年难题,如何在中国这样一个东西南北差异显著的国家构建因地制宜的地方制度,是历代中央政府思考的重中之重。本部分主要介绍中国地方政治制度的形成与演进。

1. 郡县制

郡县制指对中国古代实行的中央集权体制下,郡、县两级政权的地方行政制度(类似于行政区划)的总称。中国古代继宗法血缘分封制度之后出现的以郡统县的两级地方行政制度,盛行于秦汉。郡县制是古代中央集权制在地方政权上的体现,它形成于春秋战国时期。

郡,是中央政府辖下的地方行政单位,其组织机构与中央政府略同,设郡守、郡尉、郡监(监御史)。郡守,为一郡最高行政长官,掌全郡政务,直接受中央政府节制;郡尉,辅佐郡守,掌管全郡军事;郡监,掌管监察工作。

郡以下设县或道。县是秦朝统治机构中关键的一级组织,是从中央到地方政府机构中具有相对独立性的一个单位。内地设县,边地少数民族地区设道。满万户以上的县设县令,不满万户的设县长。令、长为一县之首,掌全县政务,受郡守节制。县令下设尉、丞。尉,掌全县军事和治安;丞,为县令或县长的助手,掌全县司法。

县以下设乡、里和亭。乡和里是行政机构,亭为治安组织。乡设三老、啬夫和游徼。三老掌教化,啬夫掌诉讼和税收,游徼掌治安。乡以下为里,是秦国最基层的行政单位。里设里正或里典,其职能除与乡政权职能大体相同外,还有组织生产的任务。此外,还有司治安、禁盗贼的专门机构亭。秦规定,两亭之间相隔十里,设亭长。亭遍布于城乡各要地。

郡县制从根本上否定了分封制,打破了西周以来分封割据的状况,中央通过考课和监察加强了中央对地方的管理,有利于防止地方割据分裂,有力地维护了国家的统一。秦汉之制,郡守于每年秋冬向中央朝廷申报一年的治状,县也同样要上集簿于郡,中央或郡即在这时各对其下属进行考核,有功者可受奖赏或升迁,有过者轻则贬秩,重则免官、服刑,和考课相辅而行的是监察制。中央派郡监或刺史以监郡,郡县也各派督邮或廷掾以监县或乡。刺史、督邮等可随时按劾有罪赃的守、令或其他官吏。由于自上而下的层层督课,使得中央政令能较为顺利地贯彻到最基层,保证了政令的划一性。

2. 州郡制

州郡制指东汉末形成的州、郡、县三级地方政治制度。州起源于汉武帝所建部刺史监察制度。由于十三监察区借用儒家经典内古代州名,故当时即以"州"作为监察区的俗称。

公元184年爆发黄巾起义后,东汉朝廷派中央九卿出任各地州牧,集中一州所辖各郡之军、财、民力镇压起义民众。从此,州由中央监察区变为地方行政区,实行州、郡、县三级地方政治制度,各州均置行政机构和长史、司马、东曹椽、诸校尉等官属僚佐。由于州牧、刺史手握重兵,并以此为割据资本,使中央集权陷于瓦解,导致三国鼎立割据局面。

魏晋南北朝期间,各王朝大体皆沿东汉末年的州郡县制。自永嘉之乱后,东晋南朝还出现侨州郡县这一特殊制度。当时因北方战乱,大批北人举族南徙长江中下游定居避乱,其聚居区仍沿用北方原籍的州郡县旧名,于是各地出现大量侨州、侨郡、侨县,造成地方政治制度混乱。后经长达200年的9次"土断",才基本解决这一问题。与此同时,南北两朝政权还多次滥设州郡,使地方政治制度陷于极度混乱的境地。隋立国后,对地方政治制度大力整顿。其措施有:①撤销郡级机构,以州辖县;同时裁并滥设的州郡,全国并为311个州。隋炀帝即位后改州为郡,进一步并县,使全国有郡190个,县1255个。②地方人事权收归中央。规定五品以上官员由皇帝下诏除授,六品以下由吏部任命;并提倡科举考试选官,替代魏晋以来"九品中正"荐举任官制度。③恢复地方军政分治,并规定郡县长官由外地人担任,县令以下官吏3年一调,不得连任。④仿汉监察制度,设司隶台大夫、别驾、刺史等监察大员,分别巡察各地,也按六条问事。至此,地方政治制度重新走上正常轨道。

3. 道路制

道路制是指唐宋时期的地方制度,具体而言是指唐代的道制和宋代的路制。宋朝接受了唐代藩镇割据的教训,有意强化中央集权,实行道路制,削弱地方势力,使地方政权无法割据一方。

面对庞大的府州,中央实际上是无法直接统治的,但又不愿意在府州上再加一级行政机构,怕地方扩大权限与中央抗衡,于是就设计了一种监司机构,每一机构专司一样事物,直属中央,务司其职,互相牵制,于是就产生了道路制度。

唐初有州328个、县1573个,为加强管理,按山川地形全国分为10道,后增至15道。设道之初仅由中央派监察大员不定期赴多事地区视察,未成定制。至开元时始置各道采访使,如汉刺史。后因边患频增,为加强边帅权力,使边境节度使兼任道采访使,且兼辖州县事务,重演东汉末年外重内轻的局面,最后导致安史之乱。平叛后,节度使制已行于全国,形成道(方镇)、州府、县三级政区。

割据之势已成,尾大不掉,又出现五代十国的分裂局面。

4. 刺史制度

刺史制度作为汉代中央政府对地方政府所实行的一种较为完备、较为系统的监察制度。

刺史制度是汉武帝在秦御史监郡和汉初丞相史出刺基础上的独创,是君主专制主义中央集权的产物。汉代刺史制度的形成、发展与演变都有着其特定的历史背景。刺史制度的形成、演变与两汉政治休戚相关。刺史、州牧的地方官化是东汉政权瓦解的一个极其重要的因素。

汉代刺史制度是对秦代监御史制度的继承。西汉中期,中央统辖的郡国数量越来越少,为了加强中央对地方的管理,建立了刺史制度,刺史制度在西汉中后期得到进一步发展,对维护皇权、澄清吏治、促使昭宣中兴局面的形成起着积极的作用。昭宣注重整顿吏治、断理冤狱,因而对刺史制度格外重视,这在刺史的选拔任用方面尤其突出。这一时期刺史仍然严格在六条问事的范围内行使其监察权,并涌现了一批成绩卓异的刺史。他们对整饬吏治,缓和阶级矛盾,维护皇权,促进经济与社会的发展起着重要的作用。

刺史制度是一种较为完备的地方监察制度,是维护皇权的有力手段,对于加强中央对地方的监督和控制,发挥了重要的作用。但刺史制度在形成和演变的过程中逐渐地方官化。刺史制度的每次变化有其特定的、具体的原因,而且有根本原因。刺史权力逐步扩大的根本原因是刺史是"奉诏出制"的,刺史背后站立的是皇帝,刺史是作为皇帝的代言人出现的。

5. 行省制

行省制是蒙古统治者在中原地区行政区划和政治制度方面留给后世的一份重要遗产,它是一种地方管理制度,对后世影响甚大。自元行省始,行省三司督抚的高层督政区体制较稳定地确立了下来。

蒙古国时期,燕京、别失八里、阿母河三断事官及归降的金朝官吏、军阀等,也称为行尚书省或行省。不过,这些都算不上严格意义上的行省。忽必烈建元朝后,在朝廷正式设置中书省总领全国政务,时称"都省"。不久,又沿用前朝旧例,频繁派中书省宰执带相衔临时到某一地区负责行政或征伐事务。

由于行省性质的嬗变和代中央分驭各地使命的稳定性,行省在职能和权力行使方面也主要表现为中央收权,同时兼替地方分留部分权力。由于行省性质的嬗变和代中央分驭各地使命的稳定性,行省在职能和权力行使方面也表现为主要为中央收权,同时兼替地方分留部分权力。

元行省制是古代多民族统一国家发展壮大过程中中央与地方权力结构不断调整、完善的产物,它并非单纯的中央集权或地方分权。元行省制的历史价值在于:它创立了一种以行省为枢纽,以中央集权为主,辅以部分地方分权的新体制。该体制有三个特点:行省性质具有两重性又长期代表中央分驭各地,主要为中央收权兼替地方分留部分权力,所握权力大而不专。元行省制引起了13、14世纪中央与地方权力结构的较大变动,对元代社会和后来的明清乃至近代影响至深。但行省制度下行省之权大而不专,确实反映了元代行省官在权力结构上的基本属性。权大而不专,还防止了元行省代表中央分驭各地使命的减弱和向地方割据势力的转化。这对元行省的政治作用也是极有意义的。汉唐以来,中央政府派出控驭各地或监察都县的刺史、都督、节度使等,均因朝廷政策失误,逐渐走向反面,最终转化为地方分权割据势力。元行省却没有重蹈两汉刺史、魏晋都督、唐节度使的覆辙。这无疑应主要归功于行省本身权大而不专的机制。

元代的行省制度虽然与唐宋以来汉族社会日益强化的中央集权观念确实有很大的抵触,但它作为元代社会发展的产物,还是起到了它在加强中央集权、巩固统治的目的,同时也对后世的政治制度尤其是地方行政区划产生了深远的影响。

6. 土司制

土司制,亦称土官制,它是指任命当地少数民族上层分子为土官进行间接统治,土官职位世袭相传的制度。

土司制度是封建王朝统治阶级用来解决西南少数民族地区的民族政策,其义在于羁縻勿绝,仍效仿唐代的羁縻制度。政治上巩固其统治,经济上让原来的生产方式维持下去,满足于征收纳贡。因此,它是从政治和经济两方面压迫少数民族的制度。广西壮族自治区的土司制度,开始于唐代的"羁縻制度",形成于宋代,繁荣于明代,崩溃于清代,结束于20世纪初,长达一千多年。

土司这一官名在元朝始置,用于封授给西北、西南地区的少数民族部族首领。土司的职位可以世袭,但是袭官需要获得朝廷的批准。元朝的土司有宣慰使、宣抚使、安抚使三种武官职务。明朝与清朝沿置土司,自明朝起,增加了土知府、土知州、土知县三种文官职务。土司对朝廷承担一定的赋役,并按照朝廷的征发令提供军队,对内维持其作为部族首领的统治权利。

土司制度是元明清中央与地方各民族统治阶级互相联合、斗争的一种妥协形式。在土司统治下,土地和人民都归土司世袭所有,土司各自形成一个个势力范围,造成分裂割据状态,从而使民族之间和民族内部产生仇恨和战争。在土司制度下,土司属下的百姓就是农奴,他们没有土地,除为土司提供繁重的无偿劳役和当土兵外,还要向土司缴纳或进贡各种实物,这种封建农奴制,就是土司制度的经济基础。尤其是有的土司强征滥取,如火坑钱、锄头钱、烟火钱等。土家族人民深受封建统治和土司盘剥的双重压迫,生活于水火之中。

7. 蕃汉分治制度

蕃汉分治制度是辽为了缓和民族矛盾,巩固统治而实行的南北分治的双轨政治制度。

辽"以国制治契丹,以汉制待汉人",意思是用辽国固有的制度管理契丹人,用汉族的制度管理汉人。这里的"国制"指辽国固有的制度,包括政治、经济等方面。为此,辽代中央设立南面官与北面官。南面官由汉人和契丹人担任,沿唐朝官制,统治汉人与渤海人,权力比北面官小。北面官由契丹人担任,统治契丹人和北方少数民族。

辽实行蕃汉分治制度的原因是由于南北地区的汉族、契丹等族的经济、文化发展水平及人民的生活方式都是不同的。契丹征服者一时尚不能适应被征服地区先进的封建文明,政治制度实行南北双轨分别管理,是一种民族分治,具有因地制宜、因俗而治的特点。这种承认汉法、设立南面官的做法实际上是对先进的封建文明的肯定和保护,并促进了契丹社会向封建制度过渡,有利于民族融合。

8. 猛安谋克制

猛安谋克原指女真人在氏族社会末期的部落组织,它是以血缘为纽带建立起来的,其组织按什伍进位编制,是因有伍长(击柝)、什长(执旗)、谋克(百夫长)、猛安(千夫长)而得名的制度。猛安谋克制最初是单纯的出猎组织,后来变成平时出猎、战时作战的组织制度。

完颜阿骨打称帝前,顺应女真族历史发展的趋势,于1114年改造原有的组织,突破了血缘关系,规定以户为计算单位,以三百户为一谋克,设百夫长为首领,十谋克为一猛安,设千夫长为首领,由于实行了"壮者皆兵"即兵民合一制度,猛安谋克既是军事组织,又是地方行政组织(称为猛安谋克户),它是女真族的基本社会组织。

猛安谋克制在没有正式形成定制之前,只是作为一种部落联盟时代的产物而存在,随着该制度的发展完善,逐渐成为女真的政治、经济、军事三位一体的基层组织。

猛安谋克组织在历史上起着双重作用,既打破了旧有的氏族部落组织,使人们挣脱了自然发生的共同的血缘纽带,也成了新生民族的凝聚点。所以女真民族在没有建立政权之初,猛安、谋克的称谓尽管是战时临时设置的,但这种组织形式却发挥了重要作用。它反映的是一种寓兵于农、兵农合一的制度。战时出征,自备武装粮饷,是征兵制在人类早期社会的一个反映。

9. 僧官制度

僧官制度是封建社会朝廷任命僧官管理佛教僧尼事务的制度。

僧录始设于后秦,北魏、北齐称沙门统、昭玄统等,至唐代重设,掌管全国寺院、僧籍、僧官补授等,"统领天下诸寺,整理佛法"。唐中叶后设左、右街僧录二人,以后历朝多设立此职,并设有相应的僧官机构,如明清时中央设僧录司等。僧官及其机构由鸿胪寺、礼部等政府部门辖制,由世俗政权任命僧侣为各级僧官,以管理僧尼事务、统御佛教的制度。僧官,即受命管理全国佛教事务的僧人,又称僧纲。僧官主要任务为掌管僧籍,以僧律统辖僧尼,并充当朝廷与教团间的协调者,在官方有关机构统领之下,处理有关佛教事务。

僧官制度是封建专制政权监督和控制佛教事务的重要手段。僧官设置后各朝沿袭,代有变革。朝鲜、日本两地从中国传入佛教后,亦加以仿置。

10. 册封体制

册封体制也可以称为朝贡关系,是以宗主国和属国两方面构成的相互关系制度。

册封体制是传承了上千年的东方国际秩序。这种体制,形成于商周时期的天子分封制。一开始,天子的政治控制力非常有限,东方大陆的大多数土地都由天子分封给世袭的诸侯来统治。随着天子统治地域的扩大,尤其是秦朝以后,天子的直接统治区域已经相当于现在中国的内陆(除东北、西藏、新疆和长城以北的内陆地区)。

册封体制是以宗主国和属国两方构成的,宗主国是上国,君主是皇帝,也是天下唯一的皇帝,各国国王或君主都须臣服于皇帝的统治,整个天下都是皇帝的天下。宗主国与属国是上下关系,属国之间则是平等关系。这种国际体系与近代西方与当代流行的国家平等论是相悖的。然而虽然是上下关系,却不是压迫与被压迫、剥削与被剥削的关系。这与西方所谓的宗主国与殖民地的关系有很大区别。中国历代中央王朝都有一批属国,属国,分为朝贡国、藩属国、附属国、服属国、赠贡国、屏藩、藩屏等许多类,每种属国所履行的责任与义务都有区别。从中我们可以看到,鸦片战争前的清朝并不是世人想象当中的闭关锁国、对外混沌无知,而是有一套完整的符合东方传统文明的外交体系,并与许多国家保有外交关系,其属国的数量之多、地域之远,不亚于明朝。

11. 西域都护制度

西域都护制度是指中原王朝在西域建立起军政合一性质的政治、经济、军事、文化制度。

汉朝开始设立西域都护,西域即是对玉门关和阳关以西,即今新疆乃至更远地区的总称,与今新疆相邻的中亚诸国,当时也被称为西域。这些地区都属于西域都护管辖范围。

西汉宣帝时期,都护就成为西汉派驻西域的最高长官的正式官名。西域都护官秩二千石,相当内地郡守,其下设副校尉、丞、司马等属吏。王莽时期,西域分割为55个小国,其中北道诸国,复受制于匈奴,汉遂罢都护。明帝时,东汉开始发动对匈奴的战争,又遣班超出使西域,西域遂平,后以西域长史行都护职。建安年间,凉州大乱,西域始与中原暂时断绝联系。西域虽然因政局波动几度暂与汉廷中断联系,但商业往来并未受很大影响。隋朝统辖的煌郡以西、唐朝统辖的沙州(天宝、至德时沙州更名为煌郡)以西的疆域,称为西域,设都建府进行管理。清政府统一新疆后,于1762年10月设立伊犁将军府,在新疆实行以伊犁将军为首的军事统治。伊犁将军对新疆不同地区和不同民族,又分别实行不同的统治制度,它是都护制度的延续。

西域都护设立后,中原地区先进的生产技术不断传入西域诸国,极大地促进了这一地区经济的发展,与此同时,由于中原王朝加强了对西域的管理,保障了通往西方的丝绸之路的畅通,在南、北两条通道上,商人使者往来频繁,大大地促进了中西方经济文化的交流。

12. 羁縻制度

羁縻制度是历代封建王朝在多民族国家里对社会发展不平衡的少数民族地区所采取的一种民族管理制度。

当历代封建王朝的统治势力先后发展至边疆各少数民族地区时,首先接触到的一个历史事实,便是各少数民族内部的政治、经济、文化的发展与汉族地区不一样,一般是落后于汉族地区而又自有其民族的特点,因而不可能应用对汉族地区的那一套统治方式去进行统治。于是采取什么政策对这些少数民族地区进行统治的问题便产生了,随着各王朝在少数民族地区统治势力的逐步深入,解决少数民族地区统治的政策措施也愈来愈趋于完备,这就是少数民族地区羁縻制度建立的由来。在这个制度产生和发展的整个历史过程中,最基本的实质并未发生变化,只是在不同时期,某些现象或具体措施的形式有所不同而已。例如汉代对所利用的土著贵族封以王、侯、邑长,这种办法称为羁縻。唐初,邕管的左、右江和红水河流域,由于经济文化各方面都比较落后,唐王朝采取与桂东地区不同的方法进行统治,设有羁縻州 44 个、羁縻县 5 个、羁縻峒 11个。这些州、县、峒在政治上利用少数民族中旧有的贵族进行统治,经济上让原来的生产方式维持下去,满足于征收贡纳,这是羁縻制度的实质。唐对西南少数民族采用羁縻政策,乃宋、元、明、清几个王朝土官制度之窠臼,实际上土官制度也可称为羁縻制度。

羁縻制度在政治方面符合统治阶级的愿望和要求,巩固了封建王朝的统治,也使得边疆少数民族长时期保持了安宁与稳定;在军事方面,羁縻府州受到州府州驻军的控制和统领,成为唐军事上的后蓄力量,多次充当封建王朝的后备军;在经济和文化方面,羁縻府州制度也为增进各少数民族地区和中原地区经济文化联系和交流提供了各方面的条件和制度保障。

13. 宗主都护制度

宗主督护制,是指北魏初年各地豪强聚众结坞自保,行使基层职权职能的一种制度。

宗主也叫坞主或壁帅,是在五胡十六国末期南逃的豪强大族。他们拥有众多的宗族、部曲,修有坞壁,建有甲兵,是一些大大小小的割据势力、豪强的武装首领。依附其下的农民往往有数百家、上千家,乃至万家,均为他们的私家人口。这些豪强被称作宗主,依附于他们的各类农民则是宗主的苞荫户。宗主与苞荫户之间是一种主人与佃客的关系,而佃客形同于农奴。北魏统一之初,只是消灭了一些敌对政权,对这些遍地存在的宗主无法根除。为了稳定统治,便于征徭征税,于是就采取妥协政策,承认宗主对苞荫户的控制和奴役,并且以宗主对苞荫户的统治作为地方基层政权,以世家大族为宗主,督护百姓,于是形成"宗主督护制"。宗主在政治上都是一些大大小小的割据势力,宗主控制下的苞荫户多数没有户籍,他们只为宗主的私家人口,任凭宗主剥削和奴役,国家不得征调亦不能干预。北魏政权初期为了取得这些世族的支持,并承认这种聚族割据势力的存在,任命他们监护百姓,形成基层政权。这种制度不利国家征收赋税,后来为孝文帝改革废除。

14. 盟旗制度

盟旗制度是清朝政府为分化蒙古族,控制其上层贵族而实行的政治制度。天命九年(1624年)后金统治者对归附的蒙古部众,按八旗组织原则,在其原有社会制度基础上编制旗分,后复以此办法陆续安置归附的蒙古诸部。至乾隆三十六年(1771年),土尔扈特部蒙古返归中国后,全蒙古部众悉数被纳入盟旗体制。此制自初置至完备,历时一百四十多年。

盟为旗的会盟组织,合数旗而成。每盟设盟长一人、副盟长一人,原由盟内各旗札萨克在会盟时推举,后改由理藩院就盟内各旗札萨克中签请皇帝派人兼摄。旗是清廷设在蒙古地区的行政、军事单位,也是清朝皇帝赐给旗内各级封建主的世袭领地。旗是经过编织佐领,安置属民,分给牧地,划定旗界,任命札萨克形成的。任命札萨克时,不但要考虑在部内的影响及地位,而且还要考虑对清廷是否忠顺有功。

盟旗制度下的旗,是清代蒙古族地区的治事机构、军事组织。每旗设扎萨克1人,由理藩院颁给印信,作为旗的首脑总理旗务。扎萨克的职责,一般包括旗内的行政、军事、司法、课税、差派、属官任用和牧场更换。扎萨克的属官有:协理旗务台吉2~4员,管旗章京、副章京2~3员,也均需要经过清政府批准。旗内150丁编1佐,1丁1户,即150户,设佐领,管理佐内事务。每佐还设骁骑校、领催等员,负责审查本佐内的户籍、钱粮、婚丧、诉讼、田土等事。

旗作为蒙古族地区的政权机构,主要职能是:统计户口,编选壮丁;分配游牧场地,防止牧区被过度垦种;防止人口流动,稳定社会秩序;办理蒙古族牧民的婚姻;荒欠年份进行社会救济;审理刑事诉讼案件等。旗作为蒙古族地区的军事组织,主要任务是察阅兵丁和巡阅边防。

盟旗制度的建立,在一定程度上限制了各族封建主之间为争夺属民和牧场而引起的争端,有利于牧业的发展和社会的安定,同时由盟长监督和控制各旗,也达到削弱蒙古内部各封建主势力的目的,有利于清廷的统治。

15. 民族区域自治制度

民族区域自治制度是指在国家的统一领导下,以少数民族聚居区为基础,建立相应的自治地方,设立自治机关,行使自治权,使实行区域自治的民族的人民自主地管理本民族地方性事务的制度。

民族区域自治制度是我国的基本政治制度之一,是建设中国特色社会主义政治的重要内容。民族区域自治制度就是在统一的祖国大家庭里,在国家的统一领导下,以少数民族聚居的地区为基础,建立相应的自治机关,设立自治机关,行使自治权,自主地管理本民族、本地区的内部事务,行使当家做主的权利。

民族区域自治制度中,自治区相当于省级行政单位,自治州是介于自治区与自治县之间的民族区域,自治县相当于县级行政单位。民族自治地方的行政地位,原则上是依据各自治地方的地域大小和人口多少决定的。从行政级别上看,自治区与省同级,自治州与地级市同级,自治县与县同级。

民族自治地方的人民代表大会有权依照当地的政治、经济和文化的特点,制定自治条例和单行条例。上级国家机关的决议、决定、命令和指标,如果不适合民族自治地方的实际情况,自治机关可以报经上级国家机关批准,变通执行或者停止执行。民族自治地方的自治机关具有较大程度的财政经济自主权,并可以享受国家的照顾和优待。民族自治地方的自治机关享有一定程度的文化自主权。

民族区域自治制度有利于维护国家统一和安全,有利于保障少数民族人民当家做主的权利得以实现,有利于发展平等、团结、互助、和谐的社会主义民族关系,有利于促进社会主义现代化建设事业蓬勃发展。

16. 编户制度

编户制度一种户口登记制度,是西汉政府为控制和剥削农民而实行的,既是一种行政管理制度,也是一种赋税制度。西汉政权建立后,为加强对劳动人民的剥削和控制,下令逃散在外的农民一律返回本乡,进行人口登记,把民户的人口、年龄、性别、土地财产等情况,详细登记在户籍上,建立周密的户籍制度。根据土地和人口多少征收赋税和徭役,这种造册登记户口的办法称为编户制度。

具体而言,汉代封建国家直接控制的是平民。两汉对百姓的管理,以汉武帝时期开始推行的编户制度为典型。为保证赋役制度的施行,汉代政府实行极严密的户籍制度。编户制规定,凡政府控制的户口都必须按姓名、年龄、籍贯、身份、相貌、财富情况等项目一一载入户籍,被正式编入政府户籍的平民百姓,称为"编户齐民"。编户齐民具有独立的身份,依据资产多少承担国家的赋税和徭役、兵役。

编户农民对国家的负担主要有三项:一是田租,即土地税;二是算赋口赋,即人口税;三是更赋,即徭役和兵役的代役税。一般来说,编户制度的田租较轻,但人口税很重。

编户制度的进步性在于对西汉的经济恢复起到过重要作用。在于有利于国家征收赋税,提供稳定的兵源。然而其局限性也很明显,这些赋税、兵役和徭役成为农民沉重的负担,严重地影响了正常的农业生产和农民的生活。

17. 里甲制

里甲是明朝的基层组织形式,里甲制是明朝政府推行黄册制度的基础之一。明初,明太祖制定一百十户为一里的规定是为了便于黄册制度的推行及完善地方机构等目的,而以一百十户为一里的编制有其特定的作用。

朱元璋在全国推行的里甲制度,尽管自上而下地赋予了地方社会统一的行政性组织,但却具有很大的包容性,可以容纳基于地缘和血缘而形成的各种关系和组织。

一方面,由于里甲的首要任务是提供政府所需徭役,编排时必须考虑各里之间人丁事产的均衡问题,因而对富室大户聚居的较大自然村的分割是不可避免的;另一方面,政府又试图保持既存的地缘和血缘关系的相对完整性,因而强调"凡编排里长,务不出本都",在推行粮长制的地区也以"都"为基础划分粮长管区。可以说,朱元璋的目的并不是抛弃或打碎原有的社会组织原则和秩序,而是试图在现存的社会结构的基础上,形成人口居住、土地占有和赋役责任高度结合的机制,实现基层社会控制的一元化格局。

但这一理想化的制度设计很难长期维持下去。到明代后期,特别是到晚明,在一系列因素——如人口数量的增长和迁移率的提高、乡村社区成员之间贫富分化程度的加剧、商品经济发展对乡村社会的冲击和影响等——的综合作用下,建立在里甲体制上的原有乡村社区呈现明显的分解趋势,粮长、里长之类的职役性地方精英的社会地位大幅衰落,乡村社会的支配权力转移到绅士、土豪等非职役性地方精英手中。这一现象是晚明社会变迁总体进程中一个十分重要的方面。

18. 保甲制

保甲制度是中国封建王朝时代长期延续的一种社会统制手段,它的最本质特征是以户(家庭)为社会组织的基本单位,而不同于西方的以个人为单位的管理制度。

儒家的政治学说是把国家关系和宗法关系融合为一,家族观念被纳入君统观念之中。因之,便有了汉代的五家为"伍",十家为"什",百家为"里";唐的四家为"邻",五邻为"保",百户为"里",王安石变法时提出了十户为一保,五保为一大保,十大保为一都保;元朝又出现了"甲",以二十户为一甲,设甲生。至清,终于形成了与民国时期十进位的保甲制极为相似的"牌甲制",以十户为一牌,十牌为一甲,十甲为一保,由此建立起了封建皇朝对全国的严密控制。

保甲制始于宋代,是王安石变法时期的一种军事制度,即"什伍其民""变募兵而行保甲"。明清两代有类似设置。国民党统治时期对城乡居民采用保甲制作为基层政治制度。民国保甲制度提出于国民党对工农红军进行军事"围剿"之时,蒋介石以军事委员会委员长身份督师江西,认为"剿共"不力的原因之一是民众不支持政府。于是在"剿匪总司令部"所属党务委员会内专门设立了地方自卫处,研究保甲制度,草拟法规。

保甲制的实质是通过联保连坐法将全国变成大囚笼。联保就是各户之间联合作保,共具保结,互相担保不做"通共"之事;连坐就是 1 家有"罪",9 家举发,若不举发,10 家连带坐罪。

19. 基层群众自治制度

基层群众自治制度是中华人民共和国的一项基本政治制度,这项制度是在中华人民共和国成立后的民主实践中逐步形成的,并首先发育于城市。

改革开放以后,群众性自治组织和制度得到充分发展和完善。1982 年,现行宪法在总结我国居民委员会实行群众自治经验的基础上,首次以根本法的形式明确规定了居民委员会的性质、任务和作用。根据现行宪法的规定,全国各地对城市居民委员会的组织进行了整顿,并建立了符合现行宪法规定的体现城市居民自我管理、自我教育和自我服务精神的城市居民委员会,健全了城市居民委员会的组织机构和各项规章制度。

同城市居民委员会相比,村民委员会出现得比较晚。1982 年,全国人大常委会在起草宪法修改草案时,总结和吸收了城市居民委员会的经验和广大农民群众创造的新鲜经验,把村民委员会和居民委员会一起写进了宪法,并对村民委员会的性质、任务和组织原则都作了具体规定。

基层群众自治制度是中国特色社会主义民主制度的重要内容,实行自我管理、自我服务、自我教育、自我监督,对干部实行民主监督,成为我国发展社会主义民主政治最直接、最广泛、最生动的民主实践,有利于人民群众依法管理自己的事务和公民意识、民主素质的提高。实行基层群众自治,发展基层直接民主,保障人民依法直接行使民主权利,是中国特色社会主义民主政治制度的重要组成部分,是人民当家做主最有效、最广泛的途径,党的十七大将"基层群众自治制度"首次写入党代会报告,正式与人民代表大会制度、中国共产党领导的多党合作和政治协商制度、民族区域自治制度一起,纳入了中国特色政治制度范畴,必须作为发展社会主义民主政治的基础性工程重点推进。

参考书目:

1. 严耕望:《中国政治制度史纲》,上海古籍出版社,2013 年。

2. 庞海云:《中国政治制度史》,哈尔滨工程大学出版社,2013 年。

3. 聂月岩:《当代中国政治制度》(第二版),北京大学出版社,2011 年。

4. 柏桦:《中国政治制度史》(第 3 版),中国人民大学出版社,2011 年。

5. 左言东:《中国政治制度史》,浙江大学出版社,2009 年。

6. 张鸣:《中国政治制度史导论》(第二版),中国人民大学出版社,2010 年。

7. 张皓:《中国现代政治制度史》,北京师范大学出版社,2010 年。

8. 张创新:《中国政治制度史》(第2版),清华大学出版社,2009年。

9. 陈金全:《中国法制史》,中国人民大学出版社,2008年。

10. 白钢:《中国政治制度史》(上下卷),天津人民出版社,2002年。

后　记

　　《政治学核心概念与理论》一书根据制度与理念相统一的原则,设计编写了西方政治思想、西方政治制度、中国政治思想、中国政治制度四章,收录三百多个核心概念。在编写过程中,我们积极听取了相关领域专家和学者的意见和建议,对所掌握材料进行了较为认真、仔细的筛选,对所选概念也进行了比较深入的介绍和分析。

　　参与编写的黄日涵、孙林、袁超、袁为海、蒋杭波分别是华侨大学、中央党校、中国人民大学从事相关专业研究的青年教师和博士、硕士研究生,虽然经验不足、阅历尚浅,但我们相信集体的智慧是宝贵的,对阅读者会有所助益。

　　参与本书编写的人员分工如下:

编者的话(孙林)

第一章　西方政治思想(蒋杭波)

第二章　西方政治制度(袁超)

第三章　中国政治思想(袁为海)

第四章　中国政治制度(孙林)

后记(孙林)

　　此外,檀有志、董青岭、任晶晶等专家学者在本书框架设计、资料搜集、编写校对的过程中也提出了宝贵的意见和建议,他们的批评使我们受益,他们的鼓励助推我们前行,在此一并致谢!